阅读成就思想……

Read to Achieve

罪心理
犯罪心理学10项经典研究

Experiments in Anti-Social Behaviour
Ten Studies for Students

〔英〕戴维·坎特（David Canter）◎著 张 蔚◎译

中国人民大学出版社
·北京·

图书在版编目（ＣＩＰ）数据

罪心理 ：犯罪心理学10项经典研究 ／（英）戴维·
坎特（David Canter）著 ；张蔚译. -- 北京 ：中国人
民大学出版社，2024.5
书名原文：Experiments in Anti-Social Behaviour:
Ten Studies for Students
ISBN 978-7-300-32812-6

Ⅰ．①罪… Ⅱ．①戴… ②张… Ⅲ．①犯罪心理学—
研究 Ⅳ．①D917.2

中国国家版本馆CIP数据核字(2024)第095212号

罪心理：犯罪心理学10项经典研究

［英］戴维·坎特（David Canter） 著

张 蔚 译

ZUIXINLI：FANZUI XINLIXUE 10 XIANG JINGDIAN YANJIU

出版发行	中国人民大学出版社		
社　址	北京中关村大街31号	**邮政编码**	100080
电　话	010-62511242（总编室）		010-62511770（质管部）
	010-82501766（邮购部）		010-62514148（门市部）
	010-62515195（发行公司）		010-62515275（盗版举报）
网　址	http://www.crup.com.cn		
经　销	新华书店		
印　刷	天津中印联印务有限公司		
开　本	720 mm×1000 mm 1/16	**版　次**	2024 年 5 月第 1 版
印　张	25 插页1	**印　次**	2024 年 5 月第 1 次印刷
字　数	325 000	**定　价**	109.80 元

赞 誉

我很高兴向大家推荐这本书，书中详细介绍了如何开展反社会行为研究项目的实用建议。本书对于司法心理学和犯罪学专业的学生尤其有吸引力，但又不仅局限于此，应该说每个对反社会行为感兴趣的人都会从中获益。

大卫·法林顿（David Farrington），英国剑桥大学

作为一名经验丰富的社会科学家，戴维·坎特通过本书将如何拥抱"践行科学研究的价值，而不仅仅是阅读它"这一理念展现给了读者。书中所阐述的 10 项宝贵的研究囊括了犯罪心理学的命脉。

本杰明·鲍曼（Benjamin Baughman），美国梅西赫斯特大学

戴维·坎特的专业知识在本书中散发着耀眼夺目的光芒，书中大量的专业内容，特别是对伪造、欺诈和地理画像的讨论，我相信很大程度上会引起犯罪题材作家和所有对真实犯罪感兴趣的人的兴趣，也许还会给他们带来惊喜。

马丁·爱德华兹（Martin Edwards），英国犯罪作家协会前主席

这本书非常棒。作者提出一些有趣而复杂的观点，但仍然很容易理解。

罗西·雅各布斯（Rosie Jacobs），英国高中学生

这本书通俗易懂，就如何开展研究和如何理解研究结果提供了大量有用且易于理解的细节。之前如果要掌握这些，你需要花很多时间四处找材料去学习，而且其中大多是难以理解的数学术语。现在，这本书将这些内容全部都整合到了一起，并且用一种简单易懂的方式表述了出来，这让这些知识点一下就变得简单了很多。

米洛丝拉娃·亚涅娃（Miroslava Yaneva），英国理学硕士研究生

推荐序

马 皑

中国政法大学犯罪心理学研究中心主任

2022 年，一位在读犯罪心理学硕士问了我一个问题："犯罪心理学在实战中有用吗？我去公安实习，可一线刑警对我专业的价值似乎没有多少肯定。"我能体会到该同学的挫败感，也对许多对犯罪心理学感兴趣并怀揣着从事政法工作梦想投奔我校的学子深表歉意。同时，这也激发起我的思考，什么样的犯罪心理学教学与科研模式可以让该专业的毕业生学有所用，享受学习成果带来的成就感。

1984 年，我从中国政法大学毕业留校从事犯罪心理学教学与科研，迄今正好40 年，不仅资深，也是我国犯罪心理学学科历史最有发言权的见证人之一。以个人观点看，阻碍学科发展特别是应用的桎梏主要有体现在以下方面。

一是生源单一。目前国内招收的犯罪心理学研究生大多属于心理学背景，擅长实验、统计、心理学流派等微观研究，缺少从中观乃至宏观层面认识犯罪现象与犯罪人的多学科融合能力，更多的是解释人，而非特定历史背景下的人。

二是教学方式传统。注重实验室研究，缺少具有生态效度的现场实验研究，学生在课堂上体会不到真实案件的跌宕起伏。

三是教师能力有局限性。尤其在倡导"五唯"（唯论文、唯帽子、唯职称、唯学历、唯奖项）的大背景下，对论文、课题的追求首当其冲，没有能力、人脉去开展与实战互动的科研与教学，同时不具有与揭露犯罪相关的刑事侦查、法医、科学证据等知识储备。

传统犯罪心理学的关注点就是犯罪原因，当下比较共识的学科目标在于对谁是高风险犯罪人的揭示与解释。简言之，既然犯罪的是少数人，茫茫人海中谁更可能犯罪？这类人在实施犯罪的前中后阶段都有何种心理过程，也就是犯罪决策如何形成的。为提升学科的实际应用价值，犯罪心理学扩展了部分边界，将传统刑事司法心理学的内容如侦查、审讯、处遇中的心理学方法纳入麾下，补充了犯罪对策部分，称为广义犯罪心理学，但仍然是蜻蜓点水，与实战场景的关系如同隔岸观火。

拜读了英国犯罪心理学领军人物戴维·坎特的这本《罪心理：犯罪心理学 10 项经典研究》，我有茅塞顿开的喜悦，他为我们整个犯罪心理学界跨越困境提供了良好方案。

如何让深陷艺术化浸染，仅从影视中了解犯罪，并将犯罪心理分析视为神奇的学生了解有效的科学方式，作者从 10 个角度建构了揭示反社会行为的研究生态。如何识别伪造签名、谎言识别、连环杀手的犯罪心理画像、犯罪者的犯罪地理画像、犯罪严重性探索、犯罪的诱惑、欺诈者如何说服目标、犯罪的正当理由、如何抢劫一家银行、犯罪网络的探索性研究。不仅题目令学生兴奋，而且手把手地传递了设计、分析、研究的方法，在课堂与实战之间搭建了桥梁，不失为一种全新的犯罪心理学、刑事司法心理学的授课方法。

戴维·坎特在书中教授了通过数据收集、统计，通过课堂实验模拟典型犯罪的生态，并且从中帮助学生从科学方法和传授者经验中掌握分析、预测、判断犯罪行为过程及犯罪人特点的方法是本书所开启的教学模式，该"研究是为了鼓励学生开启科学研究的冒险之旅，迈出迷人旅程的第一步"。

比如，在"研究4：犯罪者的犯罪地理画像"一章中（第6章），研究如何利用犯罪地点来找到犯罪者据点的可能位置，以及犯罪的其他方面进行了讨论，同时也是对"现场实验"设计的一种说明。在这章中，实验主要围绕城市和农村地区犯罪空间活动模式的比较展开，内容既包括对这方面经验的描述，也包括对所谓的犯罪者与住处之间的典型距离，以及住处周围犯罪的常见空间构成的利用。同时，对解释这些发现的理论（特别是对地点的认知表征），以及任意犯罪地理画像有效性的评估方法进行了讨论。

这本书的价值正如作者所说："这就意味着，在理解犯罪心理方面，我们迎来了一个重要的发展，即人们越来越可以认识到，犯罪是嵌入社会互动中的一种行为，它不能被片面地理解为仅仅是功能失调或精神失常的个体的产物。因此，反社会行为的研究也就成了一个充满吸引力的、涉及多方向社会互动的途径和入口。此外，在思考和探究此研究方向相关问题过程中所揭示的各种因素，还为许多不同类型的研究提供了机会。在进行反社会行为研究过程中最让研究者感兴趣。"

由感性到理性，由经验到科学是让学生在课堂上不断进步的手段。本书所介绍的各类分析案件与教学方式对我们有深远的启发。

作为年轻的犯罪心理学学者，译者张蔚笔耕不辍。这是近一个月内我第二次为他的译著写推荐序。近些年我深深地体会到，年龄不代表能力，经验未必正确，创新总能超越过往。希望张蔚这一代年轻的后生，培养对学科的情感，承担控制与减少犯罪的责任，学习戴维·坎特的精神，生产出更多更新的成果。

2024 年 3 月 10 日　于北京

译者序

　　犯罪行为在当下的研究语境中，更多地被研究者看作复合成因且具发展特点的决策和行为综合展现。这个定义看上去不是那么好懂，但确实告诉了我们，犯罪行为研究具有以下几个特点：（1）导致犯罪的原因不再是单一的某个变量；（2）犯罪行为会随着社会和其他因素的发展而发生变化；（3）对犯罪的认知、理解以及决策，实际上很大程度上影响着犯罪行为的出现等。基于这些特点，研究者在进行犯罪研究的时候，其侧重点也不断地调整，传统的严谨实验室实验依旧存在，但更多极具生态效度的现场实验也不断地出现，新的研究方向也不断地走进相关研究者的视野。但是，犯罪研究从来就不是一个小众的研究方向，其中包含了很多极具讨论度和关注点的因素，这些将全部出现在本书中，这也是本书极具吸引力的原因之一。

　　研究类的书籍很容易陷入一个尴尬的境地，即因其内容上的难度而导致读者涵盖面过窄，但是，戴维·坎特这位犯罪心理学研究领域的顶尖学者，却用简单、易懂的语言表述和各种图表，将本书送给了所有犯罪心理学的研究者，不论你是学生、科研工作者、爱好者还是老师，仅看本书的名字，就可以很清晰地了解到这本书的定位和作者所想要达到的预期效果。作者也在开篇就把研究的基础，比如伦理要求、选题方法和方向等，进行了相对详尽的阐述，并在书中不断地强调研究基础要求的重要程度，这些对所有读者来说都相当地重要。

但是，研究基础和方法并不是本书唯一的闪光点，戴维·坎特教授选了 10 件"礼物"送给所有想要去进行或喜欢犯罪心理学研究的人，这些研究全部围绕着犯罪心理学领域中的关注热点——反社会行为——予以展开，从实验、调查、案例研究和情景模拟几个板块，事无巨细但简单易懂地将这些板块的实验和研究方法传授给所有读者。当读者翻开这本书的时候，会发现这些实验研究散发着激发读者好奇心的光芒，比如，如何识别日常化的行为是不是造假和说谎等，读者在阅读过程中一点也不枯燥。

有着显著个人识别特征的伪造签名和说谎行为，并不是晦涩难懂的科学研究领域，这也许是对普通人日常影响最大、也是最多人想弄清楚其逻辑的研究方向了，它可能影响你平常签署的文件、与他人的社交等，当然，它也是很多反社会行为的核心，比如各种欺诈、文件诈骗等，本书对其逻辑、认知、反馈、识别和差异等，用若干实验示例做了明确的阐述。

如果你是比较专业的犯罪心理学研究者，本书也有与你研究能力更加匹配的课题，比如犯罪心理画像，虽说这是一个比较专业的研究方向，但它在爱好者中的讨论度也非常高。甚至可以说，很多人了解到这一学科，就是来源于影视作品中那些引人入胜的犯罪心理画像。本书就站在专业的角度，对犯罪心理画像及地理画像的方法、契合度、逻辑、研究设定等，进行了全面的阐述。如果刚好你想进行专业的犯罪心理画像研究，或者是想学习用地理画像或心理画像技术找到犯罪者或其据点，跟着这本书进行联系和学习，将会有非常大的帮助。

契合本书的愿景，司法工作者永远是犯罪心理学以及反社会行为研究队伍不可或缺的力量，戴维·坎特教授也一直在司法领域从事研究，用研究指导实践。本书中同样也提供了大量可供司法工作者参阅的实验和研究调查内容，比如犯罪诱惑、合理化、犯罪者的沟通模式、严重习性探索，甚至是犯罪决策等。这些均是生态效度极高的方向，其中的研究数据和结果可以非常有效地帮助司法工作者在庭审、侦查等阶段与犯罪进行更高效的抗争，或是以更加宽广的视野去看待犯罪相关的工作。众所周知，很多的司法工作者，本身就是对犯罪心理和反社会行为研究有着浓厚的兴趣的，只是受限于工作或种种现实原因，苦于无从入手罢了。

行文至此，实际上并不能囊括我作为译者翻译这本书时的所有感受和所学，拿到一本如此优秀的犯罪心理与反社会行为研究书籍，实乃荣幸。但我更看重的是，本书实际上可以给广大的读者带来什么。有些书满足了读者的兴趣爱好，有些书为读者提供了专业需求，有些书传授的是理论知识，而本书则是一本综合体，"手把手"将研究者、爱好者领进犯罪心理学及反社会行为研究的大门，以丰富的专业知识、研究要求与假设，让更多的读者看到这个领域，也看到了反社会行为研究的万千可能。

张　蔚

犯罪心理学博士

2024 年 1 月 1 日于深圳

前　言

　　这本书的灵感来源于我十几岁时看过的一本叫作《孩子们在家就可以做的化学实验》（*Chemistry Experiments at Home for Boys and Girls*）的书，这本于 1959 年出版的讲化学实验的书是我的化学老师 H. L. 海斯（H. L. Hayes）撰写的。直到现在，我都还记得当时那种拿到化学试剂和实验设备时的兴奋（那个年代并没有像现在这样的成套包装的器具，也不太关心健康和安全问题），以及紧随其后在尝试实验时体会到的乐趣。这不仅让当时的我感受到了化学的魅力，也让我体验到了那种在进行科学实验和研究时才有的兴奋。当我告诉海斯先生我将在大学学习心理学时，尽管他表现得有些失望，但他对我的启迪依旧让我明白了科学研究实践在钻研书本知识或准备考试之外所具有的价值。因此，我将自己在犯罪和相关反社会行为这一最困难的领域，也是有些人认为是最重要的领域之一所进行的心理学研究汇聚成书，希望可以借由此书，将这种科学研究的价值传播出去。

　　科学家的工作就是收集数据并进行分析，以检验观点或形成及提出假设。不管你的研究结果是什么（尽管意想不到的结果往往是最有趣的），通过实际执行一个研究项目，你就可以进入科学研究的进程之中，身处其中会让你对科学研究所可能面临的挑战以及克服挑战的方法有更深层次的了解，同时也会增加你对前人研究的理解能力，使你能够以一种更明智的方式对其他研究者的工作进行评估。

本书提到的 10 项研究都是我在不同背景下和不同的学生一起完成的项目，当时我选择它们是为了让学生无须搜寻那些特别敏感或难以获得的数据，就可以毫无压力地进行研究，同时也增加了学生在这些项目上的可执行度。向"基于证据"的（循证）警务（Sherman，2013）和基于"预测性"的（预测）警务（Mohler et al.，2015）的转变，开启了犯罪学研究的全新时代，但这些研究往往都是由警察或那些对警方数据库及程序有专属访问权的人进行的。这些可以接触到敏感数据的研究者很少在研究中提出与犯罪心理学相关的观点或见解，而是倾向于将研究发展成为统计学或者是运筹学①的某个方向。而另外一些围绕大规模数据库进行的重要研究，例如由高产研究员大卫·法林顿教授所做的研究，则需要研究者本人有丰富的经验和娴熟的研究技能作为支持。但本书描述的研究是为了鼓励学生开启科学研究的冒险之旅，迈出迷人旅程的第一步。

因此，在这里需要强调一点，就是本书中提出的研究，只是对犯罪者及其犯罪行为进行的所有可能性研究的冰山一角。正如法林顿教授及其同事（2019）最近对犯罪学实验进行综述研究后所描绘的广阔研究蓝图所示，该领域的研究远超书中所述。

反社会行为

违法和犯罪的内涵非常广泛。如果用违法和犯罪行为的英文首字母列一个表的话，你可以毫不费力地从以英文字母 a 开头的纵火（arson）排到以字母 x 开头的仇外心理行为（xenophobia）。现代社会的主要组成部分基本都是为了管理和试图控制

---

① 运筹学是现代管理学的一个重要方向，是应用数学和形式科学的跨领域研究，目的是为了在复杂问题中寻找最优解。——译者注

犯罪者和犯罪行为而建立的，其中警察、法律的制定和实施是任何经济体不可或缺的重要组成部分。监狱系统和其他形式的惩罚、对犯罪者进行的改造尝试以及大规模的商业保险和犯罪防范等，也占用了大量的资源。除此之外，打开电视、走进书店，或者上网进行简单的搜索，都极有可能接触到真实犯罪事件或者是犯罪类的文学作品。正如我最近所讨论的（Canter & Youngs, 2016），没有犯罪的社会会是什么样子？

但让所有人惊讶不已的是，即便是如此重要的犯罪和犯罪者系统研究领域，直到最近才被心理学研究者所真正关注，成了心理学的一个重要研究领域。20 世纪 80 年代之前，活跃在犯罪原因探索领域的主要是社会学和法社会学研究者，心理学家那时候主要的工作实际上是处理那些在警务实践中被逮捕的精神失常犯罪者，用人格障碍和精神病态的概念来给出与精神病学诊断非常类似的评估结果。但是如果某人想知道入室盗窃者如何选择自己要偷的住宅目标，或强奸犯之间存在着什么不同时，你就会发现那个时候真的很少有这种心理学方向的犯罪或犯罪者系统研究存在，心理学家很少关注这个。

但进入 21 世纪，这一切都发生了翻天覆地的变化。在过去的 25 年里，司法心理学领域和被称为犯罪心理学的交叉领域发展极其迅猛，很多该领域的教科书、学术期刊比比皆是。几乎每个本科阶段的心理学课程中，都会安插至少一个司法心理学或犯罪心理学相关话题的教学模块。

虽然发展迅猛，但该领域并没有脱离主流心理学而存在。例如，那些从事记忆研究的学者，对理解记忆过程中出现的扭曲现象做出了重大贡献，而记忆扭曲对评估目击者证词或对受害者或嫌疑人进行有效讯问至关重要。将这些与主流心理学进行更紧密的联系之后不难看出，几乎任何在心理学入门教科书中独立设立一个章节去教授的主题都可以通过犯罪、犯罪者和犯罪行为的视角来进行探讨。

但从目前的发展来看，针对犯罪行为的心理学研究数量依旧非常有限，其研究重点依旧倾向于犯罪者及其特征。这种研究倾向性很好理解，因为心理学家会在很多现实情境（比如临床、法律或监狱等）中接触到犯罪者，心理学家往往需要对犯罪者进行评估和 / 或帮助。但是，如果论及行为的性质，犯罪行为本质上是社会性的，它是人跟人之间存在的一种形式复杂多样的互动。比如不同犯罪者互相接触过程中形成的对犯罪行为的鼓励、促进或需求，以及存在于受害者与犯罪者之间的某种直接互动（如某种形式的虐待、欺骗或暴力），或间接互动（如入室盗窃和各种类型的欺诈等）。因此，将犯罪视为反社会行为的一种，也刚好印证了其本身所具有的丰富行为内涵。

这就意味着，在理解犯罪心理方面，我们迎来了一个重要的发展，即人们越来越可以认识到，犯罪是嵌入社会互动中的一种行为，它不能被片面地理解为仅仅是功能失调或精神失常的个体的产物。因此，反社会行为的研究也就成了一个充满吸引力的、涉及多方向社会互动的途径和入口。

此外，在思考和探究此研究方向相关问题过程中所揭示的各种因素，还为许多不同类型的研究提供了机会。在进行反社会行为研究过程中最让研究者兴奋的，莫过于其对不同研究方法所进行的开发与创新了。同时，这种方法上的创新也丰富了研究者对不同种类研究问题的理解。换句话说，研究问题的措辞方式会对与该问题匹配的研究方法产生影响。因此，在本书中，我选择了各种不同形式的反社会行为作为本书 10 项研究的关注焦点。也正因为如此，本书中的每一项研究都非常独立且完整地包含理论问题的提出、研究设计和所采用的分析方法分类等。

本书学习者注意事项

除了第 1 章和第 2 章之外，我特意把 10 项研究分为独立章节来撰写，且每一个研究章节中都会有一些研究背景资料的重复，这么做是为了使读者在不翻阅其他章节、单独将某个章节拎出来阅读时，也能完全理解和学习到该研究的内容。即便如此，这些实验的排列依旧按照一定的顺序，即从最受限制和明确界定的实验研究到开放度更高的探索性案例研究和模拟。

使用本书进行课程讲授者的注意事项

本书所描述的示例研究仅仅是一系列可能性的开始。在如此短的篇幅中，不可避免地会省略掉很多的细节，示例研究中的很多主题都可以延伸、进行更详细的思考，并以此丰富教学活动。犯罪和反社会行为相关内容所具有的强大吸引力毋庸置疑，但除了犯罪之外，其为心理学和其他相关学科的许多研究方向所带来的启示更为有趣。

当你使用这本书进行教学时，最理想的状态可能是，利用这本书在如下三个不同的领域为教育事业做出贡献。

- 丰富了学生对如何开展不同类型心理学研究的认识。
- 增进对犯罪、司法心理学和相关学科中许多引人入胜的问题的了解和认识。
- 加深对模式识别、态度研究和社会认同理论等应用心理学核心理论的理解。

例子中的统计分析已经尽可能地做了简单化的处理，但这并不影响读者对书中统计分析数据延伸可能性的思考。一系列推断统计，比如 t 检验、方差分析、相关性和多元回归都可以在诸多研究中使用。鉴于有很多其他的资料和教程可以教授这些复杂的统计分析方法，所以本书中并没有就以上统计分析方法的细节予以讨论。

因为本书提供了若干研究项目的详细指导，所以，被抄袭的风险就变成了一个不可避免的问题。意识到这一点之后，我在写作中对内容进行了优化，去掉了过于详细的描述，努力确保每项研究都有足够的拓展和延伸空间。一味地照抄或从章节中剪切加粘贴的做法很容易被发现。而且，我还保持了相对口语化的写作风格，这一风格作为正式论文的提交发表并不合适。

目　录

研究6：犯罪的诱惑。我们的经历是被塑造的，我们的行为会被不断延展的叙述所影响，我们所有人都明确或含蓄地认为自己是其中的一部分。犯罪者的内心叙述也不例外，他们往往认为自己是受害者、英雄、专业人士或者实施报复者，从而铤而走险，不惜走上犯罪道路。

研究7：欺诈者是如何说服目标的。如今欺诈的种类繁多，几乎任何合法的活动都可能被犯罪分子用来非法获取金钱。而大量关于说服心理学的研究可以用来确定欺诈者是否或如何利用这些心理过程以达到欺诈目的的。

研究8：犯罪的"正当"理由。许多犯罪者都会试图将自己的犯罪行为寻找心理上的借口，使其犯罪行为正当化。对犯罪者认为或提供的犯罪原因进行探索，对他们的思维过程进行理解，可以揭示出支撑其犯罪活动的因素，并提供适当的干预措施。

研究9：如何抢劫一家银行。所有犯罪都涉及社会互动，对于银行抢劫这种有组织的团伙犯罪的组织结构、角色分工、配合等协调性沟通与合作的研究，有利于从社会心理学的角度对犯罪者之间的互动进行分析，以及弥补了对犯罪的社会和组织层面关注的不足。

附录 / 335

Experiments in
Anti-Social Behaviour
———

第 1 章

充满吸引力的犯罪心理学研究

犯罪是嵌入社会互动中的一种行为，它不能被片面地理解为仅仅是功能失调或精神失常的个体的产物。因此，反社会行为研究也就成了一个充满吸引力的、涉及多方向社会互动的途径和入口。

摘要

反社会行为研究需要面对许多挑战，其中伦理和实践的挑战占了绝大部分。如果以我自己的研究为例，所要面对的挑战就包括伦理委员会的要求、专业组织的要求和法律要求等。尽管如此，这一领域研究在数量和种类上的激增依旧表明，该领域存在着非常多可以获得有趣和重要数据的可能。这些数据既包括公共领域的各种材料，也包括通过与个体直接接触获得的私人信息，其中有些数据是在没有任何研究过程的情况下偶然生成并获得的，另一些数据则是作为研究的某个综合方面主动收集而来的。必须强调，所有这些信息来源都尺短寸长，各有优缺点。

伦理、专业和法律问题

与在大学实验室里测试学生的反应时间或让学生完成态度问卷不同，尽管上述活动确实也涉及伦理问题，但每一个涉及不被社会接受甚至可能违法的项目都会敲响更大的警钟。任何此类研究要考虑的第一个方面无疑是伦理、专业和法律约束。你还应该意识到，在任何主要机构中，无论是大学、高中、医院还是其他组织，无疑都会有一些需要跨越的官僚主义障碍，通常被称为"伦理委员会"。他们不但会要求你提供实验计划的详细信息，且在他们满意之前，你的研究可能会被无限搁置。

接下来将介绍计划和开展研究时所需要注意的主要伦理、专业和法律问题。对于超出了本部分所详述范围的反社会行为研究来说，这些问题可能更有意义。我在这里选择的研究你应该不会很费力地完成，但它们都说明了一些可能进一步发展的问题，从而带来了更艰巨的挑战。

需要明确的是，尽管它们有重叠，但伦理、专业和法律三者的要求是不同的，你需要把这一点考虑进去。为清楚起见，我分别为它们设立了标题予以阐述。但你需要意识到，每个国家、司法管辖区和组织都有自己独特的要求细节。下文列出的只是基础内容，所指出的也仅仅是一般原则。你可以在网上找到更详细的文件，甚至有免费的在线测试可以指导你进行伦理考量，一些伦理委员会坚持要求你在提交研究方案之前完成并成功通过测试。本书的附录 1 给出了伦理委员会所需信息的概述。

伦理问题

无害

反社会行为研究的伦理方面有许多不同的形式。最基本的可能与阿西莫夫（Asimov）提出的"机器人第一定律"相同。只是在反社会行为研究的情况下，是研究者而非机器人"不得伤害人类，或者当看到人类受到伤害而不得袖手旁观"。

必须明确的是，这一原则中："人类"既包括研究被试，也包括研究者本人；伤害既包括物理伤害，也包括心理伤害。这也就意味着，我们可能需要将间接后果一并纳入考量。

一个有争议的例子

例如，想想声名狼藉的米尔格拉姆"服从"实验。在这个实验中，研究者要求被试对参与实验的助手进行直接的惩罚。实际上，对一个人进行惩罚可能确实存在着某种不道德，但如果被试真的认为自己在伤害某人，他们可能也会产生一些创伤性反应。即使事后他们被告知他们并没有真正给对方施行电击，他们仍可能遭受这种经历的折磨。但那个不得不欺骗被试的研究者呢？难道这个穿着白大褂的人就不用承担欺骗他人的后果吗？

研究者可能会说服自己，对知识的追求使得米尔格拉姆的所有托词都变得可以被接受。但我不得不说，如果今天有任何伦理委员会批准这项研究，我会感到很惊讶。事实上，任何使用托词的研究都会遇到真正的伦理问题。并且，我必须多说一句，这类研究也会遇到方法上的问题。如果研究者欺骗了被试，那么又怎么能保证被试没有欺骗研究者呢？通过对米尔格拉姆笔记的详细检视，吉娜·佩里（Gina Perry）指出（2013），实际上该实验中的许多被试并不相信他们真的在伤害（电击）别人。那么，该观点的提出，又对米尔格拉姆关于个人服从意愿的说法带来了何种启示呢？

比例

如果存在一些让被试等相关人员感到痛苦的风险，但研究者却辩称这是为了更好的实验效果和收益，例如在某些医学研究中可能会出现这种情况，那么就会有人开始担心，痛苦程度是否与可能带来的益处成正比。这种情况下，就需要收集大量的证据，以证明这项研究确实有可能会带来好处。

价值

在心理学研究中，参与者总是需要付出一些努力。即便已经使用了现有的记录，如警方的犯罪报告，也需要有人准备材料或以某种方式使这些资料变得可用。站在这个角度上来说，研究是有价值的，这既可以被认为是一种道德义务，也可以被看作伦理上的义务。研究应该是精心策划的项目，而不是一些随意的"摸石头过河"的项目。

研究结果的传播方式也会增加研究的价值。那些资助研究的机构通常要求研究者在研究计划中注明研究的成果。如今，该研究所能达到的预期效益或"影响"可能也需要研究者给出具体的说明。我虽然也就研究报告和延迟发表的问题进行过讨论，但我的确认为公开研究成果并得到更广泛的利用是一种伦理和道德义务。很多人通常在没有报酬或没有任何好处的情况下支持研究并做出贡献。当然，广大公众普遍是支持研究的，并且通常"很乐意助你一臂之力"。所以，至少一份像样的研究报告就成了一种伦理要求。研究报告通常会交给那些对研究予以支持的机构。可能的话，研究报告付梓出版一定会增加其研究价值。

隐私和保密

个人信息是神圣不可侵犯的。即使你处理的是警方记录或其他来源的信息，而非他人直接告知你的信息，你也有义务确保没有人在未经许可的情况下获知你的发现或别人告知你的信息。获得信息提供者的同意，是与研究团队中的其他人（如主管或同事）共享信息的前提。通常情况下，被试会被告知，报告、论文或出版物中所呈现的任何内容都不会暴露其个人身份。另外，如果研究者进行的是案例研究，一般都要注意对个别案例进行匿名引用。匿名或者是指向性信息的隐去，适用于包括被试的年龄和性别在内的诸多因素，甚至包括一些非常严重的内容，如他们所犯的罪行。为了使个人无法被识别，研究者通常甚至会更改一些对研究不重要的细节。例如，除了更改其姓名外，还可以更改他们的居住地和职业等。

在极少数的情况下，有的人可能希望自己的身份在文章中得到承认。例如，我认识的一位教授，就在其后来发表的一篇文章中，讲述了自己当年如何谋杀一个在学校霸凌他的人，并为此入狱服刑一段时间的故事。但是，对于这种保密性的打破必须非常谨慎，因为希望自己身份被识别出来的人，可能并不能完全理解这样做所可能带来的后果。

知情同意书

在所有涉及人类的研究中，知情同意被普遍视为一项基本程序。这与误导参与研究的被试的行为刚好相反，知情同意是确保被试知道研究者为什么接触他们、想要从他们这里获取什么、研究者将如何处理这些信息、谁有权可以接触这些信息，以及这些信息将保存多长时间等。知情同意一般应向被试明确，其所提供的任何记录或其他信息，都将用于该研究项目。被试还将被告知，他们可以随时退出研究，而不会受到任何指责。

大多数机构都要求参与研究的被试在一份表格上签字，以表明他们了解该研究的内容，以及他们给出的任何回答将会伴随怎样的结果。本书附录 1 中给出了典型的知情同意书模板。

同意参与一项研究的前提是对该研究有适当的了解，并了解所提供的信息及其可能产生的影响。有许多潜在的被试群体，可能会被研究者视为没有能力做出知情同意。例如，儿童可能无法理解研究的过程，以及他们没有是否参与研究的自由。因此，他们的父母或监护人必须与儿童一样，将被要求给予知情同意许可。

罕见的访谈

印度的苏当舒·萨兰吉（Sudhanshu Sarangi）所做的博士研究是一个引人注目的例子，该研究选取了一个难以接触但却非常重要的群体作为其调查对象。他设法采访了 49 名被定罪的恐怖分子，其中大多数人都在监狱里。要获得许可，他必须选择红十字会定期探访的监狱。但这还不够，要顺利进行采访，他不仅需要获得警方和监狱长的同意，还必须获得恐怖组织高层的许可。这些访谈确实产生了一些颇具吸引力的结果（Canter, Sarangi, & Youngs, 2012; Sarangi, Canter, & Youngs, 2013）。

还有一个与司法心理学特别相关的群体，就是那些受到各种形式拘留的人。人们可能会认为，要求被羁押人员参与研究的任何请求要么存在着隐性胁迫的意味，要么对他们的案件和假释有利。因此，许多伦理委员并不认为在押人员能够给予知情同意，这也就降低了对他们进行研究的可能性。站在这个角度上来说，如果当局允许在押人员参与研究，那么研究者就有责任明确地表明，这种参与不会对他们的监狱生活或案件的其他方面产生任何影响。

这些顾虑无疑会促使研究者需要考虑对被试的参与给予任何形式的补偿等问题上，如支付报酬、提供糖果或香烟等。这是否会减少潜在被试以知情的、非强制的方式参与研究的自由？

极端情况

所有这些要求实际上都一样，都可能会达到令人恼火的极端程度。在一项研究中，我想去调查寄给超市或银行等大型机构的匿名恐吓信。这类信是很典

型的勒索信，威胁做一些卑鄙的事，比如在婴儿食品中放碎玻璃等，除非公司
支付一大笔钱。然而，我接触的超市告诉我，这些信件的版权实际上属于那些
匿名的恶棍，所以没有他们的允许，我不能研究它们！

我怀疑很可能是因为这家食品公司担心，他们收到如此多威胁的事情被公
众知晓，所以才做出如此回复。当然这也带给我们一个教训，就是无论你做什
么，只要与你正在处理的信息相关，都可能会对未来的其他研究者产生影响，
并且这种影响可能会超出你的想象。当研究涉及政治及相关问题时，还可能变
得极具争议。我自己对纵火案的研究也证明了这一点，我发现有些人纵火，就
是想看到消防员出警的场面。当然，这种类型的纵火者极为罕见，但由于该研
究涉及公共关系，所以没有消防队会允许对这种可能性进行研究。

专业问题

通过参考英国心理学会和美国心理学会等专业机构对研究提出的要求，可以对
专业问题进行更好的理解。这些在技术上被称为"行为准则"的条款适用于所有专
业团体的成员。它们还涵盖了专业实践以及作为心理学家工作的所有其他方面，其
中就包括了研究活动。它们为所有参与心理学研究的人提供了有用的指标，比如可
以在网络上轻松获取的行为准则等。杰克·卡茨（Jack Katz）在回顾与人类研究相
关的问题时阐述了这些准则的基本原则（1972），并将其命名为"纽伦堡守则"①（见
表 1–1），且为第二次世界大战结束时对战犯进行审判之参考的准则进行了阐述。这

---

① 纽伦堡守则（Nuremberg Rules）是一套人体试验的伦理准则，是第二次世界大战后纽伦堡审判的结
果，其中包括知情同意（informed consent）、绝无强迫性的（coercion）、用正确方法来形成的科学
实验和对实验被试的利益。——译者注

些准则与侵入性实验尤其相关，这虽然在医学研究中可能很常见，但不得不说，这对于任何以人为对象的研究来说，都是一套有益的指导原则。

表 1–1   **涉及人类被试研究的"纽伦堡守则"**

1. 自愿参与，认识所有风险

2. 研究的目的是为了人类的利益，而这种利益无法以其他方式获得

3. 避免不必要的身体或心理伤害

4. 研究须基于早期研究产生的有效背景知识

5. 避免死亡或致残

6. 风险需与潜在利益成比例

7. 预防任何可能的伤害

8. 研究者（或他们的主管）在对应研究领域具有很高的资质

9. 被试可随时退出研究

10. 制定了在出现不可预见的负面后果时终止研究的程序

这些与研究相关的行为准则的一个重要方面是研究设计的性质。心理学家非常喜欢实验研究，在实验研究中，控制组和实验组会被随机分配不同的经历。这种对自然科学的模仿被认为可以表明对所研究课题的因果影响。稍后将详细讨论这种科学研究方法的缺点，但从专业的角度来看，对照实验确实带来了许多挑战，其核心是前面已经提到的欺骗问题。如果一名参与研究的被试受到实验人员的主动欺骗（如对研究目的的虚假陈述），或者被动地受到隐蔽观察的欺骗，那他怎么能给出知情同意呢？

向参与研究的被试发出欺骗性指示的原因与心理学研究中的一个核心挑战直接相关，即人们对被观察所展现出的高度敏感性。这意味着，所有的心理学研究都是社会互动的一种形式，这种互动会对研究者和被试之间的关系产生影响。即使只是先前活动的记录（如警方的犯罪记录），作为研究的基础，与被记录的人和他们的

活动存在着隐含的关系。对隐私和保密的适当关注是至关重要的，提供记录访问权限的人员也是研究过程的一部分，也需要对研究情况进行有效的了解（见表 1–2）。

表 1–2	英国社会科学院总结的社会科学研究的五项伦理原则
1. 社会科学是民主社会的基础，应该包容不同的利益、价值观、资助者、方法和观点	
2. 所有的社会科学都应该尊重个人、团体和社区的隐私、自主性、多样性、价值观和尊严	
3. 所有的社会科学都应该贯穿始终，采用最合适的方法进行研究	
4. 所有的社会科学家在开展和宣传他们的研究及成果时都应履行其社会责任	
5. 所有的社会科学都应该以利益最大化和危害最小化为目标	

如果由于研究的潜在利益而认为欺骗被试是适当的，那么在研究结束后研究者进行某种形式的汇报就是必不可少的。这是恢复研究者和被试之间信任和开放关系的切实需要，且对有效的心理学研究也必不可少。这不仅对某个特定的项目至关重要，而且对向其他人发出的关于参与心理学研究的信息来说也至关重要。如果心理学家因欺骗被试而声名狼藉（这种情况其实很容易发生），那么会给所有参与心理学研究的人蒙上阴影，特别是当欺骗没有必要或者欺骗与研究的潜在利益不对等时。

基于此则提出了一项要求，即研究者的行为绝不能超出他们的专业能力范围。该要求看上去似乎与研究项目无关，但许多司法心理学研究涉及与其他机构的合作，比如警方、律所、监狱等。这些机构中的人在了解项目后，就他们正在参与的调查或其他研究寻求一些指导并不罕见。研究者可能很想"做一些有用的事情"，并积极回应这样的请求。然而，这样的回应可能充满困难。困难之一是，参与机构中正在进行的工作可能会对项目的结果造成歪曲（见"心理学家对施虐者进行指导在专业上是可以接受的吗"的讨论）。另一个困难是，研究者可能没有能力提供这种建议。当然，如果以专业的方式提出任何此类建议，都需要对事实进行仔细且非常谨慎的考虑，不要在机构内部围绕所要求的指导意见展开内部辩论。此外，研究者也有可能被卷入该请求所涉及的某些法律程序之中。

心理学家对施虐者进行指导在专业上是可以接受的吗

相称性问题会引发某些深刻的伦理挑战。与研究反社会行为直接相关的一个例子是，美国心理学会对专业心理学家是否应该为如何折磨人提供指导表示关切。有人发现，某专业机构的一些成员帮助了位于关塔那摩湾美军基地的监狱看守人员，人们就此进行了强烈的抗议，因为这违反了不伤害的关键伦理原则。那些参与其中的人从他们提供的制造酷刑的咨询中赚了很多钱，且对外宣称这样做是相称的，因为其行为是为了公众的利益。

法律问题

除了对隐私和保密的伦理要求外，英国乃至整个欧洲，已经出台了若干堪称严格的新法律，以确保个人信息的保密，这些措施通常被称为"数据保护"。英国于 2018 年新颁布的《数据保护法案》（*The Data Protection Act of 2018*）规制了《通用数据保护条例》（*General Data Protection Regulation, GDPR*），该条例规定，任何组织在使用个人信息时都应该确保公平、合法、透明，如有所失，将受到严厉的惩罚。需要特别注意，如果组织没有正确遵守《通用数据保护条例》，将会招致严重后果，条例是以组织为单位进行规管的。所以，即使你认为自己已经把所有的事情都处理妥当了，你所在的组织的负责人也需要再进行一次核实，以确保你确实遵循了所有个人信息相关的法律要求。

说明性示例

在对犯罪者进行研究时，还存在其他一些特别重要的直接法律问题。比如说，其中所涉及的一个至关重要的问题是，在许多国家，透露强奸受害者的身份是非法的，除非该受害者自己有意透露。另外，青少年的身份同样也依法保密。很显然，这些规定也是出于隐私和保密的考虑。但在一次协助警方调查中，我就曾经围绕一些强奸受害者进行了一项分析，作为整个调查的一部分来呈现。因为这是警方实际调查的一部分，所以我给调查人员的报告上就直接写上了受害者的名字。许多年后，我想在一次学术会议上展示这些成果，如果直接进行展示，那么所有的观众都会清楚地看到这些强奸受害者的名字。值得庆幸的是，我及时意识到了这个错误，并在会议前费了好大劲才将它们全部抹去。

抄袭他人成果

剽窃通常被认为是非法的。不过，为了明确这一点，大多数学术和专业机构都有具体规定，说明什么是剽窃以及如何避免它。这些法律明确规定，在没有得到适当许可的情况下，大量复制他人的作品是违法的。版权法实际上也有相关的规定，即一个人写的任何东西，甚至是这个人发布在社交媒体平台上的信息，都属于这个人的财产，未经版权持有人同意，以个人利益或牟利为目的使用该材料均属于违法行为。

不过，也有许多人认为，使用他人的作品并注明出处是件好事。持有这样观点的人创造了所谓的"知识共享"这一概念。为了促进知识共享的发展，特殊形式的版权许可证也随即出现，人们可以根据这些特殊的版权许可证来发布他们自己的作品。

值得注意的是,污蔑和诽谤也是法律所禁止的。在研究的隐私和保密方面,特别应该防止无意中陷入这种境地。其中需要研究者特别留意的一点是,当研究者提及一个被公开承认为犯罪者的人时,必须格外谨慎,因为始终存在着该个体后期被证明无罪,或者研究者自己混淆了身份的可能。

在采访犯罪嫌疑人时,还存在一个非常重要的法律问题。这些人可能并没有处于羁押状态,也从未被定罪(如第 8 章中的"研究 6")。如果他们向你坦白了他们犯下的罪行,但并未被指控,甚至他们计划要实施的罪行,那么在大多数司法管辖区,法律上你有义务将这些信息告知当局。如果你不这样做,你可能会被视为"从犯",并承担相应的法律后果。这会给你调查个体犯罪行为带来很大的麻烦。

你在法庭上围绕自己在采访中被告知的内容所做的陈述会被视为"传闻证据"[①],通常不会被采信,这种情况下,你就需要提供更多的细节,以便执法机构跟进。所以,像小时候偷糖这种程度的轻微过错,即便说了,通常也不会造成太大的问题,但那些严重的罪行可就不一样了。基于此,研究者在与监狱中的人交谈时通常会采取一种做法,就是告诉对方你并不想知道他们没有被定罪的任何罪行,你甚至可以进一步地告知对方,如果他们将任何严重的罪行或他们计划实施的罪行告知于你,那么根据法律,你将通知有关当局。

这种披露形式同样会遇到特别的挑战,有一些受害者会在向你诉说他们所遭受的犯罪侵害时,一并将他们所知的犯罪者身份告知于你,这种情况经常会在采访虐待受害者时或受害者接受治疗过程中出现。互动的保密性通常被认为是神圣不可侵

---

① 传闻证据指证人在本案法庭审理之外做出的用来证明其本身所主张的各种事实的各种陈述,一般包括非目击者的当庭陈述、目击者的书面证言、警察或检察官在起诉阶段制作的证人书面笔录。——译者注

犯的，但犯罪披露的法律要求却把我们引向了另一个方向。由于害怕遭到报复和其他后果，受害者可能不希望将自己的经历告诉其他人，但采访者／治疗师又可能会鼓励受害者报案，然后就没有然后了。但这确实表明，研究者在进行此类接触时，可能确实需要深入了解和准备一些有关受害者支持和相关组织的信息，以帮助受害者进行索赔。伦理委员会通常会要求研究者制订计划，为研究中任何可能从中受益的被试提供类似的指导。

伦理难题

在学术生活中，发表研究成果对职业发展至关重要，在其他专业活动领域也日益如此。

学术界的传统是承认对出版物所涉及的工作做出最大贡献的人，将其姓名放在作品署名的首位（称为"资深"或"第一"作者），这种做法具有重要意义。因此，作者身份的问题，尤其谁是"第一"作者的问题，可能会非常棘手。这里所面临的主要挑战在于，怎样确定到底谁做出了主要贡献。可能我们需要首先考虑一个问题，即谁可以被承认为作者之一？首先提出该项目并确保其有效实施的人，又或者可能是将草稿整理成期刊采纳的文章的人，都可能会认为自己是当之无愧的资深作者，这种情况通常会是导师。但是，获取数据、辛苦收集数据并进行所有统计分析的学生也可能认为自己才是那个做了真正的调查研究工作，应该成为第一作者的人。他甚至可能会觉得，自己的导师不用放在作者之列，仅在致谢中对其表达感谢即可。至于这一问题和类似的分歧如何解决，可以参考大学或专业机构关于适当的声明，或者在进行研究之前就通过某种协议来提前约定。

此类计划应涵盖研究可能产生的潜在困扰或担忧的各个方面，甚至可以是为吸毒者提供帮助信息，使他们在研究过程中更能意识到自己的问题。或者，处理一些日常求助，因为这些求助可能是由于你听取了某人对其现状的描述而产生的。

伦理委员会

有效地处理伦理和相关问题确实有助于研究者获取适当的高质量数据。此外，通常还有一个重要的障碍需要跨越，那就是伦理委员会。伦理委员会是由组织任命，负责审查所有研究提案，以确保它们在伦理上是可接受的一组人。这些人对"什么是伦理上可接受的"有他们自己的看法——"以我的经验"，鲜有一套详细的指导原则或标准来明确规定什么是满意的要件。他们会了解我们这个部分所讨论的所有问题，还可能借用英国诗人菲利普·拉金（Philip Larkin）关于家庭的诗歌《这就是诗》（*This Be the Verse*）中的一句"还苦心孤诣地为你增加了不少"（add some extra, just for you.）。

伦理委员会一般会期望得到一份你计划做什么的详细说明，包括你将用来获取数据的程序、你拥有或将获得的允许你使用这些信息的权限、你打算用这些信息做什么，以及他们能想到的任何其他事情，以使他们确信你并没有将整个机构置于风险之中。你甚至会陷入一个无限循环，就像我有时在卫生服务部门寻求开展一项研究时遇到的情况那样。大学伦理委员会要求医疗服务机构提供某些证明材料，但在大学批准之前，医疗服务机构并不会就此提供任何证明材料，就这样拉扯了大约五年，该项目仍处于未实施的状态。

为研究者投保

有时，伦理委员会可能要求为项目购买某种保险。比如，当我想研究建筑物内火灾中的个体行为时，这种情况就发生了。该研究项目需要研究者开着消防车前往火灾现场，消防队坚持要求大学为研究者投保，但大学也坚持认为消防队的保险应该涵盖这种少数情况。在这种拉扯下，该项目最终不了了之。

获取数据

在司法心理学中，确定数据的来源以及如何 / 是否获取数据是至关重要的，也许比心理学研究的任何其他领域都更重要。事实上，当学生提出一个研究项目时，我的第一个问题总是："你会用什么数据？"在你积极参与这一领域的研究之前，你可能会对可以获得的数据抱有天真和乐观的态度。我前面已经提到了获取那些真正被羁押的服刑人员的相关数据时所面临的伦理问题，当然还不止这些，许多其他看似可以获得的数据来源可能也同样遥不可及。然而，这并没有阻止过去 20 年来这一领域研究的爆炸式增长，但要想为之做出贡献，你就必须向前辈学习。

我强调一下，本书中提出的所有研究都是经过选择的，因为如果以正确的方式进行处理，这些研究的数据都不难收集。但在你真正掌握数据之前（至少是电子数据），千万不要将你的研究计划最终敲定。例如，我所监督的警官们一直确信可以接触到那些不是特别敏感的原始材料，但却在最后一刻才发现访问数据的要求被拒绝。随着你研究事业和生涯的发展，所涉及的内容肯定会超越本书所列的范围，正如我对你的期望，这些要求也会变得更具挑战性。

获取数据的途径

罗伯特·韦斯利·哈本斯坦（Robert Wesley Habenstein）提出了获取项目开发信息的过程或途径（1970）。他的书的副书名虽然是《研究存续社会组织的现场调查法》（*Field Methods for Studying Ongoing Social Organisations*），但研究者在书中描述的许多经验却与研究反社会行为直接相关。他们提请注意以下问题，这些问题需要从规划研究项目的早期阶段就加以考虑。

- 为了获得项目所需的材料，你需要与谁联系？
- 他们的管辖权如何？
- 他们可能需要联系谁？

不要忽略你传递给你的第一个联系人的任何信息，其中应该包括你期望拿到的材料和原因，这些信息都可能被再次转送给其他人以获得批准，而这个人很可能是你以前没有接触过的。所以，这份文件必须是容易理解的、足够清晰的，以消除最初接触时可能产生的任何困惑。

访问

想一想那些你为了数据访问权限去求助的人。说得直白一点，帮助你对他们有什么好处？这么说可能听上去有点愤世嫉俗，但当我接触某警察部门的负责人时，他就坐在大量用纳税人的钱收集来的、关于犯罪和犯罪者的有趣信息前，直截了当地问我，如果向我提供这些材料，他是否会获得大学学位。这说明了一个事实，那就是许多你可能要打交道的机构，尤其是执法机构，都没有研究的传统或文化。他们的工作就是应对当下的犯罪和犯罪者问题。在我与警方接触之初，他们甚至问我为什么要发表我的研究成果："你只是想在印刷品上看到你的名字吗？"我受到了质疑，他们根本不了解我的职业发展，也不了解向他人提供研究成果的道德要求。

正如我的一位从事管理咨询工作的朋友所指出的："对于任何组织而言，你与之接触的人既是你的关键伙伴，也是潜在的干扰源。这个人很可能对他参与项目的原因有自己的想法，这个想法可能与你的目标完全无关。"许多支持我研究的警务人员就是一个很好的例证，他们皆在临近退休时不约而同地转向学术领域，并试图开始自己的学术生涯。

前面提到，研究的益处已成为任何研究的伦理和专业方面要考量的。另外，除了出于个人原因对你提供帮助之外，那些提供数据访问权的人很可能必须站在其组织获益的角度来考量研究提案的内容。例如，英国内政部资助了许多与犯罪有关的研究，但它非常不愿意资助任何不符合当前政治要求的项目，也不愿意对相关数据来源的访问给予必要的批准。政府的科学预算可能会乐此不疲地花费数百万美元在测量引力波或确定火星上是否存在生命上，而这些项目与我们的日常生活只有最微弱的关联（硬要说有的话）。但如果没有明确的直接利益，就试图为犯罪心理学研究争取研究资金，你所做的一切都可能是徒劳的。

同样值得强调的是，获取数据所需的技能远远超出了技术知识的范畴，比如如何进行因子分析，或者进行相关学术文献的分析等。另外，沟通和社交技能也可能显得更重要。那些提供数据访问权限的人希望你是值得信任的，并相信你有适当的专业知识和权威度来恰当地开展研究。当然，他们同样也希望确信你不会让他们或任何与工作相关的人陷入任何困境。比如：你问的问题会不会让谁不爽？你是否会要求他们的组织投入大量时间和精力来帮助你？当他们不愿意为某些人或事提供保护时会让你陷入危险吗？

数据来源

　　尽管在数据获取方面存在挑战，但新出现的、涵盖反社会和犯罪活动许多不同方面的广泛研究文献表明，有许多不同的数据来源可供利用。这些来源可以沿着两个交叉的轴进行划分和考量，横轴是研究者与被试的直接参与程度，一端代表着侵入性，另一端则代表着非侵入性，非侵入性意味着被试可能对研究一无所知。纵轴则是从信息来源的公开程度到私密程度进行的划分。图 1–1 展示了这两个轴，并给出了建议的示例。

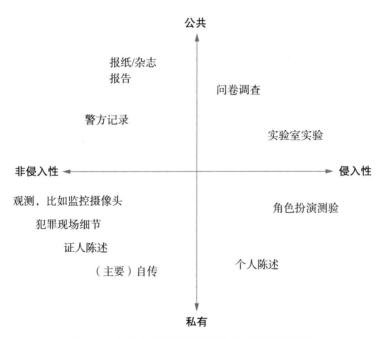

图 1–1　反社会行为和犯罪行为的数据来源范围

　　这种侵入性 – 非侵入性的连续体（见图 1–1），反映了研究者需要考虑研究对被试的影响程度。雷蒙德·M. 李（Raymond M. Lee）在重新回顾了（2005）E. J. 韦伯（E. J. Webb）、D. T. 坎贝尔（D. T. Campbell）、R. D. 施瓦茨（R. D. Schwartz）和

L. 西科莱斯特（L. Sechrest）等人（1966，2000）的研究后提出，"非侵入性"或者如他们也建议的"非反应性"措施，可以提高心理学的客观性，因为它们降低了被试对研究经验以及正在研究的内容做出反应的可能性。在犯罪研究中有许多这样的数据来源，从报纸报道和警方记录到犯罪现场的细节，甚至是黑帮大佬的自传，这些都不受研究行为的影响。几年前，我确实探讨过这一点（Canter & Alison, 2003），以此来考虑韦伯、李及其同事关于此类数据来源客观性的说法。

具有讽刺意味的是，虽然非反应性的信息来源不受研究者的影响，但正因为它们不是为了研究目的而收集的，所以这种信息来源中会存在许多错误和偏见。提供这些材料的人有其目的和议程。比如，记者想要一个有趣和激动人心的故事，最好还带有一些"人情味"的那种。因此，他们选择报道的内容会偏向那些特别引人注目的事件和人物，即使是比较正式的警方记录也经常失准或被歪曲。正如大卫·法林顿和桑德拉·兰伯特（Sandra Lambert）在他们（1997）对警方数据准确性的研究中揭示的那样，犯罪者的性别和年龄甚至都会被错误地记录，我在最近的研究中也发现了同样的情况。另外，犯罪者的传记和自传则总是为他们的行为辩护，而不是围绕他们试图做什么和他们行为的原因进行的完全诚实的描述。犯罪现场照片和专家的相关报告则需要进一步说明，它们是原始信息，必须转换成数据进行分析。

在轴的另一端则是那些研究干预措施，在实验研究中的被试需要按照研究者给出的指令行事。可能是对形式上或访谈中的问题进行回答，也可能是参与实验，甚至进行角色扮演（如策划银行抢劫的"研究 9"）。

另一个值得注意的方面是从公开的材料到基本上属于私人的材料。在公共端，来源主要是报纸上的报道和其他公开发表的报告。真实犯罪杂志和网站是研究者的重要资源，相关文章通常是由专业的历史学家撰写的，他们以事实正确而自豪。虽然这些杂志的封面和网站上那些血腥的照片往往是耸人听闻的，主要用来吸引读者，但如果与其他信息来源进行交叉比对，你就会发现，这些细节可能会成为研究有用的依据。

访谈录制

记录与受害者或证人的谈话可能被视为不具威胁性的行为，但大多数人也都知道这种录音的证据价值。在一项研究中，我采访了一位目击者，他似乎很乐意让我记录他所说的话，但是一旦录音机被明确关掉，他就会告诉我一些他知道会有法律后果的事情，尽管我一开始就声称我会对录音绝对保密。这种情况使我在访谈后立即对此做了详细的笔记，但从那以后，我就把关闭录音设备作为一个明确的行动节点，以此鼓励受访者说出其他更加重要的信息。

靠近私有端的是个人陈述。这可能是受害者或证人的陈述，这类陈述越来越多地被真正的研究者获得并使用。通常情况下，它们是由寻找证据的警察收集的，他们并不知道自己正在处理的事情的详细描述可能会被用作研究数据。在某些情况下，研究者本人也能够进行采访。当然，这可能是一个非常被动的过程，因为证人或犯罪者可能希望以良好的形象出现，所以他们会试图隐藏他们认为会令人尴尬的事情，或者他们不想让别人知道的事情。因此，不需要与研究者直接互动的匿名问卷可能具有更好的效果。在一些监狱研究中，我给在押人员和狱警发了调查问卷，让他们填写。与此同时，我会特别注意确保每份问卷都配有一个信封，填写者可以将其密封起来。问卷的回收也经过精心组织，没有人能够对其进行篡改，从而对所提供的内容保持严格的保密性。

结 论

　　尽管研究犯罪和犯罪者的工作困难重重，但仍有大量可用的材料可作为重要研究的基础，关于犯罪和犯罪者的警方记录和其他公开资料也越来越容易获得，受害者和被判犯有各种不同罪行的人的个人描述在书籍和网上随处可见。此外，让犯罪者、受害者和执法人员参与研究也存在着很多可能。但是，所有这些机会都伴随着伦理、专业和法律的要求，这些要求比社会科学研究的许多其他领域更加严格和繁重。对这些进行有效的管理，无疑可以确保你的研究是可行的和有价值的。

思考与讨论

　　1. 对酷刑的正向影响或负向影响进行研究是否合适？你会如何从伦理上进行这样的研究？

　　2. 对犯罪者进行采访存在哪些挑战？你会如何克服它们？

　　3. 在什么情况下向被试提供关于研究项目目的的误导信息是合适的？

　　4. 使用犯罪者自传进行研究提出了哪些专业和伦理问题？

　　5. 如果使用抢劫视频进行研究，哪些考虑因素至关重要？

Experiments in
Anti-Social Behaviour

———

第 2 章

如何进行一项犯罪心理学研究

———

    实验室实验、现场实验、模拟实验，以及认知模型、地理空间活动、叙事视角等研究方法，都可以在制定反社会行为研究细节方面提供相当大的帮助。

摘要

　　在多年的研究方法教学中，我发现将研究的整体设计策略（研究战略）与数据收集方法（研究技巧）区分开来是卓有成效的。虽然在选择的策略和使用的方法之间存在着一种自然的联系，但它们仍然分属于研究计划的不同方面。它们还暗示了研究问题的类型，以及与之相关的关于思考人性方式的理论视角。这一框架同样也会对分析模式造成影响。将所有这些要素放在一起，就为考虑项目的内容和制定研究计划书提供了一套丰富的指导原则。涉及反社会行为研究方面的项目设计存在着很大的难度，因此这一框架可以在制定研究细节方面提供相当大的帮助。当然，这种研究设计的方法对所有其他研究领域也有价值。

理论观点

　　法国微生物学家路易·巴斯德（Louis Pasteur）曾帮助发展了与抗击新型冠状病毒感染密切相关的疾病微生物理论，他强调了理论对于任何科学活动的重要性。他曾说过："没有理论，实践只不过是习惯性的例行公事。只有理论才能激发和发展发明精神。"这与一名科学家只需要一些数据和统计资料的观点有些不同。如果针对研究结果的含义并没有理论或解释的支持，甚至没有产生这些结果的潜在过程阐述，那么任何分析都是存在致命弱点的，这意味着结果仅与从中导出结果的特定数据集相关。巴斯德将其简短地归纳为科学理论有助于"超越数据"。一般原则，在科学中有时被称为"定律"，可以应用于与原始研究相关但不同的新情况和数据集。

因此，本书中提出的研究都简要介绍了一些与项目相关的概念和理论背景，这就产生了需要回答的问题或需要检验的假设。因此，这些研究同时也提供了心理学和相关社会科学中广泛的理论观点的介绍。本章对主要的理论类型进行了总结。

认知模型

关于人们如何思考和不同心理活动机制的理论，在围绕反社会行为进行的很多考量中都非常常见，其中包括用于确定签名是否真实的模式识别过程（"研究1"），以及影响犯罪者选择犯罪地点的认知地图（"研究4"）。另外，从说谎带来的认知需求来看，谎言识别所带来的挑战也变得更容易理解（"研究2"）。所有关于犯罪的判断，无论是犯罪的严重程度（"研究5"），还是歹徒为其犯罪行为辩护的扭曲观点（"研究8"），都需要某种认知模型的支撑。

地理空间活动

所有犯罪的发生都具备时间和地点两个因素（即使是在网络空间）。因此，影响犯罪发生地点和时间的社会和心理机制有助于揭示犯罪者空间活动产生的原因（"研究4"）。这也说明了不同的理论视角通常不会形成竞争。对影响人们生活的地理空间可能性的理解，从一个侧面形成了对犯罪者选择犯罪地点的认知模型的补充。

叙事视角

在犯罪研究和其他社会科学领域中，一个新兴研究领域是关于塑造和解释人类行为的基本叙事理论。犯罪者看待自己生活的方式，即他们的个人故事情节，是一种理解他们的特征和行为之间的联系（"研究 3"）以及他们如何理解自己的犯罪行为（"研究 8"）的富有成效的方式。这些个人叙事通过提供对犯罪者来说具有重要意义的角色来支持犯罪行为的持续（"研究 6"）。同时，这也是欺诈者在说服目标时所使用的方法的一个有趣的方面（"研究 7"）。

社会进程

犯罪本质上是一种社会活动，并总是伴随着显性或隐性的受害者。犯罪分子通常是作为团伙或犯罪网络的一部分相互关联的。因此，对社会互动运作原理的解释也与银行抢劫中的群体行为（"研究 9"）以及帮助欺诈者说服目标的社会互动（"研究 7"）相关。

组织理论

那些需要更大的犯罪网络来运作的犯罪行为往往会呈现出组织化的特征，与此同时，大规模的警方调查也需要相应的组织（"研究 10"）。这个研究介绍了组织理论所蕴含的丰富领域，以及最近一些新的发展方向，这些新发展方向对人们作为社会群体的一部分如何形成其个体身份进行了探讨。群体凝聚力的性质、领导作用和个体之间沟通的基本意义都与理解非法和合法组织网络相关。

可替代词汇

接下来将讨论心理学研究实验的实验室模型中存在着诸多不足，其中就包括了缺少可以用于现实世界事件研究的词汇这一点，这导致我和其他讨论"现实世界"的研究者，如科林·罗布森（Colin Robson）和基兰·麦卡坦（Kieran McCartan），在研究的过程中会将不同的词汇用于研究方法和设计。各种不同的词汇在研究中的使用让我们意识到，心理学家和其他社会科学家可以使用许多严格的科学程序，但这些程序的有效性取决于对它们特定优缺点的理解，而不是将它们视为随机控制实验室实验的简化版本。

我选择的词汇大致借鉴了军事理论。如果你愿意，你可以把研究看作一系列对抗无知的斗争。研究战略（策略）是这些战斗的总体方法，研究技巧则是详细的实施方法，某些方法和特定策略之间会存在一定的兼容性，但要更加清晰地理解它们，则需将它们分别处理。

为了理解它们的含义，我按照从最结构化的实验室实验到最"开放的"案例研究和模拟的顺序对策略和方法进行了介绍。必须强调的是，这些都是科学研究的有效基础。每种策略和方法都有自己的规律，它们可以被成功地用于进行优秀的科学研究，也可能被误解，从而产生毫无用处的不连贯和无效的结果。

策略和方法的每一种组合都有一种适当的分析模式，下面将一一予以阐述。

研究策略

实验室实验

为了使心理学尽可能地像自然科学，那些从事人类活动和经验研究的人倾向于将随机的、受控的试验视为科学努力的缩影。典型的方法是把人们（通常被称为被试）带到一个隔离的房间（为简单起见，我称之为"实验室"），要求他们对呈现给他们的不同刺激做出反应。此外，在被视为理想研究的研究环境中，这些被试被随机分配到不同的实验条件下。在某些情况下，他们会经历研究者感兴趣的操作（称为"实验"条件）；而在另一种情况下，他们不会经历前述操作（"控制"条件）。例如，在不同类型的噪声和完全没有噪声的实验条件下，研究解决数学难题的能力。

这种观点认为，因为研究者能够控制被试所经历的条件，所以他们在实验条件和控制条件下所表现出的任何差异都可以确信是由实验操作造成的。该观点被誉为进行心理学研究的黄金标准以及揭示潜在原因的唯一真正科学的方法。因此，围绕这种形式的实验室实验，实际上已经形成了一整套专业词汇和相关的分析技术。比如，实验者引入的操作被称为"自变量"，可以影响被试产出结果的量称为"因变量"。而执行统计程序、探索与不同条件相关的结果的可变性（或通常所说的"实验处理"），最为人所知的当属"方差分析"了。即使是大肆吹嘘的推断统计学及其"显著性水平"和"零假设"检验，实际上也都是基于这样一种假设，即该研究至少是某种受控实验室实验的简化版本。

某些情况下，比如，以法律程序为研究背景时，除了以实验的形式设立某种形式的现实表象外，别无选择，陪审团的决策过程就是一个很明显的例子。在大多数司法管辖区，陪审团成员不允许提及他们在实际审议中发生的事情。因此，为了理解这些过程，必须设立"模拟"陪审团。这样做还有一个优点，就是作为实验操作的一部分，证据将被允许以不同的方式呈现给模拟陪审团。

什么是实验

英文是 ex.per'iment（ik-sper'e-mant）：中古英语，源自古法语，来自拉丁语 experimentum，源自 experiri，尝试的意思。1.（1）在受控条件下进行的测试，用于证明已知的事实，检验假设的有效性，或确定先前未试验过的事物的有效性；（2）进行此类测试或实验的过程。2.创新的行为或程序，如"民主只是政府的一项实验"。

"实验"一词经常被乱用，用来指代各种各样的研究。一个堆满已完成问卷的房间，没有与之相关的控制或实验条件，也许就可以被称为实验室。甚至只是一群做研究的人聚在一起，也可能自称为"实验室"。这种扩大标签使用范围的做法是无益的，因为它降低了识别特定实验设计策略的可能性。因此，从现在起，我将保留"实验"一词，用于这些具有因变量和自变量控制条件的罕见探索。有时，为了明确说明我所指的研究类型，我会直白表示我所写的是实验室实验，这意味着研究是在物理范围内的合理控制条件下进行的。本书中的"研究 1"通过向人们展示真实和伪造的签名（自变量），并要求他们说出哪些是真实的、哪些是伪造的（因变量），来阐明这一研究策略。签名的各个方面提供了自变量的变化。

通俗地说，"实验"一词常用于描述任何系统性研究。它具有一定的内涵，暗示着一些有趣、令人兴奋，甚至有点异国情调的东西。因此，出版商希望在书名中使用"实验"一词，而不是更普通的"研究"或"项目"。然而，既然我们已经开始考虑反社会行为研究到底有哪些战略、技巧可利用，我现在声明，我在书中描述的大多数项目都不是我严格意义上的"实验"，希望大家原谅我的轻微混淆。

实验室实验的局限性

尽管，抑或可能是因为实验室的实验被高度重视，但它还是充满了很多问题。在最近发表的一篇直接涉及实验犯罪学思想的论文中，大卫·法林顿及其同事（2019）讨论了这样一个事实，即随机对照实验这一纯粹的实验形式不一定是犯罪研究的最佳研究设计。受控实验设计中变化的不足，例如通过使用自然产生的条件差异（有时称为"准实验设计"），无疑会对使用实验室实验词汇来描述所有应用研究的效用带来质疑。

证人辨认中实验者效应示例

当调查人员检查 1988 年 12 月 21 日在洛克比上空炸毁飞机的炸弹时，他们在爆炸点附近的手提箱中发现了衣服，并据此追踪到了马耳他的一家商店。调查人员确信是安东尼·高奇（Antony Gauci）把炸弹放在了飞机上，一年后，调查人员向店主展示了包括高奇照片在内的 12 张照片，并问店主是否能从中认出一个在上一个圣诞节买这件衣服的人。店主挑出了高奇的照片，这让警方非常高兴。而高奇则否认与洛克比空难有关，在随后的上诉中，我被要求对证据进行审查。为此，我开展了一项研究，想看看实验者效应是否会影响目标照片的选择。这一研究报告随后发表（Hollinshead, 2014），一同发表的还有审查马耳他"目击者"所有证据的完整报告（Canter, Youngs, & Hammond, 2012）。

这项研究表明，如果要求受访者辨认嫌疑人的实验者知道这组照片中的嫌疑人是谁，那么该实验者会比不知道的实验者更有可能选择该嫌疑人。该主题在"研究 1"中有更详细的讨论。

实验室实验存在的问题（尤其是在研究反社会行为时）

1. 对于什么是允许的、什么是可能的，都存在伦理和实践上的限制。

2. 只能使用有限的实验条件 / 处理方法，且这些条件之内或之外的任何影响都是未知的。

3. 假设研究过程是一个相对简单的输入 – 输出过程，那从本质上说，人类实际上就是一个机械装置。

4. 试图控制可能影响结果的变量实际上是一种悖论，尽管了解哪些变量会影响实验室之外的结果同样很重要。

5. 干预对被试的意义很难探究，自然环境的影响也是如此。

6. 被试会试图理解他们被要求做的事情，并经常试图给出他们认为实验者想要的结果。这些被称为实验情境的隐性需求或"需求特征"（as explored in great detail by Orne, 1962 and Rosnow, 2002）。

7. 实验者可能会无意中影响被试在实验情境中的反应，这被称为"实验者效应"（as studied extensively by Rosenthal and Rosnow, 2009）。吉娜·佩里（2013）撰写了一本引人入胜的书，书中对米尔格拉姆在其臭名昭著的"服从"实验中保留的详细记录，以及对被试进行的采访进行了研究，揭示了实验中那些人为制作、需求特征和实验者效应的结果远非米尔格拉姆声称的服从权威。

8. 实验情境是一种权力不对称的情况。研究者占主导地位，而被试自愿被操纵。这也就意味着公开、诚实的互动极其困难（as Schuler, 1982, discusses at length）。

9. 被试一段被心理学家误导参与实验的经历会对他们被要求做的事情产生怀疑。就在几天前，一名听了我讲座的听众在讲座结束后找到我，暗示我并没有对听众坦诚相待，他认为整场讲座就是一次大型"实验"，尽管事实并非如此。

10. 研究当中的仪式性用词，比如实验组、对照组、零假说（设）测试、因变量、自变量等，分散了研究者的注意力，使其无法真正理解他们正在研究的过程，也无法揭示人类行为和经历的复杂关系模式。

11. 正如路易斯·古特曼（Louis Guttman）在英国皇家统计学会（the Royal Statistical Society）发表的（1977）一篇题为《统计学中并没有绝对的是与不是》（*What Is Not What in Statistics*）的开创性论文中所阐明的那样，分析模式，如方差分析和相关的推断统计等，并不能清楚地反映整个研究的过程。也许他最想说明的一点是，统计学意义上的衡量并不能衡量研究的意义。

现场实验

实验室实验固有其人为性，但它又具有指明因果关系明确方向的能力，这就催生了一种研究策略的发展，该策略在保留实验过程优点的前提下，试图对自然发生的情况加以利用，这种研究策略被称为"现场实验"。D. T. 坎贝尔和 J. C. 斯坦利（J. C. Stanley）撰写的一本名为《实验和准实验设计研究》（*Experimental and Quasi-Experimental Designs for Research*）的书（1963）极大地推动了现场实验这种研究策略的发展。

D. T. 坎贝尔和 J. C. 斯坦利在书中提出了一些方法，使实验室实验应该非常擅长的因果解释得以实现，但应将其在更广泛的背景中加以应用。因为它们并不是在实验室的受控条件下进行的，而是在自然环境中采用了这种形式，所以他们将这些实验称之为"准实验"。一些研究设计甚至被称为"现场实验",这种研究思维方式仍然有大量的追随者,D. T. 坎贝尔在最近出版的一本书(Shadish, Cook, & Campbell, 2002)中更新了他的观点,亚伊尔·利维(Yair Levy)及蒂莫西·埃利斯(Timothy Ellis)最近(2011)所写的一篇文章中对他的观点进行了阐述。

该观点认为,类似的实验研究与其在受控条件下的大学实验室进行,不如在教室等这样的自然环境中进行。例如,可以将学生被试随机分配到两种不同的数学教学方法中的一种,然后对教学结果进行比较,甚至可以使用所谓的"自然实验"来进行。在使用自然实验进行的研究中,我们通常将两种没有心理学家干预的类似情况进行考察。例如,有相似症状但接受不同治疗方法的患者会被相互比较。在"研究 2"对谎言识别进行的研究中,就设定了两个项目:一个使用实验策略,另一个则使用准实验策略。而在"研究 4"中,利用农村和城市地区之间自然存在的差异来比较犯罪者离家进行一系列犯罪的距离,则可以被认为是一个相当粗糙的现场实验。

我曾有幸在一次会议上见过坎贝尔博士,并向他提出,他的研究设计其实应该被称为"准自然主义",因为它们扭曲了实际发生的事情,以使它们符合实验范式。他同意了,也接受了我的观点,如果没有书名中提到的"实验"一词所隐含的魔力,他的书就不会卖出那么多。

值得注意的是,开发这些不那么实验性的研究方法的动机,实际上源自坎贝尔自己对教育研究的兴趣。他意识到,纯粹的实验所产生的结果并不能很容易地应用于课堂上发生的事情。让孩子们在实验室条件下做事,并不能很好地预测他们在课堂上的表现。对心理疗法的研究也有类似的评论。实验越是"受控",就越具有人为性,因此也就越不适合实际的应用。

对犯罪活动的研究同样难以纳入实验室实验的范畴。为了确定惩罚的"效果"，你能随机地将被判有罪的人分配到不同形式的惩罚中，而另一些人则完全不接受任何惩罚吗？即便你能够进行如此离谱的研究，难道不会因为这一过程的不公平而引起公众的强烈不满吗？

任何在自然的、现有的环境中进行的研究都存在一个问题，那就是它已经有了一系列的关联和期望。研究者引入的干预措施所具有的意义就来自其背景，它们永远不会有实验室里假定的那种纯粹的影响力。还有一个问题是，任何观察都可能对被试产生影响，这在自然环境中可能更加明显，但在实验室中却总是必须假定的。

当然也存在着很多不可能对实验进行控制的情况。医院手术就是我们生活中的一个例子，每名外科医生都有自己一套特定的手术方法，这种方法是医生对问题的解释和处理手段的复杂组合，加之外科医生的特殊技能和经验，就意味着不能期望任何两个手术以完全相同的方式进行。我们也不希望他们这样做。当然，对每位外科医生来说，其成功与否都是可以评估的。如果在评估的过程中，发现了薄弱环节，例如该外科医生手术致死率较高，那么相关部门一般会就该外科医生的手术程序进行审查，并进行适当的补救措施和培训，但这与实验的正式过程完全是两回事。

实际上，任何形式的现场研究（即在自然环境中进行的研究）都不应该被视为"实验"。这实际上是对不同情况进行的比较，研究者需要了解每种情况的细节，以便理解结果所可能存在的差异。所以，这些现场研究被称为"比较案例研究"更恰当。

调查

与详细说明一种或几种情况并对其结果 / 后果进行比较的做法不同，调查涵盖了更多但特征却较少的案例。这种研究策略的最大优点是，它涵盖了所研究主题的一系列数值，而不像实验设计所要求的那样，在一些特定级别选择非常有限数量的值。例如，本书中的例子涵盖了人们在犯罪时感受到的情绪程度和类型，以及对各种形式偏差的态度等问题。这些例子表明，调查也可以处理一系列相关问题，而不是像典型的实验那样只处理一两个"因变量"。

在许多研究中，一个变量的取值范围可能与另一个变量的取值范围相关联。一个有趣的例子是，探究人们认为罪行的严重程度和这项罪行所受到的惩罚的严厉程度之间的关系，如"研究 5"所建议的。L.V. 汉密尔顿（L.V. Hamilton）和史蒂夫·赖蒂纳（Steve Rytina）对此进行了研究（1980），他们让被试对各种犯罪的严重程度进行评级，随后考虑他们认为适当的惩罚力度。该研究使他们能够对犯罪严重程度和惩罚严厉性之间关系的复杂统计模型进行测试，并由此得出结论，认为这种关系会因小组的犯罪和惩罚经历而异。

这里提到的对各组变量之间关系的探讨与广泛使用的"民意"问卷（通常称为"意见调查"）之间需要做出重要区分，该区分实际上与社会学的关系要比其与心理学的关系大得多。通常情况下，调查人员会向精心挑选的、能代表相关人群的样本提出几个直接的问题。一个很好的例子是，为了确定同性恋是否应被视为非法而对人群进行的调查。这其中的关键是人们表达特定观点的频率，这个频率代表着结果，而结果的价值取决于问题提出的清晰程度，更重要的是样本的代表性。这类调查是全民公投的基础，比如询问英国是否应该脱离欧盟的那个愚蠢公投。

我在本书中考虑到的调查形式并不十分依赖于样本或被调查者的代表性，这是因为所提问题之间的关系才是此类研究的核心所在，例如拟议的"研究 5"，就着眼于犯罪行为的严重程度与对犯罪的法律惩罚之间的关系。另外，一个非常独特或带有偏见的样本也会提供不同问题之间的关系。例如，将宗教信仰与一个人说谎的频率联系起来，基督徒样本与被诊断为心理变态者的样本相比，可能会得到截然不同的结果。

调查的不足之处在于，尽管它们可以对样本的反应以及各种反应之间的关系进行重要描述，但要揭示材料中的任何因果机制，却是一个复杂而具有挑战性的过程。这可以通过前面提到的说谎、宗教信仰和心理变态之间关系的例子来说明。会不会有什么结果是由于宗教信仰、心理过程，或者两者之间的某种相互作用而产生的呢？这就需要提出很多额外的问题，可能还需要一些相当复杂的统计分析来解决这个问题。

当调查中存在各种各样的题目时，一个问题就出现了，即调查问卷的基本"结构"是什么。换句话说，该问题的核心任务是，对构成正在探索的问题的组件进行识别。虽然这不是通常意义上的调查，但如智力测验中由空间、言语或数字成分以及一般成分组成的项目，皆是"结构"概念的明显例证（Guttman & Levy, 1991）。在"研究 6"中，我们提出了犯罪经历背后的一系列角色。

在整个社会科学领域以及心理学的许多领域，问卷调查无疑都是占主导地位的研究策略。因此，现代心理学奠基人之一的威廉·詹姆斯（William James）在一个多世纪以前就曾经说过"问卷调查因其简单易用而成了现代社会的祸害"，这不禁让人感到有些好笑。如"研究 6"所示，尽管使用在线调查的挑战不小，但在互联网上设置此类调查的便利性却使问卷调查的使用频率进一步得到了提升。

由新冠肺炎带来的封控，不可避免地使得在线调查成为许多研究领域的首选策略。我们在网购之后，无论你买了什么，小到一根保险丝、大到一辆昂贵的汽车，或者去意大利度假，无一例外地，你都会被问及对所购物品或服务以及整个购买过程有什么看法。其实，只有大概 10% 的人会就这些问题做出回应，这也许并不奇怪。如果话题是严肃的、个人感兴趣的，那可能会有更高比例的回应。或者，如果回答者与进行调查的人有某种关系，那就可能会有很多人参与。这里需要提醒的是，在没有仔细考虑各种可能性和其他选择的情况下，不要轻易将调查作为首选策略。

案例研究

在心理学中，个案研究经常被认为"仅仅是描述性的"，但是在进行反社会行为研究时，其中一个关键的出发点就是要清楚、详细地说明这是什么以及发生了什么。当需要考虑的是诸如强奸或谋杀等严重犯罪时，这一点的价值就得到了凸显。虽然研究者可能认为自己知道在这些犯罪实施的过程中实际发生了什么，但仔细考虑后就会发现，这些犯罪实际上都具有多种形式，而它们之间的差异对于理解它们的起源和动机至关重要。

描述犯罪过程中发生的事情需要多个技巧和流程。获取信息本身就是一个挑战，但即便信息可用，决定如何以一种具有科学价值的方式组织这些信息也同样是一项艰巨的任务。有许多方法可以解决这个问题，这取决于研究者是在探索一个复杂的系统，还是在将多个案例进行比较。科林·罗布森和基兰·麦卡坦（2017）就开展案例研究的多种方式进行过详细的阐述，帕梅拉·巴克斯特（Pamela Baxter）和苏珊·杰克（Susan Jack）也在他们的综述中（2008）就开展案例研究的多种可能性进行了考量。早期的权威人士，特别是 D. B. 布罗姆利（D. B. Bromley），强调使用案例研究的材料来形成合理的论证，他（1986）提出了一个在法庭上为案件提供证据的类比。但是，一般来说，案例研究总是需要确定被研究案例的显著组成部分，以及它们之间的相互关系。"研究 7""研究 8"和"研究 9"中都对此进行了说明。

"研究 8"建议，研究者应该将帮派成员和其他暴力犯罪者关于他们的生活和时代背景的自传体叙述纳入考量。安塞尔姆·斯特劳斯（Anselm Strauss）和朱丽叶·科尔宾（Juliet Corbin）以及其他所谓"基础理论"的追随者提出（1998），研究者可以进入自然发生事件的泥潭，在无须任何先验概念的情况下，就可以从中得出一些假设和框架。我认为这是不可能的，研究者总是有一些背景，该背景使其对研究课题和案例研究的原因感兴趣，阐述得越清楚，分析就越有效。例如，在研究犯罪者关于他们行为的自传时（犯罪者很可能有发表这些叙述的理由），就可以从他们为什么把这些行为写下来并发表的角度来阅读它们。我觉得为他们的行为辩护就是其中一个目的，这也就引出了对这些理由形式的探索。

模拟（实验）

我把介于训练和研究之间的过程称为模拟（实验）。模拟（实验）可采取的形式有很多：从使用复杂的计算机模型来模拟气候变化的影响，到设立一个模拟陪审团来模拟陪审室里发生的事情。有时，就像玩电脑游戏一样，他们反映活动来创造竞争。我在"研究 10"中对模拟策略的其中一个方面进行了强调，即人们以不同的角色参与到一项任务中，该任务的设置方式允许研究者详细记录不同角色之间的相互作用。此外，模拟（实验）还允许创建不同的交流网络，以便可以检查在该网络中任何节点的影响。

从某种意义上来说，我所描述的这种模拟（实验）可以被看作一组受控的案例研究。除了记录被试如何参与"游戏"之外，还可以询问他们的参与情况。在受控的条件下，实际扮演一个角色所体会到的那种强烈本性会将活动的研究方面转变为个人体验。这具有其他研究策略中并不具备的强大的教育和培训功能。因此，它可以成为一种有用的工具，使组织内的人能够发展他们彼此之间的相处方式——咨询的一种形式。

关于咨询的说明

正如已经多次提到的，心理学（特别是在刑事犯罪领域的心理学）所面临的一个最重要的挑战是，研究的实际过程可能（事实上应该是很可能）会改变正在研究的内容。因此，必须利用各种方法对此加以考虑，并尽可能降低这些影响。但有一种研究形式，它的主要目标恰好就是改变研究对象，我称之为"咨询"，但我所指的通常是"行动研究"（Stringer, 2014）。我参与的一个例子是试图提高警方破案率所进行的尝试。

由于在尝试之前，有必要对犯罪的分布，例如入室盗窃，以及当前的警务实践（如"研究 4"所示）进行一个了解，所以警察破案率提高的尝试实际上应该算是一个研究项目。此外，所给出的任何指导都需要考虑到警方的可能性，以及是否属于其合法行为范畴。我发现，警方在入室盗窃这一类犯罪上的破案率还不到 10%，低得令人不安，执法部门可用的资源也很少。这会带来一个后果，就是警方对个别案件的跟进会变得很困难。但如果一系列盗窃案可以并案到同一个犯罪者身上，那么对这些案件进行调查将会更具成本效益。这意味着，研究不仅需要考虑最初要求的单独入室盗窃，而且还需要将犯罪之间的联系纳入给警方的建议之中。

除了与有效研究相关的技能之外，向组织提供建议还需要其他技能的支持。在我早期的研究中发现的一点是，如果决策者几乎没有科学背景，那么该决策者将会受到"成功"案例的极大影响。他们极其倾向于认为成功案例的背后蕴含着大量的数据和研究，但也正是这个案例影响了他们的决策。就算之后出现可以表明一种方法或想法的价值和潜力的一般性的发现，通常也不会影响他们改变自己所做的事情或其做事的方法。另一方面，成功借鉴了研究成果和原则的一次性案例，有时也会引起轩然大波。

这意味着能够有效地与所咨询的组织进行沟通，了解其期望、需求和局限性，是与它们合作的重要组成部分。晦涩难懂的研究语言、对高级统计数据的偏好以及让许多学者相信自己拥有真正技能的其他工具，都无法取代让那些必须使用你研究成果的人能够理解你的信息并采取行动的能力。

所有与研究过程相关的策略和方法也可以作为咨询或行动研究项目的一部分来使用，但其关键在于如何将方法，尤其是研究结果传达给组织。我稍后会提到报告编写的各个方面，并解释咨询报告与学术报告的重要区别。

在重大调查中为警方提供建议

不可否认，如果 30 多年前我没有运用简单易懂的心理学观点，在一项针对伦敦周边系列强奸和谋杀案的重大调查中担任顾问，我就不会写这本书。我对那起案件的贡献打开了与警方合作的大门，否则，无论我引用多少背景研究，都不会有这样的机会（Canter, 1994）。

研究技巧

与研究的总体设计（我称之为"战略"）不同，这个部分会涉及要收集的数据的细节，以及如何为分析做准备。这些"技巧"也暗示了关于人的本质的基本假设，即人类的"模型"。我认为，这些模型是一个连续体，从把个体以及个体对正在发生之事的理解放到核心位置的模型，到把个体作为研究对象的模型。

在连续体的一端，是将个体视为澳大利亚哲学家罗姆·哈雷（Rom Harré）所说的"自我经验的专家"的过程（1984）。心理学界有一个悠久的传统，那就是寻求按照人们自己的意愿与他们合作。试图理解他们是如何看待这个世界的，以及他们认为表达这个世界的最合适的方式是什么。这里所说的他们可能是参与研究的被试，甚至是一些项目的合作研究者。在这种情况下，最常用的方法是访谈和个案研究。当然，人们也会在研究要求之外进行叙述，比如写自传。而这些都可以成为非结构化数据的丰富来源，如"研究 8"所示。

在连续体的另一端，个体会被视为"研究者有权对其进行研究"的有机体，那就意味着研究者有权对其行为进行解释，个体会被当作研究的对象，尽管通常情况下，他们会被称为"实验对象"。

当然，上述两种极端情况都不完整。即使在对个体进行观察时，也需要对他们正在做的事情和主观感受做出一些判断。必须尽可能客观地对待个人陈述，使研究者与他们可能表达的情绪保持距离。

访谈可以是结构化的，也可以是开放式的，两者之间有不同程度的侧重点。相对来说，使用非常结构化的多项选择访谈意义并不大。这些问题还不如用调查问卷的形式写下来，除非参与研究的被试可能在阅读或理解方面存在困难，比如儿童被试。

除了理解被试所表达的观点、经验或态度之外，还有一个更进一步的方法，那就是给被试布置任务让他们去完成，并把他们的所作所为记录下来。这其实就是智力测试和许多形式的职业评估所采用的模式。在本书所提到的大多数研究中，被试都需要做出一些选择和相关的决定，他们如何做出抉择往往是这项研究的关键衡量标准。然而，要理解他们的行为，研究者有必要和被试一起就他们做出此行为的原因进行一番探讨。

在研究环境中或更自然的情况下观察参与研究的被试时，研究者往往会将自己的观点强加于正在发生的事情及原因之上，除非在观察的同时进行某种形式的访谈。尽管如此，对于某些研究领域来说，该方法也是合适的。"研究 2"中的项目就使用了亲人失踪者的电视呼吁资料，围绕呼吁进行观察研究。但是，为了将这些观察转化为数据，被试还需要完成问卷对他们的所见所闻进行描述。这从一个侧面说明，与策略相同，任何一项研究都可以采用多种研究方法进行。

分析模式

如果本书将许多关于研究方法的书所涵盖的统计程序的细节也囊括其中的话，那么这本书就太长太复杂了。社会科学统计软件包（The Statistical Package for the Social Sciences，SPSS）手册非常有用，此外，使用 Excel 和其他电子表格软件可以完成的分析也足以令人惊讶。因此，我只想提请大家注意研究问题的广泛类型，每种类型的问题都有相应的分析和统计方法。

对不同组进行比较

标准的实验程序是比较两组或更多组被试产生的结果，通常是将实验组（接受了实验者的操纵）与控制组（没有接受任何操纵）进行比较。也许本书中最明显的例子是"研究 2"中真相与谎言的比较，而另一个例子则是对农村和城市窃贼离家的距离所进行的比较。

尽管当只有频率可用时，卡方检验可能是最合适的，但最常用的统计方法依旧是 t 检验或方差分析。

关系检验

如果存在两个需要比较的变量，如"研究 5"中所示，将严重性评级与法定量刑进行比较，则相关性度量将表明这两个变量之间的密切关系。用散点图对变量之间关系进行绘制通常效果显著（如"研究 5"所示）。散点图能够直观地展现出变量之间是否存在简单、直接的关系。它还允许你对与其他案例结果截然不同的个案进行更仔细的查看，并确定是什么使它们不同。

案例描述

一般情况下，对案例进行仔细检验时，会同时对案例进行记录。这可能看起来像是一个纯粹的描述性活动，但它却需要明确研究者想要详细说明的主要方面。将你所描述的内容与潜在的理论联系起来，是使得你的描述具有真正价值的有效方法之一。在"研究 4"中，犯罪者在叙述中所描述的不同角色，就有助于使对其背景和行为进行的描述具有更普遍的相关性。

研究风格

在研究领域存在一个误区，即做任何项目都存在一个最优方法。该观点实际上忽略了一个事实，那就是如果你去观察一下那些活跃的研究者的工作，你会轻而易举地发现，这些研究者实际上都已经发展出了自己的一套研究风格。有一次我的一位优秀的实验室研究员同事被要求进行一些现场研究，但因为他无法应对项目中缺乏控制的问题，所以在项目开始没多久之后他就放弃了。

在你把本书中的研究一一看过之后，我相信你会对我最擅长什么研究类型有所了解。例如，你会很快意识到，严格的随机对照实验，或有数千人参与、需要大量数据运算的大规模研究，实际上都不是我的偏好。你也不会发现，我已经进行了深入细致的定性探索，尽管我在"研究 8"中已经给出了这种重要方法的例子。不过，我在所选择的例子中尽可能做到兼收并蓄，但我们确实都有自己的研究风格，你也需要找到你的风格。

报告撰写

学生们常常误以为，研究成果就是发现或结果。如果他们稍微成熟一点，他们可能会认为成果是对一个假设的检验或者对一个理论的支持。所有这些观点都忽略了一点，即如果没有在出版物或至少是在会议上的发言中对研究进行说明，那么这些成果将永远不会为人所知。如果没有可供查看的详细资料，当然也无法对研究成果进行评估。因此，重要的是要认识到，任何研究活动的一个关键阶段是研究报告的撰写。有许多书籍和期刊文章包括我自己的文章（Canter & Fairbairn, 2006），对如何撰写报告给予了指导，也可以看看史蒂芬·平克（Steven Pinker）、查理·芒格

（Charlie Munger）、海伦·世奥德（Helen Sword）、雷切尔·托尔（Rachel Toor）和特里萨·麦克费尔（Theresa MacPhail）所写的非常有帮助的相关文章（2014）。我还想指出，有那么多的参与者或以其他方式为你的研究提供了帮助，他们对你将研究成果提供给其他人还是很期待的，撰写研究工作报告可以说是一项道德义务。

下面是我总结的撰写研究报告的几个基本要点。

- **了解你的受众**。不同的报告受众对你所写的内容肯定有着不同的期望和理解。试着去找一份以你心目中预想的受众（无论是你的讲师、普通受众还是报纸媒体）为目标撰写的报告，看看它是如何撰写的，将会对你产生极大的助力。你应该考虑报告的组织形式，以及所呈现材料的词汇和内容，每个投稿方向实际上都有其材料组织方式的一套标准。

- **一次一页**。如果你没有任何撰写研究报告的经验，那么研究报告撰写的开始阶段将是非常困难的。如果你正在撰写一篇内容广泛的研究报告，比如硕士或博士论文，情况更是如此。我的指导意见是，先在一张纸上勾勒出整体结构，然后在一页上选取一个部分，提炼出标题并进行扩写。不断重复这种选择和扩写，但始终聚焦在当前正在处理的页面上。你依旧可以返回更改内容，移动章节和页面，这样你就不会被任务的整体规模吓到，同时你也会意识到每一段和每一节在整体框架中的位置。

- **总体框架**。当你设计报告的框架和内容时，不要将其与描述你所做之事的日志或日记相混淆。研究报告是一种论证体，它所呈现的内容很可能与你刚开始考虑收集数据时的想法大相径庭。无须惊慌，仅须记住报告必须做到以下几点。

  - 联系上下文，并说明你如何以及为什么回答了其他研究提出的问题。
  - 需要明确说明你想要回答的问题，或者你想要检验的假设。
  - 需要清楚地描述你是如何收集数据来回答问题或检验这些假设的。这种描述应该足够清晰，至少在原则上能让其他有经验的研究者能够复现。

– 必须具体说明分析数据的方式。

– 应尽可能客观地报告结果。

– 应说明这些结果带来什么影响。

– 应描述你对所做工作得出的总体结论，以及将来如何发展。

　　值得注意的是，这为一份报告提供了七个部分。如果你参与的是一项重要研究，比如博士研究，那么博士论文可能会有五个项目。这里提到的必做项目有七个，简单地加一下，你就会发现，五个基本组成和七个必做部分加在一起，一共是 12 章的内容，如果你去查看很多博士的论文，你会发现这些论文（至少在英国）都有大概 12 个章节。

- **刊发**。如果你的愿望是让你的作品在学术期刊上发表，那么你必须跨越一些重要的障碍。这其中至关重要的一点是，确定你要向哪家期刊投稿，然后仔细研究该期刊涵盖了哪些内容，以及该期刊所要求的材料的组织形式有哪些。几乎无一例外的是，论文必须在线提交，而且期刊会给出需遵守的具体的投稿指导原则。如果你不遵守这些规定，你的论文大概率会在初审之前被拒。

　　还要记住，一篇期刊论文通常只提出一个直接的观点，并附有辅助信息。在准备期刊论文时，一是需要确定论文的标题；二是确定你想得出的结论；三是可以找出支持你论点的主要表格或插图；四是开始撰写论文的引言。

- **咨询报告**。提交给某个组织、法院或某个个体的报告有一套与学术出版物完全不同的要求。阅读咨询报告的人都很忙，他们最关心的是如何处理你的结果。他们需要非常直白地知道你的结论是什么，以及你愿意提出的任何建议。因此，在报告的开头通常会有一个"管理"或"执行"摘要，然后是你是怎么得出这些结论的，分析的细节和收集的数据则可以放在附录中。如前所述，说明结果的图解案例有助于让那些有兴趣根据你的结论采取行动的人将结果付诸实践。

大多数报告或刊发文章的总标题

不过，请记住，每个渠道或受众都有自己偏好的格式。

- **标题**。标题应简单明了地说明作品的主旨。避免使用故作聪明的标题，例如《弥合鸿沟：心理学和法律之间的联系》，因为搜索引擎有可能将这一标题纳入土木工程师的常用搜索词条中，这会让他们很恼火！

- **摘要**。摘要描述了你要解决的问题、你为解决该问题收集哪些数据或其他材料、你如何分析这些数据或材料，结果和结论是什么，通常是按照这个顺序进行。

- **导言**。导言为报告设定了背景，可以是面临的挑战，也可以是之前研究中出现的问题，最好以"虽然"开头。这将迫使你把报告描述成在处理一个问题，而不仅仅是叙述其他人所做的与这个问题模糊相关的工作。

- **研究问题**。你要检验哪些假设，或者你在寻求回答哪些问题？应清楚说明这些问题源自以前的研究或其他材料。

- **分析**。分析应足够清晰，以便他人能够复现，但通常不需要详细地计算，除非有人要求你这样做。

- **结果**。表格和图表应该更适合受众，尽可能简洁，数字标注清楚且合理。人们通常会先看表格和数字，所以如果可能的话，这些表格和数字应该是你报告的明确展现。

- **结论和含义**。这些结果会对你产生什么影响及会导致什么后果，比如：

  – 理论得以发展；

  – 利于政策出台和实践；

  – 改进你采用的方法和程序。

思考与讨论

1. 哪些犯罪领域可以从随机对照实验中受益？你将如何着手进行这样的实验？

2. 你认为不同形式的理论和不同的研究策略之间有什么关系？

3. 你认为不同形式的理论和不同的研究方法之间有什么关系？

4. 哪些方法与策略最兼容？你能创建一个显示关系的表格吗？

5. 对两项有关贩毒的研究进行描述，每项研究使用不同的研究策略和研究方法组合。

Experiments in
Anti-Social Behaviour
———

第 3 章

担心！你的签名正在被人伪造

———

　　研究 1：如何识别伪造签名。 能够有效伪造签名的人一直是许多犯罪活动的核心。如何识别和预防签名被伪造对于在法庭上定罪至关重要。

摘要

　　本章所涉及的是一项非常正规的实验室实验，我将会以该实验作为例证，对实验室实验的细节进行描述，该研究围绕制作和检测伪造签名的难度展开。另外，研究还将签名的性质与人们认为伪造签名的难易程度的关系一并纳入其中。虽然这只是犯罪行为中一个非常小的可以激起我们兴趣的垂直研究方向，但它也足以明确地说明模式识别的各个方面以及真实性判断的基础。人们如何识别真实的签名？他们关注的是签名的小细节还是依靠最终形成的整体观点？

　　该伪造签名及识别的实验依旧可以被定义为对照实验。尽管它使用的是人们在接近"真实世界"的环境中产生的实际刺激，但它是有系统且经过精心处理的。因此，该实验展示了在任何心理学实验中所必需的各种细节。我们必须要牢记在此类对照研究的受限环境中所必须考虑的诸多特征。本章中的示例也为其他实验中存在的无意识偏差提供了研究的基础，并可以引入到许多其他的心理学研究中去。

伪造签名有多容易

图 3–1 展示的四个签名据说都是美国前总统亚伯拉罕·林肯（Abraham Lincoln）写的，但其中至少有一个被怀疑是伪造的。你能看出是哪一个吗？你为什么做出这样的判断？

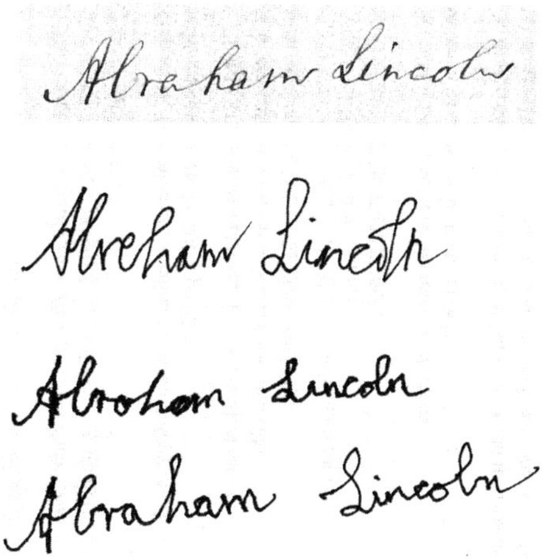

图 3–1　真实和伪造的亚伯拉罕·林肯签名

如果下一个更准确的定义的话，"伪造"其实应该是对真实文件或物品的篡改，例如将他人的照片贴在真实的护照或身份证上。将伪造与物品造假进行区分是很有必要的，物品造假是从零到一的过程。所以从技术上来说，在这个实验中，其研究的目的实际上应该是要对造假或识别假签名涉及的因素进行了解。

背　景

尽管电子标识的使用越来越多，但个人签名仍然广泛用于法律文件，以表示签名人批准、接受和 / 或承认文件的内容。正如 S. 戴伊（S. Dey）所言（2019）："支票欺诈每年给银行造成约 9 亿美元的损失，其中 22% 的欺诈性支票归因于签名欺诈。""签名欺诈"这一用法基于一种假设，即个体签名的方式对每个人来说都是独一无二的。此外，几个世纪以来，人们一直认为复制并伪造另一个人的签名是相当困难的。事实上，能够有效伪造签名的人一直是许多犯罪活动的核心，比如伪造签名签署支票，从他人的账户中取钱，或者出示合同或遗嘱，表明受益人并非该文件的实际受益人等。

当签名被视为"亲笔签名"时，尤其是名人的签名，其出售价格就会翻好多倍。出售伪造的名人签名的例子比比皆是，且都臭名昭著。随便举几个例子，比如伪造猫王、披头士和尼尔·阿姆斯特朗（Neil Armstrong）签名的赝品就曾卖出数千美元的高价。有趣的是，签名被认为是一种特殊的、个人独有的东西。人们会为此不惜重金，因为他们觉得拥有签名可以让他们更接近他们心目中的英雄。

签名的神圣性是一个有趣的社会心理现象，甚至是文化现象。基于此，一个有趣的问题就出现了："判断签名是否真实有多容易？"该判断实际上是一个更为普遍的问题的一部分，即鉴别笔迹是否由假定书写了文件的个体所为。在打字机和电子印刷出现之前，这一点非常重要。当所有法律文件都是手写的时候，伪造的遗嘱或其他可能涉及财务问题的声明可能成为严重犯罪的依据；另外，许多其他书面沟通形式也可能成为犯罪活动的基础，如敲诈勒索信、威胁材料、虚假供词等。一个臭名昭著的例子是，有人声称发现了阿道夫·希特勒（Adolf Hitler）写的日记（described in delightful detail by Hamilton, 1991; see Knight and Long 2004 for a general review of such fakes）。对于所有这些来说，能够将笔迹与犯罪者的笔迹联系起来，对于确定谁是作者并在法庭上定罪至关重要。

文件检验

将可疑文件与已知个体所写的文件进行比较是法庭科学的一个分支，与威尔森·R. 哈里森（Wilson R. Harrison）讨论的指纹鉴定（1981）类似，其核心就是对书写的区别特征进行客观研究，并将其用于链接手写材料的各种来源。司法文件检验通常由受过物体精确测量训练的、具有物理学背景的人员进行。

司法语言学

司法语言学与文件检验有很大不同，由语言学家进行。他们会对语言在犯罪环境中的含义和使用进行评述。有时，他们试图利用写作风格的某些方面将不同的文本与一个共同的作者联系起来——这是"文体学"的一个方面。这些写作"风格"可能包括所使用的词汇、语法或组织文本材料的特定方式等。约翰·奥尔森（John Olsson）就以在法律案件中进行语言分析为职业。语言问题是讨论文学文本作者身份的常见基础。

不同于笔迹学

出于法律目的对笔迹进行的客观特性检验，与通常所说的"笔迹学"存在着很大的不同。虽然令人困惑，但一些围绕笔迹客观检验开展的研究，依旧在使用该术语来描述一个非常不同的过程（e.g. Oliveira, Justino, Freitas, & Sabourin, 2005）。

从广义上讲，笔迹学家认为一个人的性格或个性，以及心理或身体健康等问题，都可以通过他们的笔迹来判断。关于签名，笔迹学家认为其独特性使他们能够从签名的方式来确定一个人的性格。笔迹学家的说法确实可以进行实证检验，但已经进行的许多研究（e.g. Beyerstein & Beyerstein, 1992）都没有为这些主张提供支持。所以，有一个很有趣的问题是："为什么这些主张在没有研究支持的前提下，仍然被许多专业人士认为有价值，一些公司甚至仍将笔迹分析作为员工选拔过程的一部分。"

本章所描述的研究可以用来检验笔迹学的假设。不过，正如我在尝试时发现的那样，问题在于如何让笔迹学家就一个人的笔迹所揭示的个人特点达成一致。与科学学科不同，笔迹学家之间对于应该考虑书写的哪些方面并没有形成明确的一致意见，甚至不清楚任何特定的从业者是否会在不同的场合使用相同的写作习惯。这确实使其成了一个丰富的研究领域，我们将在本章的最后对此进行讨论。

拟议研究：伪造签名检测

本研究的目的比检验笔迹学的主张要简单得多，它试图确定下列事项：

- 能够在一组伪造签名中正确识别出真实签名的参与者的比例；
- 哪些伪造签名更容易与真实签名混淆；
- 被误认为真实的伪造签名所具有的特征；
- 那些最有能力确定签名真假的人的特征。

当然，参与研究的被试和所使用签名的确切数量取决于可用的人数，这些数字可以根据实际情况随时进行调整。对于目前的研究，我假设你将使用 5 个用于鉴别的签名，共有 25 名参与研究的被试。

如果你与我不谋而合，我确信这项研究可以在网上进行数据的收集。如果你把该研究设置成在线研究，那么接下来的内容都可以在线上完成。在线研究的使用问题将在"研究 6"中予以讨论。

实验材料

签名

真实的签名

目标签名

准备 35 张大小约 8 厘米 ×13 厘米的索引卡，其中白色卡片 10 张、黄色卡片25 张。

给 5 位将提供给你签名的人同时准备一张白色索引卡和一张黄色索引卡，就姑且将这 5 个人称为艾伦（Alan）、布朗温（Bronwyn）、查尔斯（Charles）、大卫（David）和艾瑞克（Eric）。

他们每人要在那张白色索引卡上签名一次。之所以用白色的卡片，是因为这样你就可以分辨出它们是原始签名，就不会让人混淆了，这 5 个签名我们将其称为目标签名。

小心地在每张卡片的背面标记它们是什么，别让标记从纸的背面透过来。你可以在艾伦的目标签名卡的背面标记 AT，在布朗温的目标签名卡的背面标记 BT，以此类推。

现在，把以下随机数字顺序编号写在每张目标签名卡有签名的那一面：

艾伦 = 5

布朗温 = 1

查尔斯 = 2

大卫 = 4

艾瑞克 = 3

保留用于书写签名的原始书写工具和每个签名，并小心地将所有 5 个目标签名放在一边。

对照签名

要求这 5 位原始签名提供者再签一次名，这一次签在准备的黄色索引卡上，并使用他们签署目标签名时所使用的同一组书写工具，该黄色索引卡上的签名称为对照签名。小心地在每张卡片的背面标记它们是什么，别让标记从纸的背面透过来。所呈现出的效果就是，在艾伦的对照签名卡的背面标记有 AC，在布朗温的对照签名卡的背面标记有 BC，以此类推。

如此，你将会有 5 张白色的目标签名卡和 5 张黄色的对照签名卡。

如果你不想让你的被试进行上面所述的签名步骤，网上倒是可以找到很多名人签名的样式。你可以为每个名人准备两个这样的签名，作为目标签名和对照签名。

伪造签名

你可以使用任意数量的伪造签名进行比较，但为了简化算法，我的比例是，1个目标签名使用 4 个对照签名。

现在，针对每个对照签名找 4 个人，每个人使用与书写真实签名相同的书写工具，将对照签名复制到一张新的黄色索引卡上，但不要让其他被试看到。

做完上述步骤，你将得到 5 个实验签名，即都写在黄色索引卡上的 4 个伪造签名和 1 个对照签名。这 5 个实验签名对应 5 个原始签名中的 1 个。接下来，你把这些卡片打乱，随机将字母 A、B、C、D、E 分配给这 5 个实验签名。

在 5 张实验签名卡的正面写上签名人的姓名或指示性字母，这样你可以得到用来代表艾伦组的 AA、AB、AC 等，以及用来代表布朗温组的 BA、BB、BC 等，以此类推。

你需要保留一份单独的、只有你自己知晓的清单，列明黄色索引卡上的 5 个签名中哪一个是真实签名，例如 AB 是真实签名或 DC 是真实签名等。

你还应该仔细记下每个签名是谁伪造的。

让所有卡片有签名的一面朝上，并告知所有被试在实验结束前不要翻转卡片。

记录判断的表格

表 3–1 是每位被试用来记录其判断的表格，该表可以与 5 个实验签名中的每一个单独进行保存。每位被试都要完成 5 个签名的表格，还要填写本章后面提到的评估和其他信息。另外，你应该考虑一下，是否要让伪造签名的人也参与到对他们伪造的签名的判断中。如果每组签名的伪造者不同，那么这些伪造者可能会被要求不要对他们伪造的签名做出判断。

表 3–1   由签名识别研究的每位被试填写

被试号码（   ）姓名_____

签名卡编号	在你认为真实的签名上打钩，如果你伪造了该签名，请在框里打叉	用数字 1~10 给每个签名有多难伪造打分（1 表示非常容易，10 表示非常困难）
AA		签名 5
AB		你对这个签名有什么意见吗
AC		
AD		
AE		
BA		签名 1
BB		你对这个签名有什么意见吗
BC		
BD		
BE		
CA		签名 2
CB		你对这个签名有什么意见吗
CC		
CD		
CE		
DA		签名 4
DB		你对这个签名有什么意见吗
DC		
DD		
DE		
EA		签名 3
EB		你对这个签名有什么意见吗
EC		

续前表

签名卡编号	在你认为真实的签名上打钩，如果你伪造了该签名，请在框里打叉	用数字 1~10 给每个签名有多难伪造打分（1 表示非常容易，10 表示非常困难）
ED		
EE		
现在请提供一些有关你的信息。如前所述，所有信息都将匿名收集并保密		
你是：女性 / 男性 / 其他		
你的年龄是		
你的职业是（如果是学生，你的专业是什么）		
你还有其他额外的意见吗		

注：根据你的意愿，这项研究可以匿名进行，如选择匿名，被试姓名当然就不用再收集。让被试提供姓名的好处是，你作为研究者可以跟进随后可能出现的问题。

对于 5 个目标签名中的每一个来说，需要做出判断的参与研究的被试面前都会有 6 张卡片（如图 3–2 所示），最上面的白色卡片是目标签名。4 张黄色卡片是实验（伪造）签名，1 张黄色卡片是对照（真实）签名。

图 3-2　实验签名集示例

问卷

除了直接评估人们判断的准确性之外，你还可以利用这些材料去探索许多潜在的问题，这些问题可能涉及以下内容。

- 签名的任务和观点。这可以通过让参与研究的被试用数字 1~10 表示他们认为每个签名有多难伪造来探究，1 表示非常容易，10 表示非常难。记录被试的每一个判断，为进一步分析提供数据。你也可以征求被试对签名的意见，这些意见可以在以后进行分析，以了解被试对每个签名的注意程度，以及伪造签名的难易程度。

- 被试之间所展现出的正确识别签名能力的个体差异。对参与研究的被试的年龄和性别进行记录一直都有其重要的作用。背景也很重要，如被试的视觉判断经验或具有艺术家或平面设计师的背景都将是非常吸引人的。另外，执法人员或法庭科学家将是另一个有趣的样本群体。如果你想要继续探索的话，还有一系列的性格差异和衡量方法，比如智力，尤其是空间智力非常值得关注。但就这个拟议研究来说，年龄、性别和职业均从简。

开展研究的过程

请注意，如第 2 章所述，本研究和所有其他研究一样，也需要准备一般说明和知情同意书，本书附录 1 中给出了示例文档。虽然这看起来是一个比较有趣的练习（当我运行它的时候，人们也确实很喜欢），但它仍然涉及伦理问题，有些人可能不愿意参与。

如表 3-1 所示，每位参与研究的被试都会得到一套 5 张实验卡和 1 张目标卡，并要求他们判断这 5 张实验卡中哪一张的签名人与目标卡的签名人是同一个人，随后使用表 3-1 中的表格在相应的方框中打钩以表明他们的判断。每位被试都有一份表格，5 张签名卡可以在小组中传阅，这样每个被试都可以对 5 个签名中的每一个做出判断。伪造任何给定签名的被试不应该对该签名做出判断。该表格还允许被试对他们所认定的伪造签名的难度发表自己的意见，同时也有空白位置留给被试，写下他们对签名所持的任何其他想法。表格底部是关于被试的问题。

记录结果

一旦所有参与研究的被试都完成了所有的签名判断任务，你就可以准备一个表格，该表格在行中列出被试，在列中列出 5 个签名（如表 3-2 所示）。

表 3-2 汇总了每个被试决策的基本矩阵，并附有说明性结果

	签名	AA	AB	AC	AD	AE	BA	BB	BC	BD	BE	CA	CB	CC	CD	CE	DA	DB	DC	DD	DE	EA	EB	EC	ED	EE	每个签名的正确比例
正确匹配				√				√					√						√						√		
被试的选择																											
1		√							√				√					√			√					1/5
2		√	√						√				√					√			√					2/5
3					√				√				√					√		√						2/5
4				√					√				√				√									1/5
5							√					√		√			√				√					3/4
6				√	√		√					√												√		1/4
7		√	√				√					√					√				√					2/5
8		√					√					√		√							√			√		2/5
以此类推																											
每个人的正确比例					2/7				2/7				3/8						5/8					2/8			14/38 =37%

注：第 5 名被试只对 4 个签名做出了判断，这可能是因为该被试伪造了签名 A，第 6 名被试也是这种情况。

分析

识别正确签名的准确性

在表 3–2 所示的结果中，大约三分之一（占 37%）的真实签名是从伪造签名中筛选出来的。在当前的实验设计中，从 5 个签名中选择 1 个签名，有五分之一的概率（占 20%）通过偶然的机会获得正确的猜测。因此，传统的推断统计（如卡方）可以应用于该结果，以确定它是否高于概率水平。

准确性指数

每一个签名都可以得到一个分数，用来表示被试鉴别其真伪的难易程度，具体展现为表 3–2 最底下一行的比例。例如，签名 A 的值是 2/7 = 0.29，这意味着 7 个判断中只有 2 个是正确的，而签名 D 是 5/8 = 0.63，那也就意味着 D 更容易被正确识别，而签名 A 更容易伪造。

总体而言，表 3–2 中示例数据的准确率为 37%，该准确率高于 20% 的偶然准确率，这表明这些被试在识别真实签名方面比扔硬币决定哪个是真的略胜一筹。尽管适当的推理统计会更有效地检验这一论断。

假定容易伪造

表 3–3 显示了如何按照表 3–1 中给出的形式记录每名被试赋予每个签名的"伪造难度"值。

从表 3–3 中得到的伪造难度平均评分可以与从表 3–2 中得出的准确性指数相关联。

表 3–3   "伪造签名难度"数据记录表

签名	判断 1	2	3	4	5	6	以此类推
A	3	6	2	以此类推			
B	以此类推						
C							
D							
E							
平均值							

注：表格单元格中的数字为表 3–1 中所记录的 1~10 的值。

可以用一个简单的散点图（或更专业的相关系数）来检验人们对伪造签名的难易程度的假设是否与这些被试所认为的区分真实签名和伪造签名的难易程度有关（见图 3–3）。

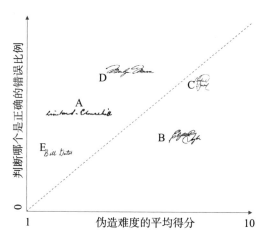

图 3–3   5 个签名的散点图显示了伪造难易程度与人们认为的伪造难度之间的关系

人们对签名容易伪造的假设正确吗

图 3–3 是使用名人签名绘制的一个图，并非来自实际数据。如果仔细观察该图不难发现，如果该数据是真实的话，那么一般来说，随着伪造的平均评估难度增

加，正确识别真实匹配签名的错误比例也会增加。图 3–3 还可以用来探索评估和难度之间的不匹配之处。例如，图中虚线下方的两个签名［Elizabeth Taylor（伊丽莎白·泰勒）和 Michael Jackson（迈克尔·杰克逊）］看上去似乎比实际情况更难伪造。而虚线上方的三个签名则比通常认为的更容易伪造。通过仔细观察虚线上方和下方的签名，我们可以对是什么使得伪造签名变得容易或困难提出假设。此外，人们认为的影响签名易伪造或难伪造的因素也可以通过观察每个签名的结果来假设。

从图 3–3 所示的结果中可以得出的各种假设，可能是没有进行过美化设计的简单签名，如 Bill Gates（比尔·盖茨）和 Winston Churchill（温斯顿·丘吉尔），实际上比人们想象的更难伪造，也许是因为小的细节很容易被发现。如果人们使用这种微观形式的识别模式，就更有可能注意到这些细节。相比之下，Elizabeth Taylor（伊丽莎白·泰勒）这种经过高度美化设计的签名反而会比人们想象的要容易伪造得多，也许这是因为它激发了人们对这些签名的整体图案进行更全面的考虑。这些发现可能具有实际意义，尤其是对于那些由于某种原因而签名的人来说意义重大。

路易斯·S. 奥利韦拉（Luiz S. Oliveira）等人（2005）提供了一种系统的方法，使用"笔迹学"这一毫无用处的标签来客观地鉴别真实签名。他们给出了一套详细的签名描述符，并声称这些描述符在区分真伪方面极具价值。所有这些形成了一套可适用于目前的研究的措施，他们声称，这些措施可以自动化运行，这样就可以将计算机模式识别分析应用于司法文件的检测任务之上了。此外，我们还需要看看能否从目前的研究中识别出伪造签名和真实签名之间的具体区别，这些结果可以用于未来的研究，以确定它们是否可以使假签名的识别变得更加准确。

人与人之间的差异

有些人更擅长识别正确的签名吗

表 3–2 的最右一列显示了每名被试正确识别真实签名的成功比例。通过计算正

确识别真实签名的比例可以将其转化为一个简单的衡量标准。例如，1 号被试成功率最低，得分为 1/5 = 0.20，而 5 号被试则是最成功的，得分为 3/4 = 0.75（注意，此人提供了其中一个签名，因此未对该签名做出判断）。

这些分数可以用来探究被定义为好的和不好的判断者的特征。不同性别、年龄或背景的人都可以互相进行比较；或者，如果你可以同时让被试完成一份个性问卷，那你就可以把他们的个性问卷得分和他们识别正确签名的得分联系起来了。

有些人更擅长伪造签名吗

要回答这个问题，你需要准备一个表格，列出所有伪造签名的人，以及有多少被试认为他们所伪造的签名是真的。然后，你就可以就"出色"的伪造者的特征和那些不太成功的伪造者的特征进行一番探索研究。如果可以识别出一项或者是一组比较特殊的技能，司法机构就有可能训练人们使用这些技能，从而改进司法文件检验技术。通过这种方式，研究的应用就可以在现实世界中发挥效用。那么，签名的哪些方面对比较真假最有效呢？

心理过程

除了考虑签名的客观特征之外，还有其他很多心理因素需要考虑。从本质上讲，这就是通常被认为的"模式识别"问题。人们根据什么来比较两种现象？他们如何确定两组刺激是相同的？这些问题又回到了知觉心理学的基本问题上（discussed, for example, by Neisser & Weene, 1967；Sekular & Abrams 1968）。争论的焦点在于，究竟是一个细节一个细节地比较多组刺激，还是作为某种整体形式、一种格式塔（有时被称为图式）去进行比较（Reed, 1973）。

司法分析人员很可能在细节层面进行操作，来检查签名的特定方面，例如字母

L 上的循环，或字母笔画的明显顺序；字母 K 上的弧线是否表明签名的组成部分是明显地从垂直线上另起一笔写下的，还是作为同一笔画的一部分写下的？相比之下，非专业人员可能会从综合的视角来看待整个签名，并估计目标签名中有多大比例与对比签名相似。S. 戴伊（2019）就这些问题中的一些有趣的细节进行了讨论。

通过将签名分成不同的类型，比如"华丽型""整洁和印刷体型""斜体型"等，将有助于更好地进行签名的鉴定。这些不同的类型皆是就签名的整体层面划分的。那么，对于这些不同的类型，成功区分真假签名的概率存在着什么不同吗？还是每个签名细节的各种客观标准可以就此给出更好的解释呢？在当前的研究中，可以通过询问人们是如何判断的来对这些方法进行区分。未来的研究可以对具有特定形式的签名进行区分，以检验这些假设。

可以使用这种研究设计的其他研究

签名之所以一直是这项研究的重点，一是因为签名是一套现成的、非常直接的、可用于研究的刺激物，二是因为签名在法律文件中仍被广泛用作重要性的指标。但是，还有许多其他涉及对真实性判断的情形，同样可以使用类似的形式。以下是我所想到的这类情形。

- 各种或真或假信息的判断，比如判断来自某些名人或者机构请求帮助的信息。在这些情况下，并不会有目标"真实"信息，评估的核心是传播是否真实。"研究 7"从案例研究的角度对此类研究的其他方面进行了讨论和探究，所涉及的主要是欺诈者如何说服他人的。

- 也可以用于画作的鉴定。比如那些出自特定艺术家之手的画作是真迹还是赝品，抑或是随意的乱涂乱画而已？临摹别人所画的肖像画有多容易？记得有人声称有些画是阿道夫·希特勒年轻时的作品，当专家指出这些画比希特勒的任何一幅画都要好时，人们才意识到被骗了。

- 关于音乐被抄袭或剽窃的判定，以及甄别其他打算冒充特定作曲家作品的企图，这提供了一个更为罕见但同样引人入胜的研究领域。然而，在这一领域，对音乐"感觉"的总体判断可以与详细的评估（如所使用的和声及其顺序）进行比对。

所有这些可能性的关键在于，它们允许就人们判断的真实性依据以及这些判断中效用最高的因素进行考虑与探究。这还可以开展研究，对影响这些判断的具体假设进行测试。如前所述，可以选择特定的签名、信息或画作来反映影响判断的因素模型，然后使用上述的程序来检验这些假设。同样，通过精心挑选参与研究的被试，也可以测试那些被假定在识假方面具有更好能力的人是否确实可以表现出这种能力。

该方法可以向外扩展，并覆盖到大量对谎言识别进行探索的研究之中。这些研究使用了类似的总体框架，但往往侧重于判断某一特定的交流是否具有欺骗性。在更复杂的研究中，对谎言识别的有效性与确定真实性进行了比较。尽管目前针对"是什么导致人们对一个陈述判断是可信的"还很少，但我确实对"更有可能让人们认为可信的陈述"的一个方面进行了研究，并得出结论（Canter, Grieve, Nicol, & Benneworth, 2003）。关于谎言识别的详细考虑和拟议研究见"研究 2"。

实验中的偏差

实验者效应

在任何实验中，实验过程都有可能对结果产生影响，而不是研究的客观方面。换言之，实验的实施方式可能会使结果产生偏差。这不仅仅是心理学实验特有的情况，科学史上充斥着这样的例子：人们得到了他们想要或期望的结果，而不是实验操作的不受限制的结果。即使是由格雷戈尔·孟德尔（Gregor Mendel）进行的意义重大且被广泛引用的遗传学研究，其结果也被证明比研究的实际情况更符合他的遗传理论（Piegorsch, 1986）。吉娜·佩里（2013）的研究表明，米尔格拉姆关于"服从"的实验结果同样也被广泛引用，但也同样与米尔格拉姆获得的真实结果大相径庭。

科学研究的许多方面都可能导致结果失真，但那些要求被试做出判断的研究特别容易受到实验过程中许多不同方面的不良影响。尽管在白化鼠等身上也发现了类似的影响（Rosenthal and Fode, 1963）。在"实验者效应"的总标题下，对这些影响的研究已经持续进行了半个多世纪。概括来说，有两个特别的影响值得强调。

其一是实验者的影响，通常他们自己并没有意识到他们正在这样做。这种影响可能实验者含蓄的手势、要求被试检查他们所做决定的方式，以及一系列其他鼓励被试给出实验者想要的答案的行为。我与一些同事进行的研究（Canter, Youngs, & Hammond, 2012）就是这方面的一个司法实例。阿卜杜勒·巴塞特·阿里·梅格拉希（Abdelbaset al-Megrahi）被指认是在洛克比上空爆炸的飞机上放置炸弹的人，我们就这一身份的指认是否受到警方希望该人就是犯罪者的想法的影响进行了调查。警方向一名可能的证人提供了一组共 12 张照片，问他是否记得哪张照片上的人是一年前购买了衣服的人，这些衣服是在炸弹周围发现的。

我们在两种情况下向并不知晓调查内容的人展示了同一组照片。一种情况中，询问者明确知道目标照片是哪张，而在另一种情况下，询问者不知道。当然，在这两种情况下，询问者都被告知不要向被试指出目标是谁。然而，在更多的情况下，当询问者知道目标是哪张照片时，目标就会被选中。在一项更大规模的研究中，向询问者介绍情况的人知道或不知道目标是谁，也呈现出了类似的结果（Hollinshead, 2014）。用签名对这类研究进行复现是相对简单的。

需求特征和确认偏差

实验中可能出现的第二个主要影响是，人们期望整个实验设置可以向被试表明可能出现的结果。马丁・T. 奥恩（Martin T. Orne）将这些称为实验程序对被试提出的"要求"（1962）。吉娜・佩里（2013）通过米尔格拉姆的实验展示了这些影响的威力。通过与被试交谈，她发现许多人并不相信整个实验过程，而是按照自己的想法行事。具有讽刺意味的是，米尔格拉姆声称这是服从权威的表现，而事实上被试比实验者认为的更老练，他们明白实验者想要什么，但不一定相信实验者对正在发生的事情所进行的描述。

马丁・T. 奥恩、大卫・F. 丁吉斯（David F. Dinges）和埃米莉・卡罗塔・奥恩（Emily Carota Orne）提供了一个有趣的司法实例（1984），来说明这些需求特征在实践中的应用。马丁・T. 奥恩采访了被称为"山坡绞杀手"之一的肯尼斯・比安奇（Kenneth Bianchi），比安奇声称自己有多重人格，是这些人格中的一个实施了谋杀。奥恩的研究表明，向比安奇进行潜在人格的暗示导致他产生了这些说辞。随后，他认为，这表明比安奇从未被催眠过，但他知道催眠能带来的需求，因此可以说他是一名聪明的诈病者。然而，值得注意的是，其他专家，特别是约翰・G. 威特金（John G. Watkin）借鉴了其他程序，对奥恩的结论提出了质疑，声称比安奇确实患有多重人格障碍（1984）。这场辩论说明了实验需求特征概念的微妙之处，以及在自然发生的环境中对它们的呈现方式进行厘清所存在的困难。尽管如此，毫无疑问，许多心理学实验都存在这些偏差。因此，在进行本书中提到的任何研究时，都应该牢记这些问题。

另一个有趣的例子是杰夫・库库卡（Jeff Kukucka）和索尔・M. 卡辛（Saul M. Kassin）的研究（2013），该研究借鉴了人们感知他们所期望的东西的观点，即"确认偏差"。他们发现，当被试阅读一份显示被告之前已经认罪的总结报告时，他们更有可能错误地得出结论，认为来自被告和不同犯罪者的笔迹样本是同一个人所写。

对笔迹学所提出的主张进行检验

遵循本章所述的研究设计，另一个有趣的研究领域是对笔迹学主张的检验。我曾经的确启动过一个笔迹学的检验，但是我的研究助理丢失了所有的实验材料（之后他没有继续担任这一职务），所以该检验没能完成。但我还是做了一些东西，比如我获得了一些犯罪者讲述自己罪行的文件。然后，我让五名研究生各自用自己的笔迹抄写一份不同的记录。我这样做是为了将材料的主题与笔迹区分开来，因为我想看看笔迹学家是否真的会阅读这些材料，而不是仔细观察笔迹，从而将他们的主张建立在当事人所写的内容上，而不是他们如何塑造字母的基础上（正如杰夫·库库卡和索尔·M.卡辛在 2013 年进行的研究所表明的那样）。

誊写这些文件的学生还完成了一份标准的心理个性量表。然后，我设法让五名笔迹学家检查了这五份文件，并就文件作者的个性写了一份报告。

出于分析目的，我们记录了以下内容。

- 每位笔迹学家对书写形式进行评论的细节，可能包括从书写在页面上的位置到字母的角度或形状、单词之间的间距等。每位笔迹学家都有自己独特的经常利用的书写风格。
- 每位笔迹学家从书面材料中推断出的书写者的个性特征。
- 五名研究生的个性特征。

然后，我们将所有这些指标在笔迹学家之间进行比较，并将他们关于个性的推断与个性量表上的得分联系起来。

如果你能让笔迹学专家完成一份个性量表，就像他们认为文件的作者会做的那样，这将提供一个非常清晰的方法来衡量他们的推断有多准确。

结 论

在本章中，我们用了一个相对简单的伪造签名检测的研究来说明一项实验研究的设计要素和过程。另外，因为本书中会经常对收集和总结数据的方法进行展示，所以在这一章中，如同在所有其他章节中一样，也就没有对用来检验结果"显著性"的统计计算细节进行描述，图书馆里有很多描述这些统计细节的书籍，也有许多优秀的网站对此进行描述，如果感兴趣可以做延伸阅读。虽说并没有极尽详细的阐释，但本章中提供的说明性示例已经表明，可以进行的研究将是非常有趣的，这为许多关于模式识别中的认知过程和实验过程中的潜在偏差的考量开辟了道路。签名鉴别的研究结果也具有实际意义，其结果表明，仅依赖签名（亲笔签名）进行唯一识别可能是错误的。随着"深度造假"技术（也称为"换脸"）的出现，与名人进行自拍可能很快也会成为现实。

思考与讨论

1. 怎样才能使这个实验更加逼真？

2. 你从这个实验中学到了什么？

3. 你如何设置这项研究来获得你想要的结果？

4. 在测试真实签名鉴别能力的假设时，加入什么样的个性测量会很有趣？

5. 在测试伪造签名能力的假设时，加入什么样的个性测量会很有趣？

6. 你会用什么样的个体差异来检验笔迹学家的观点？

Experiments in
Anti-Social Behaviour

第 4 章

藏在谎言背后的犯罪真相

　　研究 2：谎言识别。 谎言触及人类社会互动、认知过程和犯罪活动的许多方面。对于谎言识别的研究揭示了人们不说真话时所产生的认知需求的心理学解释，以及如何利用它们来开发侦测欺骗的技术。

摘要

　　本章对确定某人是否说谎的不同方法进行了简要的探讨。提出了两项研究，并直接利用实验室实验框架对谎言识别的可能性进行了测试。因此，这两项研究基本上囊括了对真实陈述和虚假陈述的生成或发现，对区分两者的可能过程进行的探索，以及对人们区分两者的准确度所进行的评估。这是从 20 世纪初开始的大量复杂研究中的一部分，但其前身其实在《圣经》和所有早期文化中均有迹可循。

　　本章强调了不说真话时产生的认知需求的心理学解释，以及如何利用它们来开发侦测欺骗的技术。在本章的第一项研究中，研究者在研究的最初阶段，先生成研究所需的真实和虚假陈述，然后使用基于标准的内容分析系统来确定该过程是否能识别出谎言。在第二项研究中，则利用了人们在亲人失踪时向公众发出呼吁的视频。在某些情况下，发出呼吁的人就是真正的犯罪者，研究者对他们说话的各个方面进行了检查，以此来确定谁在说谎。

　　在整个过程中，自始至终都需要考虑的是陈述产生的背景，它们是理解谎言如何被揭穿的不可或缺的一部分。这可能是学术实验的人工性，也可能是确定真相至关重要的真实事件；它可能是集中提问，也可能是自由陈述。所有这些都与识别谎言和真实的过程有关。

背　景

判断一个人说的是真话还是假话，本身就是一个根本性的挑战。大量研究表明，大多数人并不擅长判断真、假话，例如，查尔斯·F. 邦德（Charles F. Bond）和贝拉·M. 德保罗（Bella M.DePaulo）以及克里斯·斯特里特（Chris Street）、瓦尔特·F. 比朔夫（Walter F. Bischof）、米格尔·A. 巴迪略（Miguel A. Vadillo）和艾伦·金斯顿（Alan Kingstone）围绕此问题进行的研究。正如贝拉·M. 德保罗、德博拉·A. 卡希（Deborah A. Kashy）、苏珊·E. 克尔肯多尔（Susan E. Kirkendol）、M. M. 怀尔（M. M. Wyer）和 J. A. 爱泼斯坦（J. A. Epstein）以及查尔斯·F. 邦德、A. R. 霍华德（A. R. Howard）、J. L. 哈钦森（J. L. Hutchinson）和 J. 马斯普（J. Masip）所讨论的那样，大多数人并不总是说真话，这个情况非常地常见。因此，说谎可以被视为社会交往的一个自然组成部分。事实也正如此，人们必须时刻对一段陈述的真伪进行判断。因此，对谎言的识别可以说是人类的天性。事实上，许多人靠伪装自己（比如演员）或者写一些不真实的东西（比如小说家）谋生。

在刑事调查中，从谎言中抽丝剥茧寻找真相是工作的一个重要部分。不仅是嫌疑人，证人甚至有时受害者都很有可能所说非实。众所周知，虚假指控（Lisak, Gardinier, Nicksa, & Cote, 2010）甚至虚假供述时有发生（Garrett, 2010），而这些其实都是一种欺骗形式。这使得对警方工作信息的研究与典型的心理学研究大相径庭。听起来也许很天真，但心理学家通常会假定他们从调查中获得的信息，或在与参与研究的被试互动中获得的信息，可以如实反映被试所看到的情况。因此，对谎言与欺骗的研究一直集中在警方谈话的背景下。

除了揭示如何从谎言中识别出真相这一明显的实用价值外，还有另一个原因可以解释为什么有这么多关于这个主题的研究（谷歌上搜索"谎言识别"的点击超过

200 万次，亚马逊英国的网站上有超过 60 本这一主题的出版物）。该主题的研究非常适合那种易于管理的实验室实验，这种实验受到心理学家的青睐，而且相关学生也可以进行这种实验。实验者只需提供一些真实和非真实材料的例子，然后将这些例子提供给被试，看看他们判断差异的难易。这些"判断"可以被赋予各种策略进行使用，且其有效性是可衡量的。当然，改变素材生成的条件也是另一种可能。

这些研究中使用的素材涵盖了所有可能的交流形式，比如书面陈述、证词记录副本、录音及录像。埃玛·罗斯·阿夫·耶尔姆萨特（Emma Roos af Hjelmsäter）、莉萨·厄曼（Lisa Öhman）、佩尔·安德斯·格兰哈格（Pär Anders Granhag）和阿尔德特·弗里杰（Aldert Vrij）的创新研究（2012）甚至对此又进行了进一步的补充，提出了一些想法，比如将空间绘图练习加入人们对事件的描述之中。另一种方法是提高智力要求，例如让人们按照逆时针的顺序说出所发生的事情（Vrij, Mann, Fisher, Leal, Milne, & Bull, 2008）。如果将由来已久的对犯罪搭档的分别讯问改为一起进行讯问的话，甚至会得到一些更有趣的结果（Vrij, 2015）。

探索人们的言行以及如何评估其真实性只是这个过程的一个方面，另外还须考虑为生成陈述而营造的背景。在大多数情况下，这种背景会以警方面谈的形式呈现。如何安排面谈、问什么问题以及是否需要进行如展示证据等干预措施，都为研究谎言如何被揭穿提供了进一步的可能（Hartwig et al., 2006）。在电视采访这种更公开化的背景下，或者，特别是受害者亲属可能发出的广播呼吁背景下，有可能进行有趣的研究，以确定哪些因素可能揭示呼吁是否真实（Ng & Youngs, 2015）。

将所有可能开发的谎言识别方法转化为整洁的实验室实验存在一个主要的缺陷。从伦理上（实际上是伦理委员会）并不允许谎言识别实验以严重的尤其是高风险的事件为基础进行。某人对谋杀指控的否认，或在电视摄像机前声称自己的亲人被绑架，与在实验室实验中就自己早餐吃了什么而撒谎，甚至谎报是否从办公室偷了蓝色信封（拟定研究任务）之间，显然存在天壤之别。

在不是为研究而营造的背景下，不仅有尽可能令人信服的承诺，而且通常也有机会为给出解释做准备。因为在真实的情景中，往往还可以利用实际发生的事情，以及与当前情景相关的真实情绪，或者以前的情景中的记忆。近年来，一些研究者试图通过创造尽可能真实的实验条件，或者通过研究真实情景中的真实描述来解决这些差异，比如上文提到的电视呼吁就是此类尝试的一种（Vrij, 2008）。

建立有效的对比或对照组，是创建反映自然或现实情况的纯科学实验所面临的挑战。这些是科学实验研究的标志。在这种情况下，必须证明分析程序确实能够清楚地区分真假材料。例如，如果某人在电视采访中说谎，那么他的面部会有抽搐现象或言语表达上会有很典型的特征，这可能很有趣。但是，如果不能证明在某些情况下这个人做出真实供述时，这种抽搐或言语表达特征从来没有出现过的话，也就相当于这个假设根本没有被真正地检验过。这是很重要的一点，因为很多声称可以揭示谎言的技术都没有通过这个非常重要的科学测试。

谎言识别的难度

谎言识别领域的研究存在一个不断被印证的结论，即在大多数情况下，大多数人很难判断一个人说的是真话还是假话。甚至有一个非常受欢迎也很有趣的英国广播公司的电视游戏节目叫作《我能忽悠你吗》（Would I lie to You），就是基于这样的一个假设——人们可以在非常短的时间内编造出令人信服的故事来迷惑他们的对手而制作并广为人知的。而另一个英国广播公司的广播节目叫作《难以置信的真相》（The Unbelievable Truth）也很类似，该节目所基于的原理是，人们无法判断真实的真相是否已经被嵌入到了一个离奇的故事当中。

G. 贝斯特（G. Best）、J. 霍奇森（J. Hodgson）和克里斯·斯特里特（2019）已经就人们在谎言识别方面面临如此巨大困难的原因进行了探索。他们声称，在谎言识别领域存在一种自然倾向，就是除非陈述的来源可疑，一般都会认为某陈述是真实的。当然，还有其他更直接的原因：第一个原因是，出于各种不同的原因，我们都有不诚实的时候；第二个原因是，谎言可以围绕真实发生的事情来编造，赋予它许多真实的成分；第三个原因是，一个人可能会让自己相信自己说的是真话，尽管那是谎言，但有了准备和演练，就有可能在不给自己造成任何压力的情况下做好撒谎的准备。

欺骗所面临的挑战

当考虑任何识别谎言的程序时，你会发现，所有这些都是相关的。所有这些程序都或多或少地源于欺骗所面临的挑战，而这些挑战在说实话时是不存在的。谎言必须是编造出来的，因为它并没有像说谎者声称的那样真的发生，这肯定与仅仅叙述实际发生的事情有很大的不同。虽然很多人会因为被仔细盘问而感到压力很大，但被识破也同样存在着潜在的压力。因此，有一种可能的"认知负荷"来自不断捏造莫须有之事的需要，以及可能的情绪反应。正是这些问题为关于如何识别谎言的理论奠定了基础，这些理论也产生了许多不同的测谎程序。

判断真相／谎言

在对谎言识别方法进行回顾之前，有必要了解一下，实际上有四种不同的判断可以用来确定是否说了真话（见表4–1）。

表 4–1		决策矩阵	
		所述	
		真话	谎话
判断	真实的	正确	不正确
	虚假的	不正确	正确

表 4–1 显示了正确识别真实性或判断某人是否在说谎的各种组合。确定陈述的真实性和确定是否说谎是截然不同的。有些技术，特别是那些依赖心理生理指标的技术，更擅长确定某人是否在说真话，而不是确定某人在说谎。还要考虑假设有人在说谎的情况。在这种情况下，正确识别谎言的频率会比假设大部分人说真话时要高。

虚假否定是指当某人在说真话时，声称他在说谎；虚假肯定则相反，当某人在说谎时，将其言论判断为真实。虚假肯定和虚假否定之间的平衡可能是一个需要考虑的重要问题。在某些情况下，例如，当一个人说谎时，假定其表述为真话会面临很大的风险，如询问一名已知的恐怖分子时，平衡将倾向于虚假肯定。在另一些情况下，例如，当声称一个无辜的人有罪，从而引发社会不安的风险很大时，平衡则可能向虚假否定倾斜。

这一切恰恰说明，对真实性的判断并不是一件简单的事情，有许多方面的情况需要考虑。因此，任何技术的结果都必须根据其使用环境的细节进行评估。

可能揭露谎言的信息来源

现有的有助于区分真相和谎言的方法不胜枚举，接下来，我们对一些方法及其主张的依据进行一个简要的介绍，希望能有所帮助。

心理生理测量

被广泛讨论的测谎仪是最广为人知的一种程序，这种仪器声称可以检测说谎者所经历的压力，然后通过生理反应揭示出来，这些指标通常包括手掌出汗量（皮肤电反应）、血压、心率，有时甚至包括坐立不安的表现。但需要注意的是，所有这些各种不同的测量方法之间会相互干扰，并且有可能将个体连接到具有如此多电线的设备上，该行为本身就是引发焦虑的根源。

测谎程序的一个关键点是，测谎必须在面谈的背景下进行，而面谈的方式则有很多种，并没有一个国际公认的标准程序。可是，佩尔·安德斯·格兰哈格和莱夫·A. 斯特伦瓦尔（Leif A. Strömwall）的研究（2004）以及其他研究者的研究也已经表明，在特殊情况下谨慎进行的测谎程序，往往不能够很有效地对被告有罪的裁定进行支持，反而对被告无辜的支持是很有效的。

最有效的程序是将中性问题替换成一种只有犯罪者才知道的混合信息提供给他们，即"犯罪情景测试"。提出该方法的观点认为，与没有压力的问题相比，只有犯罪者才会意识到这些问题的重要性，问题答案会使其产生焦虑或轻微的压力。在大多数实际案例中，很难根据这种具体信息提出问题。因此，对通常有压力的问题（如"你曾经不小心伤害过别人吗"）的回答会被用来与中性的"对照"问题相比较，反应的变化被认为是区分真相和谎言的依据。然而，支持这种方法的论证并不充分，它也倾向于偏向假定说谎的解释。

根据这些发现，导致在英国出现了一个有趣的规定，即测谎仪测出的结论不允许作为法庭证据。美国的一些州允许进行这种测试，但前提是被告同意接受测试。

换句话说，人们可以自愿参加测谎仪的测试来证明自己的清白。然而，即使是这样，围绕测谎产生的争议依旧很大。在 2018 年出版的《测谎仪背后的谎言》(*The Lie Behind the Lie Detector*) 一书中，作者乔治·马施克 (George Maschke) 和基诺·斯卡拉布里尼 (Gino Scalabrini) 对测谎仪的有效性提出了非常彻底的挑战。该书提供了许多研究来说明测谎仪测试所存在的误导性。但是，所有这些并没有阻止测谎仪被越来越多地用于性犯罪者，尤其是用于查看性犯罪者是否违反假释条件方面，而且还有计划将其用于正在考虑假释的恐怖分子嫌疑人或已定罪的恐怖分子身上。

声音压力分析

另一种通过心理生理反应的测量来制造测谎仪的尝试，是被称为"声音压力分析"(voice stress analysis，VSA)[①]的小工具。据说这种仪器会分析个体说话的声音，来确定声音中是否有任何压力的迹象。我之所以提到该技术，是因为许多公司仍然在购买该技术及其套件，并认为该技术将有助于他们更好地对谎言进行识别。维基百科网站上关于声音压力分析技术的文章却恰如其分地将该技术称为伪科学，也有许多系统研究都在测试声音压力分析技术的有效性。例如，哈里·霍利恩 (Harry Hollien)，劳拉·盖森 (Laura Geison) 和詹姆斯·W. 希克斯 (James W. Hicks) 的研究 (1987) 就已经得出结论，该系统对压力的检测和对谎言的识别只能进行随机水平。J. J. 麦克沙恩 (J. J. McShane) 对许多研究进行了有益的回顾 (2013)，所有的研究都得出了"声音压力分析技术没有任何价值"这一结论。

上述例子其实有两层寓意。其一，虽然"说谎者可能会因为自己所说的话而感

---

① 声音压力分析，也被称为"声压测谎仪"，主要是通过人在紧张时发出的次声波来判断个体是否说谎。——译者注

到压力"的观点有一定的道理，但这并不意味着任何测量一个人压力的主张都必然会带来对谎言的成功识别。其二，许多声称可以对谎言进行识别的设备和程序被展示出来，并被出售，同时还附有所谓"有效"的例子。那是不是可以这么理解，就是这些设备或程序的推广者，实际上是获得了一个某人没有说实话的例子，然后他们自己证明自己的系统识别出了某人在说谎，从而进一步声称他们有办法区分真相与谎言。但是，这些测谎相关的设备和程序的真正力量或所蕴含的其他能力，其实只能通过将其真正投入到非预知的实际谎言识别工作中才能被揭示。

近年来，研究者对各种形式的脑部扫描进行了探索，并希望借此来确定神经活动的某些方面是否可以表明个体说谎与否。乔治·加尼斯（Giorgio Ganis）认为（2015）这种方法有一定的潜力，但是，该技术用于日常工作目前并不可行。

非言语指标

阿尔德特·弗里杰（2008）提到，他之前所说的个体行为的"客观"方面是观察者可以直接监测到的、不需要对个体所表达的意思进行理解或解释的方面。他还对"声音线索"和"视觉线索"进行了区分，前者是一个人说话方式的各个方面，后者是可以看到的人的行为。但我更喜欢把视觉线索看作那些不依赖于话语的线索。从这个意义上来讲，它们是"非言语的"。

在任何社会互动中，肢体的动作和手势都有助于谈话的流畅性和意义，这些经常被错误地称为"肢体语言"。这个术语有误导性，因为语言是有结构的，它有句法和语法，由具有独特含义（即使是模糊含义）的词语组成。相比之下，手势和其他肢体动作却因人而异，通常不具有一般意义，尽管确实也存在几个手势（比如 V 型手势）像单词一样，其意义来自使用时的特定语境。这并没有阻止人们撰写通俗读物，声称可以通过阅读个体的"肢体语言"来判断其想法或即将采取的行动（e.g. Beattie, 2016）。阿尔德特·弗里杰、玛丽亚·哈特维希（Maria Hartwig）和佩尔·安德斯·格兰哈格（2018）对非言语指标的各种思考进行了回顾，从中也找到了一些有用的发现。

因此，仅仅依据个体的肢体动作无法判断其是否在说真话也就不足为奇了。这通常被戏称为"匹诺曹的鼻子"的缺失。在童话故事中，每当匹诺曹不说实话时，鼻子就会变长。但即便如此，目前也已经有很多动作姿态被认为是可能的谎言识别指标了，这些动作姿态包括"抓挠""腿和脚的挪动和抖动""眨眼""点头和摇头"等。在阿尔德特·弗里杰（2008）回顾了 132 项研究，探索了欺骗的言语和非言语线索的许多方面后得出了结论，这些研究中存在着诸多矛盾。但即便如此，依旧有很多人，尤其是警察，认为这些确实是可以识别谎言的线索和指标。同时，这也使得人们相信的研究本身成了一个活跃的研究领域。

非言语行为有一个特别有趣的方面，那就是保罗·埃克曼（Paul Ekman）所提出的"微表情"这一说法（2009）。微表情通常是面部肌肉的细微运动，只能通过非常仔细的检测进行识别，通常是使用慢速摄影机来进行录像识别。保罗·埃克曼的说法似乎并没有在学术期刊上发表过的实际科学研究中得到证实，而这些研究源于他早先对人们表达各种情绪的方式所进行的研究。有趣的是，这是对达尔文于 1872 年出版的开创性著作《人与动物的情绪表达》（*The Expression of Emotions in Man and Animals*）的发展。保罗·埃克曼认为，即使个体对自己的情绪进行假装，也很难将真实的情绪隐藏起来。因此，有经验的细心观察者可以识别出其中的"非言语漏洞"。虽然似乎没有任何同行评议的出版物支持保罗·埃克曼的观点，但他的研究结论已经被许多安全和执法机构所采纳，包括在机场对乘客进行筛查。但是，正如约翰·布拉德肖（John Bradshaw）所报道（2008）的那样，保罗·埃克曼自己也承认，因为明显的非言语漏洞而被拦下的 10 人中，有 9 人是无辜的，误差率很高。这会引发公民自由相关的问题，以及随机抽取的乘客中是否有 10% 的人值得怀疑？

这里有很多需要考虑的问题。因此，你可能希望通过将"客观"指标添加到本章稍后描述的研究 B 的程序中，探索使用这些指标对谎言进行识别的可能性。

话语方面的指标

对"声音线索"的考虑可以分为两个方面。一方面是个体说话的方式，另一方面是个体说话的内容。稍后我们将谈到后者。研究者已经就发声方式的许多不同方面进行了研究（Vrij, 2008），包括说话的节奏、重音模式以及通常被称之为韵律的语调。停顿的频率和持续时间、犹豫、自我打断及音调都是已经被探索过的可能有助于谎言识别的特征，相比之下，上述这些已经被研究过的特征可能更有用，因为它们可以表示"认知负荷"。这就是当真相不明时不得不就事件进行编造所面临的挑战。当然，如果你对自己所编造的东西进行了完备的排练，或者你可以根据实际发生的事情去进行虚构的话，编造对智力的要求也会相应地降低。

阿尔德特·弗里杰（2008）声称，当这些发声方式的不同方面与对手势的观察相结合时，谎言识别的能力便会增加。但是，正如莫琳·奥沙利文（Maureen O'Sullivan）和保罗·埃克曼等人（2004）所强调的那样，不同个体识别谎言的能力存在着很大的差异，研究者声称有些人是这方面的"奇才"。这确实说明，在任何实验中都需要确保能够区分不同被试的有效性，并确定能否找出他们比其他人更有效的原因。

实际内容

在考虑了生理、行为和言语的方方面面之后，你可能会惊讶地发现，迄今为止，识别谎言的最佳方式居然是仔细聆听一个人的实际话语。在编造一个周密的谎言时，有两个关键问题需要解决：一个是编造出足够令人信服的细节，其中包涵了实际经历的许多方面；另一个是以一种符合人们所知道的、可能发生的方式来叙述。换句话说，让这种说法变得可信。因此，许多侦测谎言的尝试都集中在一个人不能有效应对这些挑战时可能出现的固有弱点上。

中心思想很简单，编造一个似是而非的故事需要想象力来提供令人信服的细节。正如加利茨·纳哈里（Galit Nahari）、阿尔德特·弗里杰和罗纳德·P. 费希尔（Ronald P. Fisher）的研究所述（2014），说谎者使用的策略可以作为考虑如何验证他们所说内容细节的基础。该观点所基于的假设是，说谎者很难像讲述自己真实经历的人那样提供那么多或那么丰富的细节，这包括在编造微妙细节或明显不相关的细节方面所遇到的困难，如所描述事件意外发生的状况方面，或所感受到或看到的生动及丰富多彩的方面。还有一种假设是，说谎者会避免提供任何可能引起争议的信息，或避免暴露可能表明自己在说谎的特征。这些被认为是区分真假陈述的要素由乌多·翁多伊奇（Udo Undeutsch）编纂（1989），并由京特·克恩肯（Günter Köhnken）进行了阐述（2004），它们现在通常被称为基于标准的内容分析（criteria-based content analysis，CBCA）。虽然最初是为评估儿童关于虐待的陈述而开发的，但显然在德国和其他国家的法庭上，这一框架的使用被允许作为评估成人和儿童陈述的证据。表 4–2 对这些标准进行了总结。

表 4–2	基于标准的内容分析

一般特征

  1. 逻辑结构

  2. 非结构化陈述

  3. 细节数量

具体内容

  4. 情景嵌入

  5. 互动描述

  6. 语言复述

  7. 事件中意外的复杂情况

  8. 不寻常的细节

  9. 多余的细节

  10. 被误解的正确报告细节

  11. 有关的外部联系

  12. 主观精神状态描述

  13. 行为人精神状态归因

动机相关内容

  14. 自发纠正

  15. 承认缺乏记忆

  16. 对自己的证言产生怀疑

  17. 自我贬低

  18. 宽恕行为人

特定犯罪要素

  19. 罪行细节特征

资料来源：After Steller and Köhnken（1989）。

谎言识别研究所面临的困难

实现"生态效度"

在这一领域进行实验所面临的最大挑战是，研究者需要在说谎者非常认真地试图让他人信服的背景下获取谎言。这是"生态效度"的一个方面，即实验条件足够接近现实，以便实验结果在实验室之外具有推广的可能性。为实现这一目标，研究者制定了很多策略，尤其是由阿尔德特·弗里杰等人（2008）提出，并由佩尔·安德斯·格兰哈格和玛丽亚·哈特维希（2015）进行评议的策略。该策略要求创造一种情景，在这种情景中，被试会被随机分配到至少两种条件下：一种条件是他们经历了某真实的事件，另一种条件是他们被要求对他们没有经历过的事件说谎。阿尔德特·弗里杰和萨曼莎·曼（Samantha Mann）为此类研究提供了（2006）一个非常清晰和详细的例子。在这两种条件下的被试都需要接受与实验经历相关的面谈，该面谈的文字记录将作为分析的基础，当然也可以使用视频和 / 或音频记录。

确立"基本事实"

如果需要在实验中使用更多的自然情况作为谎言识别的基础，对实际真相或"基本"事实的明确界定就是至关重要的一环了，但对以上这些进行界定并不总是像看上去的那样简单。对于真实发生的事件，可能存在歧义，甚至对事件发生的来龙去脉也可能会存在着多种不同的看法。这就意味着，即便是在实验性的环境中，清楚地了解当时的背景也是重中之重。

伦理问题

与本书中的所有研究一样，人们真正关心的是"告知被试什么样的内容"才是可接受的，以及"安排给被试什么样的任务"才是合适的。通过对阿尔德特·弗里杰和佩尔·安德斯·格兰哈格（2012）所做的实验的仔细研究，我们发现了一些别出心裁、行之有效的方法，既能创造出有助于激发不实动机的情境，又能实施伦理委员会可接受的程序。

开展真实性研究时应考虑的问题

在提出一项说明性研究之前，有必要将识别谎言研究所涉及的各种问题先进行一个概述。这些问题中的任何一个，单拎出来或与其他问题相结合，都可以成为一个极具吸引力的研究项目的基础，但是，切记不能将所有这些问题全部结合到一个可管理的项目中。最好是选择其中一两个问题，然后仔细地研究它们，而不是设计一些包含众多变量的复杂研究，如果变量太多，很容易会导致在分析中失去重点，并在最终对研究的阐述中遇到困难。

信息来源

如前所述，有许多不同的信息来源可以用来检查被试是否在说谎。为了方便起见，下面对它们进行了总结。

1. 对陈述者的观察。观察的内容包括各种手势和肢体动作，以及说话的客观方面，如口头语"嗯"、停顿和重复。当然，所有这些都可以从视频和音频记录中获得，但也可以从非常详细的具有语言学意义的精密文字记录中获得。

2. 审查所述内容。这包括考虑陈述中所包含内容的细节和丰富性、交谈中没有说或避免说的内容、所述合理性方面以及陈述与任何已知事实的符合程度，或通常假设可能发生的事情。

研究设计

控制（对照）实验由来已久。先创建人们可以说谎或说真话的情境，然后寻求不同情况下个体给出的解释之间所存在的差异。鉴于伦理和实践的原因，在这些实验中获得高利害关系的谎言具有相当高的难度。通过支付给被试一定数额的报酬，促使其尽自己最大的可能让他人信服是一种用来提高被试说谎有效性动机的机制，但被试仍然无法像杀人犯等真正的犯罪者那样面临高不可信的风险。

在自然发生的情况中，有的人诚实、有的人说谎，这为研究提供了不同的机会。还有一个根本的问题是，研究者需要确定实际情况的真相（基本事实）是什么。由于研究者无法控制被试说话和行动的条件，所以就产生了不能忽视的一点，即有些材料可能是在非常正式的情况下产生的，而另一些则有可能是在随意的访谈中产生的。非正式面谈中产生的材料虽然具有更高的生态效度，但却很少受到控制。说谎者和说真话者并没有像在实验室实验中那样被随机分配到不同的条件下，因此，他们的差异很可能与他们的言行有关，这使研究者想要弄清楚造成说谎者和说真话者之间差异的原因变得难上加难。

当然，研究者还需要面对的另一个问题是，当下的谎言有多严重或有多复杂。对某人偷桌上的钱包所进行的描述，与要求被试在掩藏自己进行某种邪恶活动意图的同时对其所计划的旅行进行描述相比，可能会对一个人的认知过程提出完全不同的要求。

最后就是被试的特点。比如是否存在性别或性格差异？同样重要的是，要考虑被试说谎经历的任何方面，或者他们在陈述之前所做准备的程度如何。

做出判断

当"判断者"需要对研究材料的真实性或其他方面做出决策时，有多种不同的可能性可供选择，每种可能性都有其优缺点。

1. 决策可以是一个简单明了的分类决策，即做出对或错的二元选择。尽管确实存在"不知道"的可能，但该决策类型却不允许人们表达疑虑或困惑。该类型与陪审团或警方可能做出的判断相似，因此具有一定的现实意义。

2. 从概率上判断真假的可能性有多大，可以对判断者的决定进行更细致的探究。如果将这些因素分解为决策的各个方面，比如材料的可信度、详细程度、情感说服力等，那么就有可能进一步探讨确定真实性的依据。

3. 区分陈述的真假也很重要。许多研究表明，人们对其中一个问题的判断可能比对另一个问题的判断更准确。其中部分原因可能是被试假设他们所面对的每个人都可能在说谎——一种说谎偏见，或者反过来说，是一种对真实性的偏见。这两种偏见中的每一个都有利于在偏见的方向上提高准确性。但是，人们在判断真相时使用的标准也可能与他们用来判断某人是否是骗子时使用的标准不同。

研究领域

考虑到整体性，对各种不同的谎言识别研究领域进行简单的罗列将会是非常有用的。

1. 大量研究围绕面谈的过程展开。最近，人们开始关注如何通过对面谈进行设计来增加谎言识别的可能性。有策略地使用证据就是研究的一个方面。另外，让被试在一个开放、自由的叙述中提供尽可能多细节的一般策略也得到了强调，在这种情况下，必须创造足够多的细节所带来的认知负荷可能会暴露说谎者提供的故事中所隐藏的弱点，以及其他压力指标。

　　另外，如前所述，在围绕面谈过程展开的研究中出现了一个有趣的发展，是对传统智慧的挑战，即将本应单独讯问的犯罪搭档放在一起讯问。阿尔德特·弗里杰（2008）和其他人的研究已经证明，与说真话的人相比，编造谎言的人在一起接受讯问时的表现会有很大的不同。

　　佩尔·安德斯·格兰哈格和玛丽亚·哈特维希（2015）、阿尔德特·弗里杰和佩尔·安德斯·格兰哈格（2012）以及阿尔德特·弗里杰（2015）探索的进一步发展是超越直接的言语互动，让嫌疑人绘制地图或对他们声称发生的任何事情的地理位置进行描述。这一切都是为了提高被试的认知需求。研究者朝着这个方向迈出的另一步，是要求被试在叙述一个事件的同时做一些其他的事情，比如体育锻炼。

　　在面谈的背景下，也有可能策略性地使用证据，该方法可以鼓励嫌疑人提供真相（Granhag & Hartwig, 2015）。这种方法强调进行面谈的方式，主要包括问什么以及如何问的问题（Vrij & Granhag, 2012）。

2. 除了面谈的性质以外，还需要对面谈实施者的各方面进行考量。研究者已经就他们的经验和特点进行了探究。当然，有些人可能会比其他人更擅长面谈，这部分人可以更好地提出问题、更好地利用证据，也更有可能识别出某人是否在说谎。

3. 关于谎言识别的假设是一个新兴的研究领域（Masip, Alonso, Garrido, & Herrero, 2009 : Masip & Herrero, 2017 ; Meissner & Kassin, 2002 ），该研究领域

着眼于人们（特别是警察和其他执法人员）对欺骗线索的误解和期望。对这些问题进行研究相当重要，因为它们确实会影响人们在关键情况下的反应，并很可能成为司法不公的基础。

拟议研究

从大量关于识别谎言的研究中可以清楚地看到，围绕这个迷人的话题可设计和开发的研究项目几乎是没有上限的。如前所述，该话题也是一个探索心理学实验研究过程的绝佳温床。因此，下面涉及两个不同的研究例子，主要突出了实验的多种可能性。

第一项研究（研究 A）涉及专门为研究而编写的书面材料，在这方面它可以被看作一个精心控制的实验室实验例子。目前，研究者已经提出了很多方法来确定这一陈述是否真实，本研究描述了两种不同的程序。其一是对材料是否真实的总体判断，称为"直觉型"决策，尽管我们鼓励做出决策的人对他们决策的原因和过程进行解释。其二是使用被称为基于标准的内容分析的一套详细准则进行的决策。正如阿尔德特·弗里杰（2015）进行的讨论和评估所示，这是就如何检查话语内容所进行的缜密思考所不可或缺的一部分。

第二个拟议项目（研究 B）建议，对广泛存在的人们为失踪的亲人发出呼吁的可用视频记录进行研究。这些都是自然发生的事件，因此采取了可以被认为是现场实验的形式。还有一个额外的问题就是，研究的被试是否会对个体说谎与否做出判断，或者对陈述的可信程度做出更细致的判断。同时，后一种考虑带来了一个更广泛的问题，即如何确定可信度。

研究 A：基于标准的内容分析测试

目标

通过对基于标准的内容分析有效性进行检验来识别书面材料中所存在的谎言。如果提出一个正式假设的话，那应该是"测试基于标准的内容分析是否有助于区分真假陈述"。

方法

参与调查的确切人数取决于分析所需的精确度和详细程度。建议至少 20 名被试以确保结果的可解释性。但是，如果想要达到所谓的"统计效能"，则需要更多的被试，这与需要足够大的样本来有效地检验假设有关。

实验材料

这个项目的关键在于真实和虚假陈述的获得。最好真实和虚假都可以收集到，以便生成足够的数据来进行有效的比较。生成这些数据的方法有很多，最简单的方法是将 10 个人随机分成两组，然后要求一组人对他们早餐吃了什么进行描述，该组为"真实"组。接着要求另一组编造一个关于他们早餐的故事，将该组定为"谎言"组，当然并非一定要选择吃早餐，也可以选择购物、旅行、去剧院观戏或其他一系列活动。阿尔德特·弗里杰教授指出，如果可以要求被试就"他们最近的一次旅行"或"最近发生的一件不同寻常的难忘事件"说真话或说谎，该陈述的效力可能会更强。

你可以在一个更复杂的、与个人相关的过程中再进一步，具体做法是：先让被试回忆他们记得的事件；然后，再想一想没有发生在他们身上、但他们认为可以通过说谎让他人相信自己的事件；最后，让被试就这两个事件分别写一份报告。

为了对实际事件有更多的控制，你可以像阿尔德特·弗里杰和萨曼莎·曼（2006）所做的那样。他们费了很大的力气营造了一种情境，在这种情境中，人们对钱包里的钱被盗一事要么说真话，要么说谎。被试在活动开始时并没有意识到这将是要求他们做出令人信服的解释的内容。

埃坦·埃拉德（Eitan Elaad）用一种堪称巧妙的过程对这种方法的另一个示例进行了说明（1999），该巧妙的过程实际上是在创造一种可以用来测试测谎仪有效性的情境。他让被试进入一个房间，从桌子上拿起一个蓝色信封。在这个项目背景下，"说谎"组可以编造一个他们在进行这项活动期间同时在做什么的描述，而"真相"组只描述他们做了什么。

实验步骤

在阿尔德特·弗里杰和萨曼莎·曼（2006）的研究中，每名被试都接受了访谈，并制作了一份文字实录以供检查。虽然这更接近于执法过程中使用的程序，但建议对于拟议的项目，所有被试都必须提供一份与他们得到的指示有关的书面陈述，然后使用基于标准的内容分析对该陈述进行分析。

使用基于标准的内容分析

在大多数围绕基于标准的内容分析开展的研究中，都是对该方法有效性进行的检验。因此，我们投入了大量的精力来确保使用该编码框架的人在使用方面得到了全面的培训。但是，目前的项目仅仅是一个建立和进行控制实验的方法和方式的例证。因此，使用基于标准的内容分析的人熟悉它的程度终究还是取决于可用的时间和资源。阿尔德特·弗里杰（2008，p. 209 ff.）、佩尔·安德斯·格兰哈格和莱夫·A. 斯特伦瓦尔（2004，p. 48 ff.），或在互联网上的各种出版物中（e.g. Roma, Martini, Sabatello, Tatarelli, & Ferracuti, 2011），都有对标准的详细解释。本研究将采用表 4-2 中列出的 19 项标准。

对文字实录评分

在所有参与评级的人中，最起码要有两个或两个以上的评级者是很熟悉基于标准的内容分析中所列出的 19 项标准的。然后，这些评级者将各自使用阿尔德特·弗里杰和萨曼莎·曼（2006）所使用的 5 级李克特量表（Likert scale）对每一份访谈文字实录进行独立评级，范围从 1（标准不存在）到 5（标准显著存在）。被试还被要求就书面陈述的真实性进行简要的说明。

记录结果

本研究提供了一组评分表，每个陈述对应一张表，然后每个标准都对应一个得分（如表 4-3 所示）。

表 4-3　　　　两组对所有 19 项标准和所有陈述的评分比较示例

标准	评级者 1	评级者 2	真实 / 谎言
陈述 A			这里给出了该陈述是否真实的指示
1	这里是评分者为此标准给出的 1～5 的分数	这里是评分者为此标准给出的 1～5 的分数	
2			
3			
以此类推			
陈述 B			这里给出了该陈述是否真实的指示
1			
2			
3			

续前表

标准	评级者 1	评级者 2	真实 / 谎言
以此类推			
陈述 C			
以此类推			

注：使用所述的李克特量表，表格单元格中的值范围为 1 至 5。

分析

评分者间信度

第一阶段是考察评级者之间的一致程度，这是信度的一个方面，在"研究 5"中有更详细的讨论。衡量一致程度的方法有很多，最简单的方法是计算评级者给出相同评分的频率。也可以使用更复杂的统计方法，如相关性检验和"研究 5"中有描述的克朗巴赫系数（Cronbach's alpha）。一般情况下，组内相关系数（intraclass correlations，ICC）也可选用。

许多研究发现，虽然无法做到完全一致，但研究中评级者评级的一致程度依旧相当高。单个标准的一致程度也具有参考价值。这些都为进行评级者之间的讨论和阐明提供了基础，当然也可能导致评估的调整。

基于标准的内容分析的有效性

一旦评级达成一致，就有可能确定真假陈述之间的分数是否存在差异，研究者可以通过将每个陈述的所有 19 个值相加得出的总分进行比较来实现。如果需要根据 19 项标准中的每一项对真实和虚假陈述之间的差异进行考虑的话，还可以一并对"基于标准的内容分析的哪些方面具有价值"这个问题进行更细致的检测（Landers 2015）。但总的来说，总分是一个更可靠的指标。

注意事项

基于标准的内容分析的系统性使得利用它进行细致的研究成为可能。基于此，许多关于它在不同环境中的效用的研究出现了。例如，芭芭拉·阿马多（Barbara Amado）、拉姆恩·阿尔塞（Ramn Arce）、弗朗西斯卡·法里尼亚（Francisca Fariña）和曼努埃尔·比拉里尼奥（Manuel Vilariño）回顾了 39 项利用基于标准的内容分析针对成人陈述进行分析的研究（2016）。但结果显示，这些研究在为基于标准的内容分析提供支持方面远非一致。阿尔德特·弗里杰（2005, 2008）先后在他的极具影响力的著作和早期期刊文章中指出，这种方法不够可靠，或者说不够有效，不足以在法庭上用作证据，但在警方调查中可能依旧有其价值。

各种权威机构都试图对本章中介绍的基于标准的内容分析的原始标准进行增加或修改，并将其视为对面谈过程和更广泛的陈述有效性分析方法（statement validity analysis，SVA）进行更加彻底检查的一部分。正如阿尔德特·弗里杰（2008）详细讨论的那样，陈述有效性分析方法不应该与科学内容分析（scientific content analysis，SCAN）相混淆，科学内容分析是一种对语言使用的各个方面进行利用和借鉴的程序，而这些方面还没有经过详细的系统评估。

因此，需要强调的是，这里提出的对基于标准的内容分析进行的拟议研究只是一个初步的尝试。对陈述内容进行探索并利用它来识别陈述是否真实是一个很大的研究领域，与大多数发展中的研究领域一样，开展的研究越多，问题就越复杂。但毫无疑问，这是一个让人着迷的话题，非常值得花大力气去研究。

研究 B：高风险情境下的真实性判断

目标

1. 确定个体对亲人失踪者所发出的电视呼吁的反应的哪些方面最能影响他们对呼吁合理性的判断。

2. 研究仅提供音频信息的申诉与同时提供音频和视频信息的申诉相比，在申诉真实性评分方面是否存在差异。

这是一项基于失踪或被谋杀受害者的亲属所发出的电视呼吁所开展的研究。

研究目的

这项研究探讨了公众对发出这种呼吁的人的看法，与许多关于真实性判断的研究相比，该研究有两个关键方面。首先，该研究具有一定的"生态效度"，因为研究所基于的呼吁都是真实发声的事件，而不是为了研究目的而创造的陈述。其次，对于做出这些陈述的人来说它们是重大事件。这些"高风险"事件，对于发出呼吁的人来说至关重要，他们要确保别人会相信自己。正如琳恩·滕·布林克（Leanne ten Brinke）和斯蒂芬·波特（Stephen Porter）所指出的（2012）那样，在高风险的情境下，不被信任会导致真正的惩罚。

人们对这些电视呼吁很感兴趣，因为它们清晰地展示了处于弱势的受害者亲属寻求帮助的情况。但在某些情况下，确实也出现过发出呼吁的亲属实际上就是真正罪魁祸首的例子，所以公众往往对呼吁者持怀疑态度。所以，本研究对公众做出的判断以及影响这些判断的因素进行了考察。

公众做出的判断非常重要，因为电视呼吁的全部目的就是寻求观众的帮助和支持。

实验材料

电视呼吁在互联网上随处可见。选择它们来进行析因实验设计是很有趣的。例如，你可以选择两个由女性发出的呼吁，一真一假，然后再选择两个由男性发出的呼吁，同样一真一假，这样就组成了一个 2 × 2 的矩阵（如表 4-4 所示）。

表 4-4	可能的实验设计	
	真	**假**
男性	a	b
女性	c	d

a、b、c、d 这四个条件代表四段电视呼吁的视频，你可以让它们可以只通过音频展示给被试，或者同时通过音频和视频展示给你的被试，这样的话就变成了总共八个条件。

至关重要的一点是，要确保每个视频都有"基本事实"。也就是说，要明确指出视频中的人是否有罪。该要求确实需要研究者进行一些背景调查来确定呼吁所涉及的案件最后的判决内容是什么。

还需要考虑另外一点，即这些视频在录制方式上需要具有可比性。例如，一个人站在自家门外接受采访与在警方组织的新闻发布会上发表声明肯定是不同的。当涉及一对夫妇时，两个人在视频中交谈与一个人单独接受采访相比，会增加其复杂性。所以，示例的筛选必须非常谨慎。

实验步骤

被试需要观看四段电视呼吁视频。每看完一段视频，被试就需要就一些关于呼吁者的问题进行回答，然后是一些关于被试背景的问题。

但是，如果每名被试都需要一个接着一个看完四段视频的话，就会出现视频播放顺序的问题。看过一段视频后，是有可能影响被试对下一个视频的判断的。解决这个问题的方法之一，是规定每名被试只看其中一段视频，但这又增加了实验的时间，还增加了人与人之间的差异可能性，给研究带来更多不必要的变化。

在大多数心理学实验中，处理这一问题更常见的方法是改变被试观看 / 收听视频的顺序。如果要让每名被试都观看 / 收听所有八段视频，那么他们就有对大量可能的视频序列做出判断。依据我的计算，不同序列可能有超过 40 000 种排列组合（$8×7×6×5×4×3×2×1$）。比如说，你可以只生成六个随机序列，但依旧存在风险，那就是序列中的某些东西最终会对你产生不必要的影响。但这也许是值得冒风险的。

在观看一个视频和看完全部八个视频之间存在着一个折中的方案，就是将研究分成几个部分来进行。观看 / 收听八个示例视频可能会使许多被试的注意力不集中，因此，研究者可以采用将两组四个例子分别确定为两个不同的研究，这样的安排对于研究的组织者和被试来说都更容易管理。我建议其中一组只播放音频，另一组播放音频和视频，这样分组依旧会有基于四个序列产生的 24 个不同的排列组合。虽然这个数量属于比较好管理的数量，但依旧建议研究者最好选择其中的一个子集作为观看顺序，并对展示顺序是否有任何影响进行检验。例如，让四段视频中的每一个都作为序列中的第一个，并保持其他的顺序不变。然而，该讨论显示了完全受控的实验室研究的复杂性。

参与实验的被试如何处理材料的细节会引发更多的问题。如果这是一个在线调查，被试可以控制观看视频的时间以及是否多次观看，当然这些也都是可以监控的。另外，如果在课堂上播放材料，然后要求学生回答相关问题，就有必要确保每个示例播放的时间相同。

说明

附录 3 提供了一个可用于本项目的问卷类型示例，但依旧需要牢记，伦理审批委员会可能需要更多的信息，如附录 2 中给出的知情同意书、附录 4 所示的可能需要的报告格式。

被试人数

观看 / 收听视频的被试人数取决于你的可用机会以及你希望在后续分析中探究的细节。如果根据粗略的经验来说，每段视频至少需要 10 名被试来对其做出回应，这样你才能获得足够多的信息对结果中的模型进行揭示。但是，正如已经提到的，考虑到研究结果的"影响力"，如果你想做一项能够通过期刊审查的研究，四段视频示例中的每一个都至少需要 25 名被试来对其做出回应。

分析

有多种统计程序可以用来处理本研究中收集的数据，从卡方（χ^2）、方差分析、多变量方差分析到各种形式的回归和多元回归分析都可以。为了与本书的其余部分保持一致，并且考虑到已经有许多其他优秀的书籍和网站提供了这些过程的细节及其相关的推断统计，我就不在这里赘述了。我仅在这里提供一些可作为统计基础的表格的简单事例，这些事例基于我指导的学生玛格达琳·黄（Magdalene Ng）所写的一流博士论文（2016）。

首先，我们来看看第一个问题，关于在不同条件下有罪还是无罪的答案，为了确定被试的判断有多准确，第一步应该删除所有不确定的判断。对造成被试做出不确定判断的条件进行检查是该研究的另一个可以单独进行的方面。在玛格达琳·黄（2016）的研究中，这是一项更大规模研究的一部分，因此要指出实际频率的话确实有点复杂，但为了进行有效的统计分析，最好使用与样本大小相关的原始频率。

表4–5给出了这种特殊情况下正确答案所占的百分比，所揭示的结果相当有趣。已知有罪或无罪的随机判断是50%，所以我们可以看到，音视频条件下的准确度百分比仅略微高于随机水平。尽管如此，在音视频条件下，正确的判断（55%）依旧是比错误判断（52%）要略微多一点。

表 4–5	四种条件下正确判断的百分比	
呼吁	仅音频（%）	音视频（%）
真	66	55
假	73	52

在这类研究中，一个经常被关注且担心的问题是，被试是否在做出有罪或无罪的判断时存在着某种倾向或者偏见。如果他们确实有这样的偏见，结果就会被扭曲。所以，上述结果实际上也有令人鼓舞的一面，即音视频条件下的准确率徘徊在50%左右，也就从一个侧面说明了并没有任何强烈的偏见存在。

对于只有音频的条件来说，被试做出的判断总体上比音视频条件下更准确。他们判断的准确性也明显高于随机水平，这是一个意想不到的发现。人们可能会认为，被试获得的信息越多，他们就越能更好地对真实性做出判断。但这个例子中，情况似乎相反，视觉信息似乎对音频材料进行了某种覆盖。在虚假呼吁的判断准确性上尤其如此，近四分之三的判断都是正确的，这一比例让人印象深刻。该结果意味着有必要进行进一步的研究，对其原因进行探究，并确定该结果是否可以在进一步的研究中复现。但其实，查尔斯·F. 邦德和贝拉·M. 德保罗（2006）对已发表的研究进行的审查已经显示出了一致的结果。此外，有趣的是，当我尝试按照其中一个实验版本进行实验时，被试中出现了一位盲人，该盲人被试识别谎言的准确率非常高，这为测试盲人和非盲人在纯音频材料条件下识别谎言的能力的研究开辟了另一种可能。

源自其他四个问题回答的其中一个方面，可能会有助于该发现的理解。这些问题来自越来越多的研究，这些研究对导致观察者相信或不相信的言辞进行了探究（Strömwall, Granhag, & Hartwig, 2004）。研究者在研究中主要利用了电视呼吁产生的共鸣——"我对发出呼吁的人感到同情"，这里面就包括了对发出呼吁者似乎正在表达的情绪进行的评估——"呼吁者似乎很悲伤"。也有研究表明，有魅力的人比没有魅力的人更容易被人相信，因此存在这样一种说法——"呼吁者很有吸引力"。最后，是对这种解释的合理性进行认知评估（Canter, Nicol, & Benneworth, 2003），也就是它与已知的事情所发生的方式相符吗？主要的表达为"呼吁者的陈述是讲得通的"。

有多种方法可以使用对这些问题的回答，以确定它们对判断准确性的影响。一种常见的做法是：根据被试对每个问题的回答将他们分成两组——一组是那些同情呼吁者的人，另一组是不同情呼吁者的人；然后，将每一组中认为呼吁者所做的呼吁是真实的人的相对比例进行比较；随后，比较这些相对比例，并确定哪组比较具有最大的影响（详见表 4–6 所示内容并进行思考）。

表 4–6　　　　　　　　　**每个亚组中正确判断真实性的个体所占百分比**

问题	高（%）	低（%）	差值（%）
感到同情	62	38	24
似乎很悲伤	78	22	56
有吸引力	56	58	2
讲得通	82	10	72

表 4–6 表明，对被试正确判断呼吁真实性影响最大的因素是呼吁者给出的描述具有多大合理性，至于之前我们提到的呼吁者是否有吸引力，则对判断的准确性没有影响。

更精辟的分析是使用多元统计数据将视频的各个方面与其真实性联系起来。例如，惠兰·赖特（Whelan Wright）、格雷厄姆·瓦格斯塔夫（Graham Wagstaff）和杰奎琳·惠特克罗夫特（Jacqueline Wheatcroft）等人（2014）就进行了这种复杂的分析。这方面的技术细节虽已超出了本书讨论的范围，但大体上来说，他们发现欺骗性的呼吁包含了更多模棱两可的表述、注视回避、摇头和言语错误，而真实的呼吁则包含了更多情绪 / 行为规范的提及、更多对找到失踪亲属的期望的表达、更多对亲属的积极情绪的表达、更多关切 / 痛苦的表达，并尽量避免使用粗暴的语言。

结　论

对谎言、如何识别谎言以及人们对如何识别谎言的看法的研究现在是心理学研究的一个广阔领域。它触及人类社会互动、认知过程和犯罪活动的许多方面。这一研究领域的本质非常简单——说谎和诚实之间的二元差异。因此，该研究领域有助于实验程序的整理，同样也是一个学习如何进行心理学实验的绝佳工具。本章就两种不同的研究进行了描述，一种使用专门为研究创造的材料，另一种则使用真实或不真实的自然生成陈述。

与前一章阐述的伪造签名检测实验（没有大量的文献或详细的理论基础来形成假设）不同，谎言识别有一个自己的研究库，提供了丰富的模型和假设，可以用来作为任何实验的基础。

可以使用这种研究设计的其他研究

关于欺骗挑战的一个核心假设是，说谎过程会产生"认知负荷"。因此，研究 A 的一个延伸是直接探究说谎者是否比诚实的被试感受到更多的认知负荷。此外，还检验了那些经历过说谎这一智力挑战的人是否比那些没有经历过的人产生更多的基于标准的内容分析指标。在阿尔德特·弗里杰和萨曼莎·曼（2006）的研究中，提出的项目就是从该研究中得出的，编造陈述的人也被问了一系列问题，以表明编造陈述时所需要付出的努力。然后，从他们的答案中得到的分数与他们的基于标准的内容分析分数相关联。

在研究 B 中，目前只对音频和音视频示例展示进行了比较。但不要忘记，对仅提供视觉信息的第三种示例进行展示并就此进行比较也是存在实际操作可能性的。本章没有给出这种可能性的细节，因为它会进一步增加复杂性，这将意味着要进行三次而不是两次比较：

- 音频和有声音的视频进行比较；
- 音频和没有声音的视频进行比较；
- 没有声音的视频和有声音的视频进行比较。

以男、女、真、假四种情况相结合，共给出 12 组比较。这是一个非常具有挑战性的数字，很难找到被试，然后理解结果，并以一种有组织的方式呈现。我一直认为进行一系列小的研究比进行一个大的复杂研究更好。这样你就可以从每次的研究中进行学习，并利用它来改进下一次的研究。

在所有可能的研究中，都可以考虑选取不同类型的个体来担任说谎者或谎言识别者的角色。例如，儿童在这方面与成人有什么不同吗？真的像莫琳·奥沙利文和保罗·埃克曼所说的那样，存在谎言识别的"奇才"吗？

还有另一个值得提及的有趣研究领域，即人们是否更善于发现他们熟悉的人说谎（Bond & DePaulo, 2006 ; DePaulo et al., 1996）。一个典型的例子就是，父母成功辨别自己孩子说谎是否比成功辨别他人的孩子说谎的概率更高？当然，这个研究中，孩子的年龄是一个至关重要的因素，当辨别的是青少年时，真正的考验才开始！

关于"作者身份"的一点注记

还有一个研究领域与研究者在本章进行的思考存在交叉，即某段文字作者身份的确认。当一份文件存在争议时，比如，有人质疑某段文字并不是由声称撰写或口述它的人所写时，这一点具有重要的实际意义。最典型的例子是，嫌疑人坚称他们的供词是警察编造的。另外，匿名攻击性文本的作者身份识别也是一个可能具有法律意义的问题。遗书是否真的是死者所写，就是另一个可能具有法律意义的例子（Canter, 2005）。在文学语境中，作者身份识别具有一定的学术讨论度。例如，一个典型的例证是，冠以莎士比亚之名的所有戏剧是否都是莎士比亚自己写的。

一个被称为司法语言学的研究领域（Coulthard & Johnson, 2007）已经围绕着作者身份和相关问题发展起来了。可悲的是，当一个具有法律意义的问题可能存在一个科学的解决方案时，往往最初的建议在其具有任何既定的科学有效性之前就已经被认为是长期有效的了。一个典型的例子是将文本作者身份识别的过程通过一个简单的数学计算进行公式化，比如由 A. Q. 莫顿（A. Q. Morton）和 M. G. 法灵顿（M. G. Farringdon）提出（1992）的一种称为累积求和（cumulative summation, CUSUM）的方法。

这与本章关于谎言识别的实验测试相关，因为只有通过系统的、常规的实验测试（Canter & Chester, 1997）才有可能证明该程序产生了随机结果。如果结果与累积求和研究者试图声称的一致，那么它们才会被作为证明其有效的证据。如果不一致，则不会被提及。不幸的是，在实验研究证明其毫无价值之前，累积求和就已经被应用于法庭诉讼程序之中了。

尽管如此，正如约翰·奥尔森（2018）在其有趣的司法语言学案例研究中所表明的那样，如今，仍然经常出现这样的情况：语言及其使用方式方面的专家，尤其是在充分了解语言和语境之间的差异的情况下，可以在不需要计算机分析的情况下阐明受质疑文本的含义和作者。但这并不是说，大规模数据库和信息技术的出现，使得对大量文本进行搜索和系统化成为可能，但在有大量材料可供研究的情况下，这并没有为解决困扰文学学者多年的问题提供新的可能。

思考与讨论

1. 你能想到在哪些情况下，确定什么是实际真相（"基本事实"）并不是一件简单的事情？

2. 与陈述符合事实的程度相比，使用像基于标准的内容分析这样的程序来确定陈述是否真实？会引发哪些公民自由、伦理和司法问题？

3. 警方声称，他们从不利用失踪或遇害受害者亲属的呼吁来确定该亲属是否以某种方式参与了犯罪。这是明智的吗？还是他们其实可以利用这些呼吁来判断呼吁者是否涉及犯罪？

4. 如果测谎仪的影响力在于人们相信它是一个谎言识别机器，那么如何在其他领域利用测谎仪进行谎言识别呢？

5. 当人们对谎言识别的方法存在错误的观念时，会带来什么样的危险？

Experiments in
Anti-Social Behaviour

———

第 5 章

千里追凶：杀手的蛛丝马迹

———————————————————————————

　　研究 3：连环杀手犯罪心理画像。近年来，随着犯罪小说的风靡，"犯罪心理画像"的概念被贴上了一个近乎神话的标签。而在实际的侦查工作中，对某个陌生人进行犯罪心理画像则是未来通过利用他们犯罪的细节来推论该未知犯罪行为人的特征。

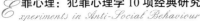
 摘要

　　作为对"犯罪心理画像"概念的介绍，本章提出了一项将犯罪描述与犯罪行为人的背景信息联系起来的拟议研究。这种相关性突出了从犯罪行为人所实施的犯罪活动细节中推断出其犯罪者特征的任务的重要性。鉴于对犯罪行为人进行"犯罪心理画像"的技术常年深陷各种不符合事实的看法和虚构作品的包围之中，本章的研究任务设置了一个背景，并在该背景下围绕对犯罪行为人进行犯罪心理画像的过程中所面临的挑战展开探索，另就进行"犯罪心理画像"的科学方法的发展进行了简要的回顾。

　　对连环杀手的好奇和众多关于连环杀手的出版物，为这项拟议研究提供了一个切实可行的背景。同时，本章的拟议研究还对各种形式的多重杀人之间存在的区别，以及区分连环杀人中不同主题的方法进行了考查。这些区别对于针对那些犯下多起谋杀案的人进行各种推论来说至关重要。

背　景

　　自从克拉丽斯·史达琳（Clarice Starling）在托马斯·哈里斯（Thomas Harris）引人入胜的《沉默的羔羊》（*The Silence of the Lambs*）一书中采访了汉尼拔·莱克

特（Hannibal Lector）之后，犯罪心理画像就成了犯罪小说中反复出现的因素。围绕着可以提供有助于推动情节发展的"犯罪心理画像"的角色开发而成的一系列虚构电视剧集，如英国犯罪电视剧《解密高手》（Cracker）、美国犯罪电视剧《犯罪心理》（Criminal Minds）和《心灵猎人》（Mindhunter）也都播出许久。但这些实际上都只不过是夏洛克·福尔摩斯（Sherlock Holmes）和紧随其后出现的那些侦探角色的升级版本而已，这些侦探角色都拥有某种使他们能够侦破案件的特殊洞察力。

问题在于，这些虚构的故事给"犯罪心理画像"的概念贴上了一个近乎神话的标签。这种对未知犯罪者（在小说中通常是连环杀手）的心理描述似乎都来自非常特殊的人——虚构的侧写师——的深刻直觉。实际上，这些描述旨在为侦查提供指导，比如指明在警方记录中出现的可能可以发现嫌疑人的位置，或帮助确定侦查中出现的嫌疑人优先顺序，以便警方能够适当地集中资源，有时还会针对关键嫌疑人制定讯问策略等。

上述这些实际上与没有犯罪心理画像帮助的那些有经验的侦探所做的侦查工作并没有多大的不同，可能有部分不同在于犯罪心理画像提供了一些通常无法获得的额外见解。这也是关于犯罪心理画像的建议出现在一些公开的逻辑论断和可能的研究背景中的原因。实际上，犯罪心理画像是没有所谓的标准流程的，也没有什么应该或通常需要进行描述的内容。所以，拟议的研究提请大家注意一个中心问题，即如何根据已知的犯罪情况推论出犯罪者。

但是，对某个陌生人进行犯罪心理画像的核心是试图通过利用他们犯罪的细节来推论该未知犯罪行为人的特征。我将该推论过程称为"画像等式"（Canter，2011）。这个等式将犯罪行为的细节与犯罪者的特征相联系，概括为 A（犯罪行为）→ C（犯罪特征），其中箭头→代表推理的过程。与虚构故事中想象的相反，这个推论过程远没有你想象的那么简单。犯罪的任何特定方面都可能与犯罪者的许多不同特征有关，且原因很多。唐娜·杨斯（2008）对这些复杂性进行了阐述，可以概括为以下四个必须处理的特征。

- **相关性**。本质上，这是确定犯罪的哪一方面与对犯罪者的推论的形成相关的挑战。例如，在陌生型强奸案件中，是性行为的性质、控制受害者的方式、犯罪者如何逃跑，还是犯罪活动的其他方面与对犯罪者的推论的形成相关呢？笼统地说，就是如何确定犯罪的"风格"？

- **显著性**。除了识别犯罪者的行为风格外，还有一个相关的挑战，就是能够将这种风格与其他犯罪者的风格区分开来。对许多不同类型犯罪行为的研究表明，对于任何犯罪类型，无论是纵火、盗窃、谋杀还是强奸，都有一些行为是该类型所有犯罪都具有的典型特征。这些普遍性的行为有助于确定这是什么类型的犯罪。另外，也会有一些确实非常罕见的行为，甚至可能只出现在某个特定个体所实施的犯罪行为中，这些非常罕见的行为有时会被不恰当地称为"标识"。

  警方还会使用高度概括的术语"犯罪手法"（modus operandi，MO）来表示特定犯罪者的典型行为。但是，如果不知道各种犯罪类型中行为的频率分布，就很难确定什么是犯罪者所特有的、什么是不寻常的。因此，建立犯罪行为同时发生的频率模型对任何特定犯罪的显著特征的阐明是非常有帮助的。戴维·坎特和唐娜·杨斯（2009）对该方法进行了详细的回顾。

  有趣的是，布里安娜·福克斯（Bryanna Fox）、大卫·法林顿、安德烈亚斯·卡帕迪斯（Andreas Kapardis）和奥利维亚·汉布利（Olivia Hambly）在确定与犯罪者类型相关的犯罪类型的方面对犯罪心理画像进行了更多的定义（2020），同时也是对特伦斯·米特（Terance Miethe）和理查德·麦科克尔（Richard McCorkle）所著（1998）的极具实用性著作《犯罪心理画像：危险人物、场所和情况的解剖》（*Crime Profiles: The Anatomy of Dangerous Persons,*

Places, and Situations）的阐述，该书对一系列不同犯罪的犯罪者描述进行了总结。布里安娜·福克斯等人（2020）给他们的方法贴上了"基于证据的犯罪心理画像"的标签，该标签有一个有趣的英文首字母缩写是 EBOP。这种技术为大规模的数据处理提供了优势，在数据处理中，变量之间的关系会被反复地检索，以获得统计意义。例如，在对大量盗窃数据进行复杂的统计分析后，布里安娜·福克斯等人（2020）确定了四种不同的窃贼类型和四种犯罪风格，并依托这样的分析和分类，得出了关于盗窃的统计分析结果，即 41% 的"机会主义"窃贼属于"同伴影响型"的亚型。相比之下，64% 的"冲动型"犯罪者中存在"人际"犯罪风格（Fox et al., 2020，p. 35）。

这些统计关系的呈现似乎并没有试图对产生它们的原因给出一般性的解释、理论或模型，它们只是实际发现的一种呈现。然而，布里安娜·福克斯和大卫·法林顿（2015）确实报告了这种关系在积极的警方调查中的成功应用。

- **偶发事件（或有事项）**。这些行为之间以及它们发生的环境之间是如何关联的？比如，晚上破窗入室和白天破窗入室的含义肯定是不同的。再比如，一个窃贼巧妙地顺着排水管爬到目标窗户外准备破窗而入实施盗窃，结果一上来发现，有一扇门是开着的，那这个窃贼就不会再爬窗了，会直接选择走门进出。所以，这些特征也会随着犯罪者的学习或发展而变化。

- **典型关系**。基于证据的犯罪心理画像技术使用高级统计对不同类型的行动和特征，以及它们之间的关系模式进行了揭示。这些结果与一种代数思路相结合，即混合的行为可以与混合的特征相关，确实也解释了一个我前段时间称之为"典型相关"的问题（Canter，2011）。自从柯南·道尔（Conan Doyle）首次写作以来，我们没有理由认为线索与其含义之间存在一一对应的联系，这只是犯罪小说家所钟爱的。尽管在某些行为和某些特征之间存在着一些普遍的、松散的关系，但到目前为止，还没有人发现过虚构小说家钟爱的那种奇妙的联系。

行为不像指纹。有各种各样的行为可以以不同的方式组合在一起，产生各种各样的影响。举例来说，一个狡猾的连环杀手可以开着车，在城市的街道上一边乱转一边寻找年轻女性作为下手目标。但是，同样还是这个连环杀手，如果不驾车而是使用公共交通工具，也还是有可能在其他情况下寻找其他潜在的受害者作为目标的。

布里安娜·福克斯等人（2020）制作的犯罪风格和犯罪者亚型之间关系的表格，虽在其中仅使用了四种不同类型的犯罪行为，但依旧呈现出了这种复杂性。他们称之为"有组织"的风格与 29% 的"冲动型"犯罪者、14% 的"同伴影响型"、9% 的物质滥用者和 48% 的"长期犯罪人"[1] 有关（Fox et al., 2020, p. 35）。尽管很大一部分是"长期犯罪人"，但在他们的样本中依旧存在着大量"冲动型"犯罪者和不少的"同伴影响型"犯罪者。没有一个 A（犯罪行为）可以专门地用于推论一组不同的 C（犯罪特征）。

唐娜·杨斯（2008）所探索的科学方法、这一传统领域中的许多其他研究，以及基于证据的犯罪心理画像技术，所有这些都在戴维·坎特和唐娜·杨斯（2009）及布里安娜·福克斯等人（2020）所进行的研究中进行了检验，研究者倾向于将这些科学方法与现在通常所说的"临床"画像方法进行对比。临床理论基础的画像方法试图在个案基础上对未知犯罪者的相关特征进行描述。这些特征的发展在很大程度上依赖于特定个人的经验、知识和技能——詹姆斯·布鲁塞尔（James Brussel）在其 1968 年出版的自传中称自己为"精神病学福尔摩斯"，他是现代最早为警方重大调查提供"犯罪心理画像"的人之一。

与以统计学为基础的基于证据的犯罪心理画像策略相比，临床理论基础的画像

---

① 长期犯罪人（career criminals）也叫生涯犯罪人，其特点为作案数量多，已经形成犯罪习惯，犯罪成为主要的生活来源，犯罪持续时间跨度大以及前科次数多等。——译者注

方法的一个有趣的方面是，它必须通过某些显性或隐性的理论来进行画像，即是什么允许负责画像的人从行为中得出推论来暗示特征。这可能来源于弗洛伊德的理论，如转移①，某人不能攻击其原始仇恨目标，为了发泄这种情绪，转而攻击他人。拿"妻管严"丈夫这个老生常谈的例子来说，丈夫无法反抗强势的妻子，所以通过攻击其他女性进行发泄。

对 A（犯罪行为）→ C（犯罪特征）等式中的推理过程进行详尽阐述的另一个需要注意的点是"一致性"。从这个角度来看，犯罪行为被视为犯罪者在非犯罪环境下如何行动的反映。在我参与的第一次警方重大调查中（Canter, 1994），我就利用这一点推翻了"未来行为的最佳预测因素是以前的行为"这一基本的心理学观点。换句话说，犯罪行为在犯罪者早期行为中有先兆。在那起案件中，犯罪者在攻击女性之前会接近她们，并与她们攀谈。基于此，我提出"该犯罪者过去肯定和某个女性建立过相对稳定的关系"的假设。但该犯罪者确实对受害者实施了攻击行为，在这种情况下，讨论的焦点就变成了"该犯罪者可能有攻击与其有过关系的女性的前科"。后经核实，这名因袭击被定罪的人确实是有前科的，他之前就因为对其分居的妻子实施暴力袭击被警方逮捕过。

在更普遍的临床框架中可能会借鉴"犯罪行为中明显存在精神障碍和人格障碍"的观点，那些残害受害者身体的凶手就是该观点的典型示例。这通常是一个与现实脱节的人的特征，如患有某种形式的精神疾病、不能作为有感情的人与他人交往。这种推论模型确实是在司法相关病患领域多年经验的运用，但却很难在以统计学为基础的样本上得到证实，其核心是我们很难获得真正清晰的数据。

统计和临床观点明显重叠的一种方式是被广泛引用的由美国联邦调查局

---

① 转移（displacement），弗洛伊德提出的心理防御机制的一种，由于某事物引起的强烈情绪和冲动不能直接发泄到这个对象上，就转向其他对象，也译为"替代"。——译者注

（Federal Bureau of Investigation，FBI）特工提出的二分法（Douglas, Ressler, & Hartman, 1986）。他们声称，连环杀手要么是"有组织力的"，要么是"无组织力的"。前者是精心策划犯罪，有条不紊地实施，破坏或隐藏刑侦证据；相比之下，后者"无组织力的"犯罪则是机会主义的、混乱的。从这一区别中得出的推论实际上是已经提到的"一致性"假设的一个升华。有组织力的犯罪将由有组织的犯罪者实施。因此，在大众的心目中，这些犯罪者聪明、有良好的人际交往能力、过着看上去很有效率的生活，而那些实施无组织力犯罪的人则被认为是鲁莽和缺乏经验的。

联邦调查局二分法推论过程背后的基本论点似乎是合理的。生活中我们都或多或少认识一些人，从他们的行为就可以明显地看出他们是多么细心和有条理，或者是多么地混乱和困惑。我怀疑这就是这个方法有如此多追随者的原因，以至于二分法在教科书中被频繁引用，甚至在诸如好莱坞堪称经典的影片《七宗罪》（*Seven*）中也都出现了。联邦调查局特工的这些推论有一个特别的优势在于，它们足够具体，可以接受实证的检验。但当这样的测试实施，结果却并不尽如人意，正如我之前在研究中提到的观点所示（Canter, Alison, Alison, & Wentink, 2004）。由此得出的结论是，为了在杀人之后不被抓住，以便再次实施杀人行为，恶棍就必须有合理的组织力。因此，连环杀手大都具有许多"有组织力"类型的特征。在这些特征的基础上，连环杀手又以各种方式表现出无组织力，这才是连环杀手之间的区别所在。

在对连环杀手调查的全面回顾中，罗伯特·J. 莫顿（Robert J. Morton）、珍妮弗·M. 蒂尔曼（Jennifer M. Tillman）和斯特凡妮·J. 盖恩斯（Stephanie J. Gaines）明确指出（2014, p. 5）：

> 将有组织力 / 无组织力二分法应用于现行系列谋杀案的调查中，其效用非常有限。此外，美国国家暴力犯罪分析中心（National Center for the Analysis of

Violent Crime，NCAVC）[①]10 多年来都没有采用有组织力 / 无组织力二分法，目前在日常进行的案件审查工作中也没有使用这种分类法。

耐人寻味的是，罗纳德·M. 霍姆斯（Ronald M. Holmes）和斯蒂芬·T. 霍姆斯（Stephen T. Holmes）对连环杀手进行了更详细的七层分类（1998），但仔细研究后发现，这只不过是对联邦调查局二分法的进一步细化而已，不同"类型"之间存在着相当多的重叠，这使得该七重分类在任何情况下的实际应用都充满了不确定与歧义。同样，也没有严格的实证证据对其进行支持（Canter & Wentink, 2004）。

从这些被提议的类型学的科学测试中得出的信息是，在拟议类别的背后确实存在着一组统计假设。这些统计假设被用来指定任何特定类型的行为或特征：（1）在任何实际犯罪中，与其他特征相比，更有可能相互并存；（2）在用来描述任何特定类型和其他类型的方面之间几乎没有重叠。例如，如果没有在犯罪现场留下任何刑侦证据被认为是"有组织力的"凶手的特征，而将犯罪现场弄得一片混乱被认为是"无组织力的"凶手的特征，那么就不可能从混乱的犯罪现场移除所有刑侦证据。许多这样的关系或这种关系的缺失，都可以通过统计学来进行检验，从而对行为的总体模式和特征进行揭示。正是这些研究揭示了联邦调查局特工，以及罗纳德·M. 霍姆斯和斯蒂芬·T. 霍姆斯所提出的类型学的弱点。这些类型学未能通过基于经验的统计测试也许并不奇怪，毕竟，这些类型学的提出者显然对心理测量学一无所知，其提议也只不过是基于一些趣闻逸事罢了。

[①]　美国国家暴力犯罪分析中心是由美国联邦调查局于 1984 年建立的专业机构，组织实施暴力犯罪逮捕计划（Violent Criminal Apprehension Program，VCAP）。——译者注

进行画像推论所面临的挑战

非常坦率地讲，从已发表的报告所了解到的情况来看，还没有人能够开发出一个令人信服的、基于经验的，能够从犯罪者的犯罪行为中做出可靠推论的模型。世界上为数不多的为调查提供"犯罪心理画像"的人所运用的，实际上是他们认为相关的任何研究以及他们自己的知识和经验。越来越多的人渐渐意识到了做出这些推论可能面临的挑战，并不再称自己为"侧写师"。为执法机构提供指导的联邦调查局特工也将他们的工作称为"犯罪调查分析"。我以前的几名学生在英国国家犯罪学院（UK National Crime Faculty）工作，他们自称为"行为调查顾问"（behavioural investigative advisors，BIAs）。

20 多年来，这些从事行为调查顾问工作的人一直在为警方的调查做出贡献。这些年间，他们拓宽了贡献的范围、风格和种类，早已超越了创作一幅对未知攻击者进行描述的"简笔画"的最初概念。这其中就包括了"研究 4"中描述的专家对犯罪者据点可能位置（犯罪地理画像）所做出的贡献。正如行为调查顾问分部的负责人李·雷恩博（Lee Rainbow）在对他们的角色如何演变进行描述时所说的（Rainbow & Gregory, 2011, p. 33）：

> （他们）不再是孤立的专家，不再局限于孤立的空间里对犯罪者做出推论……行为调查顾问可以通过行为科学理论、研究和经验的实际应用，在整个严重犯罪调查中为高级调查官员提供额外的视角和决策支持……以及提供可以加深对犯罪事件的理解的总体理念。

以上陈述中"加深对犯罪事件的理解"这句话非常值得注意。这意味着要对犯罪者在犯罪的准备、实施、完毕阶段可能做了什么，以及可能涉及的心理过程形成一种观点。例如，意识到强奸陌生人的犯罪者通常会花费大量时间寻找脆弱的受害者，这会让人们注意犯罪现场可能会透露出的犯罪者有可能在哪里等待合适的时机和人进行袭击的机会。凭借他们的心理学背景，行为调查顾问还可以增加警方调查人员对异常类型犯罪者的知识和理解，例如那些暴力残害受害者的犯罪者。

因此，行为调查顾问提供的见解部分来自对现有研究的了解，部分来自他们参与过的许多调查的经验。所有这些都与对犯罪行为以及执法机构可以处理的信息的明智理解相结合。正如本书中的所有研究一样，这导致了一种认识的形成，即对犯罪和犯罪者之间关系进行推论是一个非常有趣和极具挑战性的领域。如何制定一个流程，使人们能够可靠、有效地从犯罪者所犯罪行的可用信息中对犯罪者做出有用的推论呢？值得注意的是，这可以被视为心理学家通常面临的任务的逆向工程。

通常，当心理学家面对某个体时，会通过各种方式对该个体进行测试或与该个体进行面谈，其目的就是确定该个体的特征。随后，心理学家会尝试对该个体将来会做什么进行一些推论，比如在学校表现如何、擅长什么工作等，其实就是个体未来的行为。但是在进行犯罪心理画像时所面临的挑战是相反的，行为是已知的，现在要反向对个体的特征进行推论。你依旧可以考虑在这个过程中对一些心理学理论加以运用，但在考虑心理学理论运用的可能性（我认为很有趣的一点）之前，破案的过程和方法也是一个需要考虑且帮助很大的方面。

犯罪案件如何告破

犯罪案件通常会通过以下一种或多种途径告破：

- 犯罪者认罪，许多杀人犯会打电话给警察并承认他们的所作所为；
- 有人认出或认识犯罪者，并向警方报案；

- 犯罪者被当场抓获；

- 指纹、DNA、纤维或监控录像等刑侦证据将嫌疑人与犯罪现场联系起来；

- 侦探通过某人之前的犯罪行为将其他罪行与此联系起来（Fox et al., 2020）。

在没有任何证据的情况下，调查人员不得不谨慎地寻找所有可能的嫌疑人，这些嫌疑人通常来自警方记录中过去有过类似犯罪行为的人、公众（特别是警方线人）提供的名字，以及在挨家挨户的摸排中发现的可疑人员。在警方对谋杀或系列陌生型强奸等严重犯罪进行的重大调查中，锁定的潜在嫌疑人可能会多达数百名。当缺少上述证据时，调查人员或许就会向侧写师寻求帮助，可能是对引出潜在嫌疑人的方式进行指导，也可能是为了将警方资源集中在最有可能的嫌疑人身上而对已确定的嫌疑人进行优先排序。

犯罪心理画像的用处有多大

行为科学对警方调查做出了广泛的贡献，但重要的是，如果问及这些贡献价值几何，并不是一个容易回答的问题。但有一点可以肯定，断然不会像某些小说中描绘的那样，用心理画像来破案。调查中可能存在那么一两个方面是在犯罪心理画像对某些类型的犯罪者行为所做建议的刺激下产生的，甚至可能是侧写师的画像指明了新的调查方向，使高级调查人员能够获得支持以继续进行调查。同样要提到的是，一个 20 多年来一直为各种严重犯罪调查做出贡献的聪明、见识广博的人，肯定是有许多有用的经验可以借鉴的。实际上，这些人都变成了知识渊博的侦探，他们的科学和心理学背景也确实为他们提供了一个非常有用的理性视角。

多重谋杀犯的类型

区分不同类型的多重谋杀犯也很重要。多重谋杀犯是指杀害不止一个人的人，这些人通常与仅杀害一人的人存在着巨大的差异。正如特伦斯·米特和温迪·雷戈齐（Wendy Regoeczi）在其有趣的研究回顾中（2004）所提到的那样，这些一次型杀手通常会在爆发时杀死他们认识的人，虽然他们可能伴有暴力史，但通常不会继续杀害其他人。但事实上，如果他们因为这一次杀人而被捕，那么监禁肯定会限制他们再次杀人的可能性。所以是不是可以这样考虑，即对某些一次型杀手的逮捕和定罪很可能会阻止他们成为连环杀手。那么基于此，这些人就可能与那些继续杀人，或者没有被抓到并再次杀人的人相似。

杀害多人的人有以下几种不同的分类。

- 狂暴型杀人犯是指那些在短时间内疯狂杀死很多人的杀人犯。他们通常被对某个机构或某个特定群体的愤怒所驱使，在美国几乎称得上是普遍存在的非常可怕的校园枪击案就属于这一类。我认为许多被贴上"恐怖分子"标签的暴行，如2019 年新西兰基督城的布伦顿·塔兰特（Brenton Tarrant），或 2011 年 7 月奥斯陆的安德斯·布雷维克（Anders Breivik）都属于这种类型。我把这些袭击比作《圣经》中所描述的大力士参孙（Samson）为了摧毁他的敌人非利士人而推倒神庙的故事（Canter, 2006）。换句话说，这些爆发可以被理解为一种自杀的形式。在美国，陷入警察枪战的人有时会被描述为在制造"借警察之手自杀"。
- 职业杀手或称"杀手"，是受雇于第三方去谋杀他人的人。在非常受欢迎的美剧《杀死伊芙》（*Killing Eve*）中对这些人的美化，是对这些杀人犯进行的彻头彻尾的不准确描述。各种研究（notably Crumplin, 2009）表明，"签约"实施谋杀的人通常与雇佣者有某种关系或是熟人。因此，目标通常也会是雇佣者认识的人。在犯罪组织内部，这一过程可能会更加隐秘一些，但仍在犯罪者的世界中进行着。我特别喜欢提及《艰难的犹太人》（*Tough Jews*）这本关于犹太黑帮的精彩书籍（Cohen, 1999），书中对这类杀手进行了描述，讲述了一名身为职业杀手的虔诚的犹太教徒拒绝在安息日杀死任何人，因为这是一个禁止工作的日子！

- 以牟利为目的的杀手如今成了一个相对少见的群体，但正如威廉·波利索（William Bolitho）所描述（1926）的那样，过去确实是存在的。这些人会有自己的一些方法，通过这些方法和手段使他们可以从受害者的死亡中获得经济利益。在 19 世纪 90 年代，连环杀手亨利·霍华德·霍姆斯（Henry Howard Holmes）[1]甚至对建筑的某些部分进行了改造，以方便自己运送受害者的尸体，这座建筑后来被称为"杀人城堡"。甚至还有男女多次结婚的情况，每次结婚之后，他们都通过谋杀他们的伴侣来获得另一半的财产。

- 连环杀手通常被定义为在一段时间内杀害三人或更多人的人，每次杀人之间有一定的间隔（有时称为"冷却期"）。他们的猎物是那些易受伤害者以及那些不会被想起的被遗忘者，如无家可归者、街头性工作者或离家出走的年轻人。关键的一点是，谋杀是在一个时间段（几天甚至几年）内分批进行的，而不是一次性暴力的爆发。因此，即使一个人在不同时间点杀死了两个人，也可能被贴上"连环杀手"的标签。

所有这些类型的多重谋杀犯在每一个子集中都有所不同。虽然如前所述，每个子集都有一些共同的特征，但是，认为任何给定类型都有一个"画像"是极具误导性的。在本研究中，我们将对连环杀手之间的不同之处进行探索。

---

[1]　杀手亨利·霍华德·霍姆斯是活跃在 19 世纪 90 年代美国的连环杀手，被称为"美国开膛手"。——译者注

叙述方法

我们回到最核心、最吸引人的问题上来，即什么样的心理过程可以用来促进行为与特征的关联。这些可能有助于解释为什么会出现基于证据的犯罪心理画像的统计结果，或者在缺乏这种数据和结果的情况下，为阐述犯罪心理画像等式的假设提供基础。研究者已经发表了很多关于如何进行画像推论的模型，其中最直接的当属戴维·坎特和唐娜·杨斯（2009）给出的研究结果。

如前所述，这里讨论的第一个问题应该是犯罪行为"显著"之处的确定，即使是某个简单直接的犯罪行为，比如街头抢劫，也可能发生很多事情。在强奸和谋杀案中，则可能会有更多的变化产生。正是这些变化为推论提供了基础。举例来说，在强奸案中，性行为是强奸的定义。因此，仅仅表明有性行为存在并不能为区分不同的强奸犯提供多少依据。但是，性行为是如何进行的，以及围绕性行为的所有行为，比如，如何接近或控制受害者，可能存在很大的差异。也正是这些差异表明了犯罪的显著特征。

除了确定一系列犯罪活动的区别之外，还有很多的因素可以用来为行动和特征的联系提供基础。以下内容摘自戴维·坎特和唐娜·杨斯（2009, p. 163）的研究。

- **智力**。作案方式表明了什么样的智力水平？这可能导致对教育经历或可能从事的工作的推论形成。

- **熟悉度**。这些行为表明了犯罪者知道和熟悉的是什么东西、什么人、什么时候或什么地方？

- **技能**。犯罪者有什么特殊技能，如是否会使用枪械或其他武器？

- **知识**。这些行为是否揭示了对人或环境的某种特殊了解？

- **情绪化**。犯罪者能在多大程度上对自己的情绪进行控制？他们对待受害者时是愤怒的还是异常冷静的？

- **社交互动**。犯罪者与受害者接触是否存在困难？与受害者的接近或接触表明他们有社交能力还是缺乏社交能力？

- **偏好**。任何异常活动的特定方面揭示了对某些活动或受害者的偏好吗？其中最明显的是性偏好和受害者年龄两个方面。

必须牢记，在一系列犯罪中，犯罪者的行为通常不存在简单的一致性。对犯罪行为进行的总结，通常会在很长一段时间内（在某些情况下长达数年），掩盖了犯罪行为中那些关于发展与改变方面的信息。但是，随着犯罪技能的进化以及对早期犯罪中所存在的风险进行的规避和降低，连环杀手对其犯罪手法所可能进行的改变始终是需要纳入考量的一个问题。另一个需要考虑的问题是，连环犯罪者是如何从这么多的罪行中逃脱的？

有一种理论丰富的方法可以发展出将行动和特征联系起来的推论（Canter & Youngs, 2012a, 2012b, 2015; Youngs, Canter, & Carthy, 2016），我已经探索了一段时间了。也就是说，需要将犯罪者生活中存在的"隐性自述"纳入考量。这是一种将犯罪者心理的许多不同方面进行结合的方法，比如他们为自己的罪行辩解的扭曲方式、他们情绪困扰或障碍的性质、他们看待自己和他人的方式，以及他们经历中包含的心理和社会因素等。就当前的研究来说，下面总结了在很多不同的研究中已经确定了的四种主要的叙述风格（best summarised in Canter & Youngs, 2009, chap. 6; 2015; and more recently elaborated by Yaneva, Ioannou, Hammond, & Synnot, 2018），以作为开展拟议研究时进行考虑和讨论的基础。

- 英雄般极具表现力的历险故事（也被研究者称为"传奇"）。对这种人来说，他的行为直接揭示了他是什么样的人以及他的智力水平。

- 专业人士的探索冒险。在这种类型下，特定的人际技能和其他能力被用来产生受控的、果断的行动，反映出他在其他情境中的专业性。

- 复仇者的传统悲剧。这种愤怒反映在将受害者作为犯罪者希望消灭的特定人群的某种表现形式来对待时，这种愤怒表明了杀人犯的背景和以前关系的某些方面。

- 受害者的综合讽刺（也被研究者称为"反讽剧"）。导致犯罪行为的个人偏好和独特特征的各个方面，它们被认为是犯罪行为的直接原因。

拟议研究：行为与特征的匹配

本研究选择了连环杀手作为示例，这是因为很多人对这些犯罪行为和犯罪者很着迷——这也是许多犯罪剧集的陈词滥调了。当然，也是因为关于连环杀手的信息非常丰富，研究者随手可得。但是，任何其他类型的犯罪，其实也都是可以通过细致的信息检索用于类似的研究之中的。

必须强调的是，在实际调查中，行为是犯罪者被识别之前就已经知道的犯罪特征。凶手杀人的原因可以猜测，但无法公开。受害者的某些特性（如年龄和性别）是至关重要的信息。杀害和处理尸体的方法，或保存受害者的物品（或身体部分）的方法则是另一个可被视为区别的方面。围绕杀人实施的行为，如酷刑或性行为也都是相关的。当然，以上这些事实中的某些部分，只有在受害者的尸体被发现后才能得到。对于附录 5 中的示例，我已经尽可能地对信息进行了公开。

必须再次强调的是，在实际调查中，将某犯罪行为与一名犯罪者联系起来确定系列犯罪，是严重依赖于犯罪中的行为的。它们是否相似到足以表明这是某人犯罪的"风格"或"主题"？这就对犯罪者的一致性做出了很多的假设。但不得不说，在很多暴力犯罪相对较少的国家，如果在一个特定的时间段内、在一个特定的地区发生了多起相对类似的袭击陌生人的事件，无论是谋杀还是强奸，那么系同一个人所为的可能性是很大的。在拟议研究中，我将假设这些犯罪已经有了联系。所以，基于此，我只给出了对犯罪的一般描述，而不是对一系列不同犯罪的描述。

犯罪的时间范围和地点、受害者失踪的地点以及尸体被发现的实际地点，这些对实际的调查都非常重要。但是这些信息会对当前研究中犯罪行为和犯罪者之间的联系造成扭曲，所以在研究中没有被纳入考量。

对于侦探寻找可能的犯罪嫌疑人有用的特征也是那些公开可用的特征。它们可以用来搜索犯罪记录，从公众或线人提供的嫌疑人线索中找出可以考虑的人。如果有很多嫌疑人，那么可以通过考虑犯罪者的可能特征来帮助侦探按某种优先顺序排列，以集中警力。

在英国，如果警方在一项重大调查（尤其是针对连环杀手的调查）中涉及许多可能的嫌疑人，他们就会进行所谓的"追踪、识别、排除"（trace identify eliminated，TIE）。也就是说，警方会对可能的嫌疑人进行追踪，然后对他们追踪的人进行识别，以确保该人就是他们所说的嫌疑人。最后，警方会对此人的不在场证明或其他原因进行讨论，已确定此人是否可以从调查中排除。这一过程通常会将嫌疑人的数量减少到个位数，随后，剩下的嫌疑人会被警方重点关注以获取定罪证据，这可能包括密集的讯问、DNA 样本的收集和其他相关的刑侦需求。

可以看出，在引出嫌疑人、对他们进行优先排序、然后更密切地关注那些优先级高的人的调查过程中，犯罪者的内在思维过程或他们个性的微妙方面是非常难利用的。他们的作案手段和他们关系中众所周知的某些方面可以用来过滤掉许多可能的嫌疑人。但是，如果假设犯罪者以前曾被逮捕过，那么关键信息在刑事记录中就能查找到。

本研究探讨了在实验设置中融入"画像等式"所面临的挑战。在实验中，犯罪的细节和犯罪者的信息被呈现出来，而被试的任务是将正确的特征与犯罪行为相匹配。和所有实验一样，这项研究的许多方面都是人为的，只能提供数量非常有限的谋杀案件和杀人犯，而关于犯罪和犯罪者的信息也都已经以摘要的形式呈现了出来。也许现有材料与实际调查最大的不同之处在于，犯罪行为已经与同一犯罪者联系在了一起。在缺乏明确的刑侦证据的情况下，确定哪些犯罪行为是系列犯罪的一部分通常是侦探工作的关键所在。

目标

这项研究的主要目的是就犯罪心理画像所涉及的内容、开展这项工作的挑战以及开展这项工作的基础展开讨论，本研究还就一种常见的实验程序进行了说明。

方法

被试的人数和要使用的案例的确切数量取决于你可以调用的资源。我建议，使用六个连环杀人案的细节和十几个或以上的被试就可以。作为一项探索性研究，这足以让你了解这个实验设计是如何进行的，并最终获得一些有趣的结果。

实验材料

你需要获得连环杀手及其罪行的背景和特征的详细信息。互联网上有很多这样的细节，只要搜索词条"连环杀手"，你就会找到大量的材料。法院的案例记录以及其他法律信息，比如被称为 Westlaw^① 的法律数据库，也不失为一个很好的信息来源，通常可以通过大学法学院进行数据库的信息检索。

将所获得的材料分为以下两组。

- 一组涉及犯罪的细节——行为。行为组的材料中，需要对任何可识别的特征进行删除，如犯罪发生的确切时间和地点、任何涉案人员的姓名或其他可直接指向犯罪者的线索。
- 另一组涉及杀人犯的细节——特征。特征组的材料中，需要提供杀人犯的背景信息和任何其他与犯罪地点或时间没有明显联系的一般信息。

这些实验材料一眼就可以看出来是人为干预的结果。在实际调查中，犯罪发生的时间和地点对于引出嫌疑人、审查嫌疑人不在场证明、最终寻找证据以定罪来说至关重要。在这个实验中，重点是对在没有任何刑侦证据或其他信息指向特定犯罪者的情况下，将犯罪中发生的细节与犯罪者的特征联系起来的可能性进行探究。犯罪细节和犯罪者特征之间的这种关联为研究者对可以指出这些关联的推论进行思考提供了基础。

附录 5 中给出了一些可用材料的例子。我特意对材料进行了处理，以使第 1 组到第 4 组所列出的行为不会直接映射到特征 A 到 D。这就是你应该如何组织你的材料，使被试不会从材料设置中获得任何线索，从而知道哪些与哪些相联系。我已将实际的行为与特征关联放在了附录 5 中。

---

① Westlaw 亦称为"法律数据库"，是世界上最大的法律出版集团于 1975 年开发的为国际法律专业人员提供的互联网搜索工具。用户可以迅速地存取案例、法令法规、表格、条约、商业资料以及更多的资源。——译者注

实验步骤及结果记录

这项研究主要是让被试对所有涉及的行为和特征进行通读，最好每个行为和特征都写在一张单独的卡片或纸上。然后要求被试将这些特征与适当的行为相匹配。另外，让被试记录下他们将特定行为集分配给特定特征集的原因也是非常有启发性的。表 5-1 给出了被试所可能完成的关联示例。

表 5-1　　　由每名被试填写的用于直接关联任务的完整响应表示例

被试（姓名或代码）				
你认为哪一组特征集与以下行为集相关联	1	2	3	4
行为集选择	A	C	D	B
你可以简单说明做出该决定的原因吗	他好像是同性恋，他的受害者都是男孩子	不确定，但保留身体的某部分就很反常	他难道不是一辈子都很暴力吗	这是最后剩下的一组关联选择了
如果你认出了任何描述，请在这里说明				

将一个行为集关联一个特征集的简单方法的缺点之一是，被试要在给出的示例之间进行选择。一旦他们选择了一个集合，它就会被排除在与其他任何事物相关的可能性之外。这种方式会导致被试实际上并没有真正地寻找任何一对集合之间的内在联系，而是在观察哪一个集合最有可能与另一个集合关联在一起。它不是对 A（犯罪行为）→ C（犯罪特征）推论的直接探索，而是对最可能的关联进行的比较。当然，不可否认的是，这种简单方法仍然是一种有趣的探索方式，但如果你使用一种更定量的方法，你就可以对每个动作集与每个特征集之间的关联程度进行检查了。你可以通过让被试从 1 到 10 之间选择一个数字来表示他们认为每组行为与每

组特征匹配的可能性（1 表示完全不匹配，10 表示肯定匹配）。这样，你可以分析出是否存在一些特征似乎适合所有的行为集，或者存在一些特征完全不适合所有的行为集。表 5–2 给出了被试所可能完成的形式的示例。

表 5–2　　　　　　　　定量评估程序中每名被试填写的完整响应表示例

被试（姓名或代码）																
你认为这组行为由 这组特征中描述的 人实施的可能性有 多大？使用从 1 到 10 的数字来表示（1 表示非常不可能， 10 表示几乎肯定）	A1	A2	A3	A4	B1	B2	B3	B4	C1	C2	C3	C4	D1	D2	D3	D4

　　你需要做的另一项检查是，是否存在任何的被试是可以识别出任何描述的，因为这会导致被试在做决定时存在先验知识参与的可能。这类被试的数据应该单独进行分析。虽然他们的判断可能是错的，但如果放在一起分析的话，可能会造成整体数据的混乱和结果的扭曲，因此不应将其纳入一般的数据组合之中。

分析

　　研究者可以利用表 5–1 的"简单"选项中所收集的回答，去计算每个行为与每个特征相关联的频率（如表 5–3 所示，此表假设实验有 20 名被试）。

表 5–3　　　　　　　20 名参与实验的被试使用附录 5 中的四套材料，
将特征与行为关联的可能频率

行为 ＼ 特征	A	B	C	D	总计
1	0	10*	5	5	20
2	6	4	5*	5	20
3	12*	2	6	0	20
4	2	4	4	10*	20
总计	20	20	20	20	80

* 表示附录 5 中材料的正确关联。

如果这些是实际的结果，那么这些结果将展示一些非常有趣的发现。

- 人们有多擅长将这些毫无根据的例子中的材料相关联？带 * 的单元格中所示频率是正确关联的频率。从表 5–3 中可以看出，80 个可能的正确关联中，确定正确的数量是 37 个，正确率为 46%。你可以将进行正确关联的随机概率计算出来（可能为 25%？），然后使用比如卡方等方法来对高于随机概率的统计概率进行分析。

- 被试在哪些关联上的正确率最高？在表 5–3 中，A3 具有最高的正确率［在我们的示例中 A3 是丹尼斯·雷德（Dennis Rader）[1]］。为什么会这样？通过查看回答者的解释，可能可以对他们推论的基础有所了解。

- 被试在哪些关联上的错误率最高？在表 5–3 中，连环杀手 C［约翰·韦恩·盖西[2]（John Wayne Gacy）］是最常被错误关联的示例。20 人中只有 5 人给出了正确的关联——基本就是随机概率。

---

① 丹尼斯·雷德，在 1974 年至 1991 年间，通过捆绑、折磨、杀害手段残杀 10 人，2004 年给警方写自白信，2005 年被捕。——译者注

② 约翰·韦恩·盖西，在 1972 至 1978 年间，对至少 33 名 14 至 21 岁男孩和男性进行了性侵害及谋杀，盖西经常在各种活动中以小丑的形象示人，所以又被称为"杀手小丑"。——译者注

被试推论基础探究

被试所做的关于他们如何 / 为什么做出这些关联的陈述，可能被视为一种"无经验画像"的例子。当然，除非被试研究过这个问题，否则肯定是无经验的。这就带来了一个问题，所谓的画像"专家"会做得更好吗？对专家和非专家的判断进行比较将会是一项非常有趣的研究，甚至对心理学和非心理学专业的学生所做判断进行比较，也会提供一些信息。

正如"研究 7"中所讨论的，被试给出关联的原因为内容分析提供了可能。在关于"研究 7"的章节中会有更多的细节，所以这里仅对潜在过程的简要概述进行描述。

本研究定量版分析

表 5–2 会显示所有被试在 16 种可能的行为和特征组合中的得分，范围从 1 到 10。这些分数的平均值可以带入到类似于表 5–3 的表格中。因为它们是平均值而不是频率，所以可以用更复杂的统计方法对其进行分析。通过这些分析，研究者可以对人们进行行为与特征关联的关系，以及哪些行为或特征最容易处理进行更加垂直和细致的研究和探索。例如，你可能会发现，有些行为或特征根本没有被使用过，大概是因为被试无法理解它们以及并不明白如何从中得出推论；反过来这有助于揭示被试根据什么来做出推论，以及所有这些是如何与上述推论的心理学基础论点和"画像"相关文献联系起来的。

对这项研究的结果进行的讨论可能会带出一个问题，即我在本章所准备的示例中并未提及犯罪和犯罪者相关的很多其他因素。至少，这表明任何"规整"的实验都存在着不可避免的局限性。对于本章中的示例来说，如果将犯罪的日期和地点，以及凶手的年龄和住处都囊括在内的话，将行为与特征联系起来就不存在任何难度了。事实上，如果你对这些连环杀手最终是如何被抓住的进行一番了解，你会发现，其答案总是"良好的常规警务工作"，包括了受害者最后出现地的详细信息、公众提出的怀疑、DNA 或纤维等刑侦证据，以及侦探工作的许多其他日常方面等，这其中没有任何侧写师的参与。但是，这并没有否定这项研究的价值，它揭示了犯罪者的行为与他们的心理之间的关系。

这项研究还对人们如何对犯罪者的特征做出推论进行了探究。这可能会引发许多关于"画像"可能性的假设问题。此外，通过比较男性和女性的判断、有经验的调查者和公众的判断、老年人和年轻人的判断、性格不同的人的判断，或者对这些目标进行任意组合比较等，可以构建出一个框架，说明在你的研究中，作为侧写师的人是如何影响他们做出决定的。

对犯罪者做出推论的基础进行探究所涉及的另一个方面是，对上述四种主要叙述风格进行考量。这些是否与你当下所掌握的摘要中所揭示的犯罪者及其特征有任何的关联？口语分析技术通过让被试口头描述他们的思维过程（see, for example, Austin & Delaney, 1998），帮助被试揭示推论过程。

可以使用这种研究设计的其他研究

目前的研究集中于连环杀手，但如前所述，任何类型的犯罪活动都有可能成为这种形式的研究对象。挑战在于收集创建研究所需的行为和特征的示例。互联网上有很多关于一次性谋杀和其他类型的多重杀手的信息，也有一些关于如银行抢劫甚至是职业杀手等严重犯罪的细节。但是，对于一些常见的犯罪，如入室盗窃和偷车等，关于涉案人员及其行为的描述却不多见。

思考与讨论

1. 你如何理解犯罪心理画像？它在刑事调查中起到什么作用？

2. 你认为犯罪心理画像有什么局限性？

3. 考虑你在特定情景下的行为（例如，买鞋或准备会议时）。你认为你在那些情景下的行为足够一致，可以用来对你的特征进行推论吗？这些行为又揭示了什么呢？

4. 什么样的情况会淡化一个人的行为与其特征之间的关系？

5. 找一个在犯罪小说或真实报道中出现的"画像"的例子。侧写师利用了什么证据（如果有的话）？侧写师的说法有多合理或可信？

Experiments in
Anti-Social Behaviour

——————

第 6 章

罪犯也有自己作案的舒适圈

————————————————————————————————

　　研究 4：犯罪者的犯罪地理画像。为什么人口密集的地方更容易滋生犯罪？为什么罪犯大多会频繁地在自己的居住直径范围内作案？犯罪行为发生的实际位置和犯罪者所在的实际位置的获取，对于了解犯罪的根源和预防措施都很有价值。

摘要

  本章的拟议研究对如何利用犯罪地点来找到犯罪者据点的可能位置，以及犯罪的其他方面进行了讨论，同时也是对"现场实验"设计的一种说明。在本章中，实验主要围绕城市和农村地区犯罪空间活动模式的比较展开，内容既包括对这方面经验的描述，也包括对所谓的犯罪者与住处之间的典型距离，以及住处周围犯罪的常见空间构成的利用。同时，对解释这些发现的理论（特别是对地点的认知表征），以及任意犯罪地理画像有效性的评估方法进行了讨论。

概　述

  在过去的四分之一世纪里，人们对连环犯罪者的犯罪地点进行了大量的研究。其中，特别被关注的当属犯罪者的据点与犯罪地点之间所存在的某种可预测的关系了，但这种预测关系并不总是如此。反向来说，通过研究一系列相关犯罪的地点来指出可能的犯罪者居住地区是有可能实现的。对检查犯罪地点的过程进行利用，并以此来指明犯罪者据点所在区域的方法已被称为"犯罪地理画像"（有时也称为"地理侧写"）。

犯罪地理画像现在是一个非常大的研究领域，部分原因是世界各地的执法机构现在都已经开始对犯罪发生地和犯罪者居住地的信息进行系统的收集。尽管我刚开始参与调查时，警方非常不愿意向我提供这些信息（Canter, 1994），但近年来这种情况已经发生了很大改观。不同国家的许多研究者现在可以在适当的保密和安全条件下对警方数据库进行访问。

犯罪行为发生的实际位置和犯罪者所在的实际位置的获取，对于这一研究领域来说相当重要，因为研究所依托的这些实际位置无法在实验室中进行模拟。虽然已经有一些研究者使用各种程序生成的随机地理位置数据进行了相关的研究，特别是维姆·贝纳斯科（Wim Bernasco）也得到了一些有趣的结果（2007），但将这些结果应用于现实世界所发生的事件中时，依旧缺少说服力。

本章提出的研究是对犯罪地理画像过程的介绍，并对在假设产生研究者已发现的结果条件下的心理机制进行了探究。最值得注意的是，在本章的拟议研究中，也探究了地点的认知表征模型（借鉴了环境心理学的研究领域）这一作为解释为什么犯罪地点与犯罪者据点有关的方法。

除了犯罪者据点对于了解犯罪发生地的重要性之外，本章的拟议研究还及锋而试地对任何特定地区犯罪活动的空间性质进行了探究。人口密集的地方更容易滋生犯罪，犯罪分子经常在不被注意的情况下四处活动；而人口稀少的地方，犯罪目标少，人们互相都认识，也更倾向于真实社交。这样就可以进行现场实验，在不同的情况下比较犯罪的分布情况、犯罪者前往犯罪地点的距离以及犯罪地理画像的有效性。其中一个现场实验示例是，对在城市地区和农村地区发生的犯罪进行直接比较。实际上，城市 / 农村是两个相似的实验条件（一个自变量，而因变量则是从犯罪发生地抽取的测量值）。

这项研究可以将许多不同的领域作为自变量，具有不同的密度或可能目标的不同组合（如住宅用或工业用以及不同的交通路线等）。在本章中，我将简单介绍城市和农村这两个"实验"条件。

然而，这依然不是一个"纯粹的"现场实验。所谓纯粹，是需要将犯罪者随机分配到不同的区域中的，但这样的随机分配不太可能实现。

基本概念

图 6-1 是根据一个在大城市侵扰很多家庭的侵略性闯入者的行为发生位置绘制得到的。你认为犯罪者可能住在哪里？更重要的是，你如何确定他的据点在哪里？

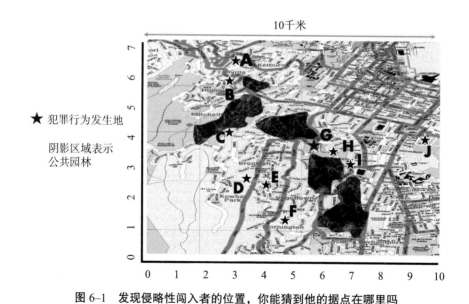

图 6-1　发现侵略性闯入者的位置，你能猜到他的据点在哪里吗

要假设闯入者的据点在哪里，你必须从给出一些推测开始。任何科学理论或模型都是建立在假设之上的。就好比物理学定律假设所描述的事物不会以接近光速或接近绝对零度的温度运动，因为在这些极端情况下，其他定律可能也是相关的。所以，对任何科学原理所适用的环境进行定义都至关重要。

以下假设与估计犯罪者可能居住的地点有关，这些假设均来源于广泛的研究文献（e.g. Hammond, 2014; Laukkanen & Santtila, 2006）。

什么是犯罪者的"据点"

对"据点"的含义进行阐明是非常有必要的。除非犯罪者四处游荡，也就是通常所说的"居无定所"。在这种情况下，他的犯罪地理分布将会非常不同，否则犯罪者都需要一个地方作为他"犯罪之旅"的起点，一般都是犯罪者睡觉休息的地方，因为这是最私密和最无防备的地方。

犯罪者当然也可以从酒吧或其他娱乐场所下手，或其伴侣的住处，或者犯罪者曾经住过的地方，甚至可能是犯罪者乘坐公共交通工具时下车的地方下手。这种复杂性是我使用"据点"这个词的原因，也有一些研究者将其称为"锚点"，但就让我们将该地点想象成犯罪者的住处吧。

住宅中心

术语"住宅中心"是指以住宅为行为中心。我们通常会假设，犯罪者会从某个固定地点（一个"据点"）开始犯罪。如果犯罪者处于移动或迁徙状态中，例如，如果犯罪者是一位货车司机，那犯罪的模式可能就会有很大的不同。

形态学

犯罪的分布存在一个可识别的空间结构。这与分布在犯罪者据点周围的犯罪机会相关，比如据点周围的潜在受害者，或有值得偷的值钱玩意儿的房子等。

需要强调的是，这些假设有助于如何确定犯罪者可能居住区域研究的开展，但不可能对所有的犯罪者都有效。比如，在许多情况下，犯罪机会很可能并不会均匀地分布在某一个犯罪者居住地周围。好像公园、河流或交通路线都可能会对潜在目标的分布造成影响。另外，还可能存在特定类型目标的不均匀分布，比如，一个连环杀手如果想找到街头性工作者或无家可归者，他肯定需要去他所知道的这些目标会去的地方寻找。

但是，也存在着一些经过大量研究印证，对许多不同类型的犯罪有效的假设，比如下面我们列举的三种，这三种假设对诸如网络犯罪（Butkovic, Mrdovic, Uludag, & Tanovic, 2019）、连环杀手（Canter, Coffey, Huntley, & Missen, 2000; Lundrigan & Canter, 2001）、连环纵火（Tamura & Suzuki, 1997）、印度的连环盗窃（Sarangi & Youngs, 2006）、连环强奸（Santtila, Zappalà, Laukkanen, & Picozzi, 2003）以及猥亵电话（Ebberline, 2008）都是有效的：

- 犯罪者有明确的据点；
- 住所成为犯罪活动的中心焦点；
- 犯罪机会分布在住所周围。

它甚至被用于定位大黄蜂的蜂巢位置（Suzuki- Ohno, Inoue, & Ohno, 2010）。其想法是，犯罪者会从其据点出发实施犯罪，然后返回，不同犯罪之间所存在的地理区别仅仅是离开据点之后的行进方向不同，所移动的距离都是相似的，以此类推，就可以描绘出一个以犯罪者居住地为中心的固定半径犯罪活动区域。为了给该观点加上某种识别标签，我将其称为"据点型"模式（如图 6-2 所示）。由此产生的有趣假设是，犯罪的空间模式（如图 6-2 所示）可能可以揭示出犯罪行为所限定的区域内犯罪者据点所处的位置。

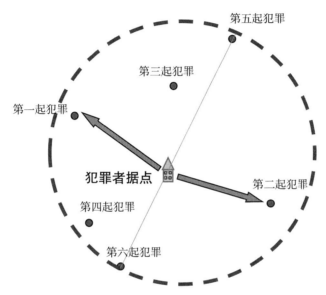

图 6-2　犯罪地点的据点型模式，圆周假设理论图解

这种"犯罪行为围绕一个据点实施"的想法可以转换成许多不同的数学模型，从而可以对关于如何定位犯罪者居住区域的假设进行直接的测试。斯图尔特·金德（Stuart Kind）是第一个意识到这一点的人之一，彼时他还担任着英国法庭科学服务的负责人。他研究了 20 世纪 80 年代早期发生在约克郡被认为是人称"约克郡开膛手"所为的一系列强奸和谋杀案。斯图尔特·金德借鉴了自己在第二次世界大战期间作为空军导航员的经历（Kind, 1987），并提出开膛手选择的地点类似于飞机加油的燃料库，目的就是使总的平均飞行距离尽可能小。为了对此进行预估，你必须对重心进行计算（附录 6 给出了如何进行这一简单计算的说明）。斯图尔特·金德也

确实对约克郡开膛手的犯罪地点进行了计算，当犯罪者被抓获时，他真的就住在那个重心所指代的村子里。但是，开膛手被抓时，斯图尔特·金德在抓捕前已做出的报告并没有被任何人注意到。

约克郡开膛手案调查的几年后，苏格兰场（Scotland Yard）的警官请我帮忙抓捕伦敦附近多起强奸案和两起谋杀案的凶手（人称"铁路强奸犯"），但彼时他们也并没有告诉我任何关于斯图尔特·金德所做工作的信息，斯图尔特·金德的报告也还未发表。因此，我从自己的首要原则出发，对该案件进行了推论，我认为在案件中可以明显地看到，犯罪行为在随着时间的推移变得越来越深入，而且变得越来越坚决和有计划性。在我看来，这似乎表明早期的犯罪发生在犯罪者住处附近（Canter, 1994）。该推论对调查起到了很大的帮助，促使警方将那些在他们关注名单上的人的搜索范围缩小到一个人，而这个人就住在那些早期犯罪所划定的区域内。

我对铁路强奸犯案件成功破获所做的贡献的同时也打开了获取警方数据的大门，这样我就可以开始进行犯罪者犯罪地点选择的各种模型有效频率的研究了。此时，我依旧对斯图尔特·金德的重心模型（gravitational model）一无所知，所以我决定使用最简单的方法对犯罪者可能的藏身之处进行计算。根据形态学假设，犯罪行为会围绕犯罪者的住处向外蔓延，我提出了一种划定据点所在区域的方法，就是画一个将所有同一犯罪者实施的犯罪行为囊括在内的圈。我的假设是，犯罪者会生活在他所实施的所有犯罪行为发生地形成的圆圈范围内。但是这个圈要怎么画呢？使用一些复杂的几何学知识可以计算出最小的圈，但其实最简单的方法就是选择两个发生地最远的犯罪行为，并将其中间的连线作为圆的直径。在图 6–2 中可以看到，上述直径是第五起犯罪与第六起犯罪之间的连线，而虚线则代表生成的圆。

从图 6–2 中可以清楚地看出，犯罪行为并不是以任何形式的圆排列的，圆只是定义区域最基本的方法。当然，这种画圆的方式依旧存在着很多薄弱之处，尤其是如果有一起犯罪行为的发生地离其他犯罪行为特别远的话，就会画出一个非常广阔的犯罪者据点界定区域。

如果根据假设来确定据点的位置，该据点可能会位于圆内靠近圆心的位置附近（如图 6–2 所示）。令我惊讶的是，当这个模型在各种数据集上进行测试时，结果显示，超过一半的犯罪者确实生活在以犯罪发生地之间距离为直径所画的圆圈内（Canter & Larkin, 1993）。

这一过程的存在，即围绕据点分布的犯罪形态提出了一个问题：它产生的心理过程是什么。在我看来，有两个议题会有助于解释这一点。

邻近性

很多犯罪者倾向于在较短的移动距离内实施犯罪行为，这就是"邻近性"的概念。图 6–3 所显示的是一个基于大入室盗窃样本量得出的犯罪者从住处到犯罪现场

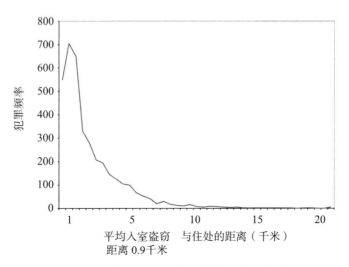

图 6–3　典型衰减函数（以入室盗窃为例）

的典型距离模式，通常被称为犯罪之旅。可以看到，一般情况下，犯罪发生地点离住处越远，犯罪发生的频率就越小——不是直线减少，而是"衰减"。因此，它被称为衰减函数。研究者可以将各种数学公式应用于该类型曲线之上，并以此进行使用犯罪地点得出可能住宅位置的概率计算（Canter et al., 2000）。

还要注意，在曲线的起点处有一段是下降的，这表明一些犯罪者其实并不愿意在离他们居住地很近的地方犯罪，这些地方通常被称为缓冲地带（Warren et al., 1998）。这种情况更有可能在那些犯罪者可能被看到或露面的犯罪中出现。一个比较典型的例子是，注意力分散型入室盗窃，犯罪者可能会敲门寻求帮助，一旦进屋就趁机行窃，像这种犯罪者如果住在附近的话肯定会被认出来。但是，类似情况下，肯定还存在着其他类型的犯罪。比如说，犯罪者会从和他住在同一栋建筑里的其他人那里偷东西，但却没有被看到。在这类犯罪中，并没有明显的"缓冲地带"存在。

此外，在犯罪者认识犯罪目标的情况下，最明显的是在家庭暴力中不会出现衰减函数。还必须强调的是，衰减函数是整个样本距离的集合。有一些重要的研究，特别是范·科彭（van Koppen）和德凯泽（De Keijser）的研究表明（1997），个体往往倾向于选择自己拥有的最佳移动距离，而不是遵循一般的衰减模式。因此，衰减函数往往不会发生在某个体犯罪者身上。一项研究对每个犯罪系列的最佳距离进行了预估，并以此替换掉了对综合信息的使用（Canter, Hammond, Youngs, & Juszcza, 2013），其结果比使用集合衰减函数更成功。

熟悉度

许多犯罪者会在他们非常熟悉的地区活动，或者至少在他们知道有机会实施他们想要实施的犯罪行为的地方活动。对以下提到的来自环境心理学的观点进行探究充满了巨大的吸引力（Canter, 1977），比如，基于人们如何理解周围环境的认知视角，有人提出，人们会基于当下所处的环境创造出某种心理表征，这通常被称为意境地图①。这其实并不是一个完全准确的标签，因为我们的内部表征并不是制图师所能绘制的。但是，如果人们被要求凭借记忆画一幅某个区域的示意图，该行为确实能显示出他们对所画区域的了解。与实际地图相比，所绘制草图中的变形也很能说明问题。

图 6–4 所示的"意境地图"（左侧）出自一位业务繁忙的窃贼，当他被要求画出他非法闯入的住宅的草图时，草图上遍布的小 × 清晰地告诉我们这位窃贼有多么地繁忙。特别有趣的是，他盗窃的地点都在运河的左边，运河右边他从来没有去过，因为他对那里不熟悉。比较他画的草图和实际地图（如图 6–4 所示），很明显运河的右边是一个完全不同的住宅区。此外，还有另一个有趣的点就是，他画出来的草图的主要细节与现实地图的主要细节的比较。运河和从上到下的主干道实际上并不平行，在地图的顶部分开，看上去更像是 V 形。但是在窃贼所画的意境地图中，运河和主干道的相对位置发生了变化，这种变化反而使得盗窃的区域更加紧凑和明显。这幅手绘地图有助于向我们展示窃贼如何看待他的住所、他的"舒适区"，以及从他住所向外辐射的犯罪行为发生地。结合草图上的细节，该示例有助于说明一系列犯罪经常发生在犯罪者非常熟悉的区域。

---

① 意境地图（mental maps）也译为"心理图谱"或"心象地图"，是大脑通过环境信息刺激而幻想出的心理图片或通过大脑回忆出的地理事物图像。——译者注

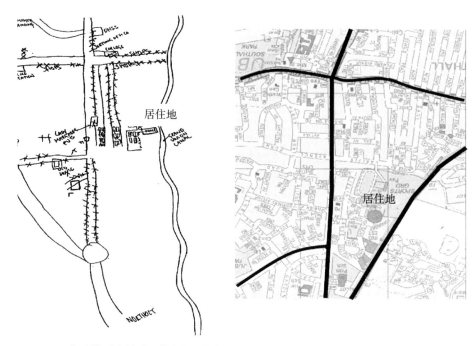

图 6-4　窃贼的"意境地图"（左侧）与实际地图（右侧）相比，× 表示他盗窃的地点

　　还存在一种更加行为向的解释，该解释对熟悉度和意境地图的影响进行了补充。这种观点认为，许多犯罪地点是犯罪者日常非犯罪活动，也就是所谓的日常活动的产物（Clarke & Felson, 1993; Felson, 2002）。在日常生活、社交、通勤或购物过程中，犯罪者会意识到哪里可能存在进行犯罪活动的机会，也有理由待在潜在的犯罪地点而不引起怀疑。此外，他们的行动也将遵循非犯罪活动的一般模式，例如，正常地进出市中心，而不是跨过其外围。

　　日常活动理论和意境地图法存在两个比较薄弱的点：其一是，惯犯或（职业）犯罪者可能会寻找适合他们犯罪的区域，并在不依托于任何其他活动的基础上对这些区域进行熟悉；其二是，他们可以从某些二手资源中发现可能存在的犯罪机会，这些二手资源可能是其他犯罪者实施的犯罪行为或已经公布的犯罪细节。我采访过一个从全英国各地的高尔夫球场偷高尔夫设备的窃贼，他就告诉我说，他刚刚得到了一张地图，就是那种高尔夫球选手都有的地图，上面标注着各地高尔夫球场的位置。

对据点型犯罪活动模型进行支持的研究结果，引出了一个极具挑战性的问题。对于任何犯罪者身份未明的系列犯罪来说，犯罪模式是否可以表明它们是由"据点型犯罪者"实施的？到目前为止，还没有明确的方法可以从犯罪地点上来对上述问题进行判断，这也将是未来研究的一个丰富的领域。

犯罪范围

日常活动、熟悉性和住宅中心以及时间和流动性资源所带来的另一个有趣的结果是，犯罪者很可能有一个他们特有的、充满个人特征的活动范围（Canter & Larkin, 1993）。那些犯罪地点分布在自己住所附近的人，其距离最近的犯罪地点之间是相对靠近的，距离最远的犯罪地点之间也是相对靠近的。换句话说，可以就此做出一个假设，即离他们最近的犯罪地点的距离和离他们最远的犯罪地点的距离之间存在相关性。这个假设很容易作为拟议现场实验的一部分进行测试。

犯罪顺序

我首次为警方重大调查做出贡献（Canter, 1994）是利用了一种迹象，即随着系列犯罪行为的持续发生，犯罪的地点会越来越远离犯罪最开始实施的地方；与此同时，有迹象表明，随着系列犯罪持续发生而变化的，还有犯罪者对暴力犯罪的倾向性以及对犯罪策划的缜密程度。我用这些关联来假设犯罪者正从原来的据点搬离，这对警方的调查至关重要。奇怪的是，在我查阅的所有研究中，我从未发现如此清晰的发展顺序；事实恰恰相反，犯罪者熟悉一个区域，就会倾向于在该区域内犯罪。随着他们向其他区域移动，其犯罪行为也会随之在新的据点周围开始实施。但是，犯罪地点的顺序有其重要的价值，如果你能得到这些详细的信息，那么你就可以研究任何可能相关的差异。

但是，在使用警方数据中所记录的犯罪顺序或日期时，存在一个必须提醒的注意事项，就是这些信息可能并不准确。造成信息不准确的原因各式各样，有些说得过去，也有些说不过去，其中一个信息不准确的原因是没有人知道犯罪发生的确切时间（甚至犯罪者也可能忘记了）。比如，有人出去度假了几个星期，回来后发现他们的家被盗了，这种情况就很难确定盗窃行为发生的确切时间。又比如，发现一具尸体，很难确定尸体是什么时候被抛在被发现地的，也很难确定死亡发生的时间和地点。法医病理学家给出预估"死亡时间"的桥段在现实中确实很不常见，现实中的死亡时间通常要从受害者最后一次被看到的时间算起。即使犯罪发生时的这些细节能成立，它们也可能被错误地记录下来。通常情况下，警方会根据报案时间而不是案发时间对一系列犯罪进行编号。因此，必须仔细检查警方记录，以确定犯罪的实际顺序。

犯罪顺序揭示了一些有趣且有用的东西，其中一个方面是交替犯罪和顺序犯罪之间的差异。根据上文概述的模型，可能存在的某些情况是，一名惯犯在犯罪发生后不久可能会尝试不返回前一起犯罪的区域，特别是如果他在犯罪时可能被人看到，或者因其犯罪行为导致更多监视和警力部署时。这在图 6-2 的犯罪顺序中有所说明。他们在犯罪发生的区域内不断地移动，第二起犯罪在第一起犯罪的斜对面，第六起犯罪在第五起的正对面。

如果这种远离前一起犯罪区域的过程正如上述所讲，那么可以假设连续犯罪之间的距离将比交替犯罪（即第一起和第二起犯罪）之间的距离更远，并且第三起和第四起犯罪之间的距离将比第一起和第三起犯罪以及第二起和第四起犯罪更远。虽然已经有针对连环杀手进行的研究对在连环杀手这个类别上的这一假设进行了支持（Lundrigan & Canter, 2001），但依旧存在很多研究的可能。

通过对这种观点进行进一步的思考，你会发现存在一种有趣的可能性，即在一个犯罪者犯下几起罪行后，如果他希望在同一区域内继续犯罪，那么他可能会回到以前犯罪的地点。我曾经见过这方面的轶事，但并没有仔细研究过。

迁徙型犯罪者

与据点型犯罪者相反的是迁徙型犯罪者（Meaney，2004）。这些犯罪者会移动到一个远离据点的区域去实施犯罪行为，实施完毕后再回到他们的据点。我最初认为这些人很像是去上班的通勤者，"通勤型"和"据点型"之间的区别也在犯罪心理学文献中有所体现。但是那些不符据点型犯罪者模式的人要比"通勤"这个概念给出更加多样化的暗示。他们可以被称为迁徙型犯罪者，比如，可能因某种工作需要辗转于多地之间，就好像货车司机罗伯特·布莱克（Robert Black），他就在送货途中绑架年轻女孩。

需要多少犯罪行为

总的来说，犯罪地理画像是针对一系列相互关联的犯罪进行的，尽管一些基本想法也与单一犯罪相关。例如，任何类型的犯罪者到达犯罪现场的典型距离都与一次性犯罪有关。也还存在着一些关于地理画像价值的讨论，即需要多少犯罪行为的累积才可以进行有价值的犯罪地理画像？我自己的研究表明，即便只有两起犯罪，地理画像的结果也是有意义的。我还发现，超过五起犯罪后，结果不会有很大的改变。人们普遍认为，你需要大约五起犯罪才能获得有用的结果，但这实际上取决于犯罪的性质和犯罪发生的区域。

一些研究者提出的一个奇怪的主张是，在处理系列案件时，有必要将犯罪地理画像应用到大多数犯罪的分析中去。但实际上，这只有在系列案件中相关犯罪的地点发生重大变化时才有意义。换句话说，如果用犯罪地理画像随便对某系列犯罪进行描述，可以说在某种程度上是存在偏差的。这些偏差可能会由诸如犯罪者改变了到达犯罪地点的交通方式，又或者从根本上改变了目标（如从私人住宅变成了商业场所）等造成。但是，如果犯罪行为的选择可以合理地代表某系列犯罪，那么对于任何给定的地理画像分析来说，就没有必要将所有的罪行都囊括在内了。

实际应用

犯罪地理画像可以带来很多实际的好处，但必须强调的是，任何地方的警方都很少定期或以任何战略方式使用犯罪地理画像技术。在实际调查中应用犯罪地理画像分析的少数例子之一是，从一个社区收集 DNA 样本以确定犯罪者身份，在该示例中，来自犯罪地理画像的观点与其他限制因素相结合，特别是犯罪者的可能年龄和性别，来拟定一份待测试人员名单（Gregory & Rainbow, 2011）。在其他情况下，他们可能会就个别严重案件的犯罪地理画像背后的基础进行讨论。

犯罪地理画像的一些实际应用

- 引出嫌疑人。指出通过挨家挨户地询问或从线人那里获取嫌疑人信息会有所收获的区域。

- 确定嫌疑人的优先顺序。通过考虑嫌疑人与犯罪地点的关系，帮助对犯罪记录或其他来源确定的嫌疑人进行排名，以便集中资源对最可能的犯罪者进行更详细的调查。

- 犯罪行为关联。检查犯罪行为是否可能是同一个人所为。如果是不寻常的犯罪行为，如陌生型谋杀，但发生在不同的区域，它们就很可能是同一个人或同一个团体所为。

- 合并控罪（taken into consideration，TICs）[①]。基于已知犯罪者的位置和其据点的位置，与已知犯罪者讨论他们可能犯下其他罪行。

- 预测犯罪地点。对系列犯罪进行检查以确定未来犯罪可能发生的地点（和时间）。

犯罪地理画像模型的开发

　　除了重心（通常称为"几何中心"）模型和圆心模型之外，还可以进行更复杂的计算，其中就包括了离开住处犯罪的距离的频率分布。这种频率分布计算的思路是，一个区域中的每一个点都有可能成为犯罪者的据点。衰减函数可以用来表示在离犯罪发生地的每一个距离上居住的犯罪者的比例。然后，这些比例可以用来计

---

① 　taken into consideration《法律用语大辞典》将其翻译为"将一切纳入考量"。——译者注

算每起犯罪中，住处距离犯罪地点不同距离的概率。当这些概率加在一起时，就可以得到整个区域的基本位置概率分布。为了进行这些计算，需要计算机算法的帮助，例如我开发的名为 Dragnet 的软件（Canter et al., 2000）或金·罗斯莫（Kim Rossmo）开发的系统 Rigel 软件（2000）。这些算法依赖于聚合衰减函数，它可以从一个区域的犯罪中计算出来。但是，如果有可能对个别犯罪者的概率分布进行预估的话，所得到的结果就会更加准确（Canter et al., 2013）。这些软件的使用方法并不是本书所涉及的范围。

拟议犯罪地理画像研究

目标

作为犯罪地点选择研究的一个例子，该项目对以下几个方面进行了考察。

- 犯罪者从他们的据点到犯罪地点的距离，以及这种距离在系列犯罪发生的不同类型的区域之间有何不同。
- 犯罪者的据点在影响他们犯罪地点选择的过程中所起的作用。
- 对两个表明犯罪者可能据点大致位置的简单模型进行测试：

  - "圆心"模型；
  - "重心"模型。

数据来源

除非你与警方有良好的工作关系，否则很难获得一系列犯罪发生地点的详细信息以及犯罪者的居住地信息。在过去的 10 年中，许多研究者已经跨越了这一障碍，正如围绕犯罪地理画像分析这一主题而呈现的大量文献所显示的那样。

警方不愿公开这些信息的行为令人费解，当然，许多地方的警方现在也已经对犯罪发生地点的详细信息进行了公开。一旦一个惯犯被带上法庭并被定罪，他和他的犯罪行为的许多细节就变得众所周知了。对于那些更严重的案件，犯罪地点实际上可能会在报纸的地图上公布。在学术和流行的"真实犯罪"文献中也有许多犯罪和犯罪者位置地图的示例。

虽然可能需要一些努力来收集足够详细的信息对拟议研究中描述的模型进行研究，但完成的可能性还是非常大的。为了能够更好地在本章中说明这项研究的工作原理，我在此提供了一些我参与的研究例子，其中包括从两个不同区域（一个是农村，一个是城市）提取的已侦破系列犯罪的位置坐标，以及每个系列犯罪被定罪的犯罪者的住处坐标。

实验步骤

对于每一组城市和农村的犯罪顺序，都有一套拟议的计算方法。如何进行这些计算的细节见附录 6。

1. 为每个系列犯罪从住处到犯罪现场的距离进行计算。

（1）为每个数据集准备一个频率分布图。

（2）比较每个数据集的平均值和范围。

2. 为每个系列犯罪找到犯罪圆心。

（1）在多少起案件中犯罪者住处是处于犯罪圆圈之内的？

（2）比较每个数据集的案件频率。

（3）计算从住处到圆心的距离。

（4）准备每个数据集的频率分布。

（5）比较每个数据集的平均值和范围，以确定每个数据集的典型范围。

3. 找出每个系列犯罪的重心。

（1）计算从住处到重心的距离。

（2）准备每个数据集的频率分布。

（3）比较每个数据集中这些距离的平均值和范围。

4. 检查犯罪发生的范围。

（1）为一系列犯罪中的所有犯罪计算住处到每个犯罪行为发生地的距离。

（2）为每个系列确定离住处最近和最远的犯罪发生地距离。

（3）为所有系列制作最近距离与最远距离的散点图（和相关性）。

分析

将犯罪地点转换成可供分析的坐标是一个关键的阶段。通过地点的转换，计算数据就可以录入到电子表格或统计程序中，并自动进行大量的分析。然后，可以以各种形式对结果进行总结，并进行推论统计计算。另外，对不同背景下不同犯罪的已公布结果进行比较也是极具吸引力的一个方向（see, for example, the papers in Canter & Youngs, 2008a, 2008b）。

重心和圆心模型测试的进一步改进是对从模型产生的中心点到已知犯罪者实际位置的距离进行计算。

可以使用这种研究设计的其他研究

犯罪地理画像现在是一个很大的研究领域，有广泛的外延和相当数量的出版物，几乎所有的犯罪都可以进行这种空间审查。研究者所开发的算法也越来越复杂，以利用执法机构现有的大量数据，去模拟犯罪分子的空间活动。因此，在这短短的一章中，仅涉及了在这一领域可能进行的研究的一小部分。

还值得注意的是，这里概述的问题具有超越犯罪的相关性。除了前面提到的大黄蜂，越来越多的生物学研究正在使用地理画像分析技术。例如，包括豹子猎物位置的研究（Mizutani & Jewell, 2006），或蝙蝠的觅食位置的研究（Le Comber, Nicholls, Rossmo, & Racey, 2006）。毫无疑问，大型零售商用来确定商店位置的算法，以及交通工程师用来规划道路系统的算法，都是受到严密保护的。当我写这本书的时候，因为新冠肺炎，世界大部分地区都处于封控下，这种病毒通过各种形式的身体接触传播。因此，这种疾病患者的分布不可避免地也具有地理特征。不过，到目前为止，我还没有遇到任何关于这种画像的参考资料。但可以预见的是，一项引人入胜的研究正在进行着，利用 RNA 和 DNA 分析对不同的毒株进行区分，使相关人员可以对疾病暴发的不同位置进行识别。

对新冠肺炎的研究适用与对危险事件发生地点建模效用的首次演示有关。这项工作是在 1850 年进行的，当时英国女王的医生约翰·斯诺（John Snow）绘制了霍乱患者的位置图，作为感染水源位置展示的一种方式（Snow, 1855）。当他关闭了他假设是霍乱爆发源头的水泵时，疾病的发病率也随之下降，这被誉为是流行病学发展的里程碑。

在这一领域可以进行的研究的限度主要取决于能否获得适当的数据。如前所述，互联网上和各种出版物中有许多开源材料，可以用来获取犯罪地点的详细信息。犯罪者的背景信息收集难度虽然比较大，但并非不可能，尤其是在真实犯罪出版物中。另外还需要记住，"研究 3"中列出的七个问题与任何犯罪活动、犯罪类型或犯罪者类型之间的比较相关。

思考与讨论

1. 你认为为什么对犯罪地理侧写的研究在过去几年里如此盛行，并产生了如此多清晰而有用的结果，尤其是与犯罪心理学的其他领域相比？

2. 对不同长度的系列犯罪进行比较存在着哪些困难？你将如何克服它们？

3. 犯罪地点信息的使用会面临哪些挑战？

4. 当对城市和农村盗窃数据集的距离进行比较时，你将如何解释你得到的结果？

5. 你有证据证明犯罪者确实存在极具个人特征的犯罪范围吗？

Experiments in
Anti-Social Behaviour

第 7 章

罪与罚的较量

　　研究 5：关于犯罪严重性的探索。罪刑相适应是法律所遵循的一个重要原则。如果公众普遍认为刑罚过轻或过重，他们就会对司法系统失去信心，这对法治来说，可能是一种破坏。因此，到底是犯罪的法律后果影响了公众对犯罪严重程度的看法，还是公众舆论和意见决定了司法法规？

摘要

　　罪刑相适应是法律所遵循的一个重要原则。如果公众普遍认为刑罚过轻或过重，他们就会对司法系统失去信心，这对法治来说，可能是一种破坏。决定一个被定罪的犯罪者应该受到什么样的刑罚取决于对罪行严重程度的看法。因此，对不同罪行的严重性，以及其与法庭审判结果的关系进行探究，是一个重要的研究领域。

　　要对人们所认为的某一特定罪行的严重性，及通过对该罪行的判决应该产生什么样的适当后果进行研究，使用我称之为"调查"的研究方法是最适合的。因此，本章的拟议研究中就包括了让人们对各种犯罪的严重性进行评级，然后使用一个相当简单的分析，就可以使这些观点与任何给定类型的犯罪通常裁定的判决相关联。但是，有一点需要注意，即人们决定一项罪行有多严重的依据，以及影响判刑裁定的标准，比乍看起来要复杂得多。

概　述

　　罪刑相适应是法律所遵循的一个重要原则。如果公众普遍认为刑罚过轻或过重，他们就会对司法系统失去信心，这对法治来说，可能是一种破坏。决定一个被定罪的犯罪者应该受到什么样的刑罚取决于对罪行严重程度的看法。因此，对不同罪行的严重性，以及其与法庭审判结果的关系进行探究，是多年来一个重要的研究领域（as reviewed by Einat & Herzog, 2011）。这些研究提出了一个有趣的问题：是犯罪的法律后果影响了公众对犯罪严重程度的看法，还是反过来，公众舆论和意见决定了司法法规。

许多研究者，如 P. H. 罗西（P. H. Rossi）、R. A. 贝尔克（R. A. Berk）和 A. 坎贝尔（A. Campbell）认为（1997），如果刑罚的法律决定因素对公众舆论存在着主导影响，那么一般来说，不同社会群体对犯罪行为和法律规定的刑罚之间的关系肯定是会存在共识的。另一方面，正如特伦斯·米特（1984）和迈克尔·奥康奈尔（Michael O'Connell）与安东尼·惠兰（Anthony Whelan）所主张的（1996），如果法律界以外的人对犯罪严重性的看法在某种程度上独立于正式的刑罚而存在，那么社会中不同群体之间的差异将是可被预测的。因此，这开启了一个有趣的研究领域，即对不同群体对犯罪严重性的态度，以及犯罪严重性与法律规定的刑罚之间的关系进行比较。

要对人们所认为的某一特定罪行的严重性，及通过对该罪行的判决应该产生什么样的适当后果进行研究，使用我称之为"调查"的研究方法是最适合的。其本质是从指定的人群样本中获取各种各样的涵盖一系列主题的观点，在本章的拟议研究中，主题将定为犯罪类型。犯罪的性质千差万别，从商店行窃到谋杀，从纵火到恐怖主义。因此，对一项罪行的严重程度的看法与任何特定类型的罪行通常受到的判决之间的关系问题是一个充满吸引力但又极其重要的问题，在研究中可以进行相当直接的分析。然而，正如我们将看到的，人们判断一项罪行有多严重的依据，以及影响量刑决定的标准，比乍看起来要复杂得多。

　　将个体对某特定类型犯罪严重程度的判断视为对不同犯罪形式的"态度"，以及犯罪严重性的不同所代表的不同含义，可能会对研究有所帮助。该研究领域超过一个世纪的研究，涵盖了非常广泛和多样的态度。这是因为这些态度是每个人自我认知的核心和重要方面。从广义层面来说，态度是建立在对作为态度目标的对象所隐含的知识和理解的基础上的对该对象积极或消极情绪的表达，除此之外，态度还意指着与该对象相关的潜在行为。一个明显的例子是，对宗教非常积极的态度很可能与对全能的神的信仰有关，这种态度同时会使信徒做出反映对神的崇拜的行为。

　　在对不同犯罪严重程度看法进行的拟议研究中，这些态度对什么使犯罪严重的各种不同观点进行了借鉴。严重程度是由犯罪的危害程度决定的吗？或者与犯罪目标是人还是财产相关吗？对社会秩序的破坏有多大？甚至可能与谁犯了罪有关。比如，对信任的背叛是否比对陌生人实施犯罪行为更恶劣？或者女性所犯罪行比男性所犯的同样罪行更严重还是更轻微？也许所有的这些都会在你就这个问题考虑的时候浮现在脑海之中。所有的这些都说明，态度通常是一系列相关的问题，每个问题都因积极或消极观点的程度而异。因此，人们可能会对某项犯罪的严重程度形成某个观点，但对其原因进行解释却是很难做到的。鉴于此，一项探究人们如何以及为什么将犯罪从最严重到最不严重排序的研究将极具启发性。这样一项研究可能会揭示出人们在严重性评估时存在的一些有趣的差异。所有这些都可能是拟议研究的一部分，但刚开始我将对一些稍微简单的东西进行描述。

　　除了判断罪行严重性的复杂性之外，在对被定罪者判刑时，法律程序的微妙也展现得淋漓尽致。对每一种罪行的量刑都有详细的司法准则。有关英格兰和威尔士法官准则的详细信息，请访问英格兰和威尔士量刑委员会官方网站。很明显，法官在给某人判刑时有相当大的自由裁量权。大多数犯罪都有法律规定的最低和最高刑期，但网站上的详细信息也显示了每种犯罪通常判处的刑期。还值得一提的是，由于法官拥有酌处权，所以他们对类似罪行的判决也会因人而异（另一个巨大的研究领域）。

因此，明确指出什么是法律所认为的适当判决是不可能的，同样，对任何罪行的严重性进行暗示也是不可能的。法官会对犯罪过程中的许多细节进行考虑：被告是否认罪或表示忏悔，他是否犯过其他罪行，甚至被告的性格都会被纳入考量。如果我们再加上司法管辖区之间在什么被认为是适当的判决方面所存在的巨大差异，那么使用法律刑罚作为严重性判断的指标就变得更加复杂了。例如，表 7–1 列出了在各种场合公开裸体的几种最严重的刑罚。当然，在那些有着非常苛刻、教条式宗教意识形态的国家，刑罚会更加严厉，比如鞭笞 100 下甚至处决。因此，对于对犯罪的态度和法律所规定的刑罚之间的关系的任何研究，都需要进行一些一般性的尝试，以此形成一种广义层面的指示，即法律可能所认为的、任何特定犯罪的严重程度如何。

表 7–1　　　　　　　　　　　　因在公共场所裸体而被判监禁

位置	最长监禁时间
英国	通常不认为是犯罪行为
纽约	90 天
渥太华（加拿大）	6 个月
巴西	1 年
摩洛哥	2 年

还有一点很重要，那就是对任何罪行的判决，都需要进行清晰的解释和阐明。量刑不仅仅是与犯罪的严重程度相关的惩罚，它还有其他的目的。下面的栏目对这些额外的目的进行了总结，比如，法律程序还涉及保护公众免受犯罪者未来可能实施的行为的影响，以及阻止其他人犯下类似的罪行等。从判处这些刑罚的理由中可

以看出，它们不仅仅与犯罪的严重性有关。例如，如果一个人被认为是非常危险的，即使他没有犯下最严重的罪行，他仍然可能被判处长期监禁，以使他远离他可能造成更多伤害的社会。

普遍接受的刑罚目的

- 威慑。利用他人对后果的恐惧来阻止他人犯罪。

- 犯罪能力丧失。使犯罪者脱离社会，从而是他们失去犯罪能力。

- 再社会化。提供培训和教育的机会，以减少再次犯罪的风险。

- 惩罚。对错误行为进行惩罚。

还有一个有趣的想法是，通过让人们脱离存在着犯罪诱惑和犯罪影响的社会，为犯罪者的再培训、再教育和改造提供了机会。早期的一些监禁形式就是由贵格会教徒为了实现这些崇高的目标而建立的。囚犯们被关在单人牢房里，拿着一本《圣经》思考他们的恶行，这实际上与僧侣没有什么不同。从那时起，关于监禁、监禁的目的、价值以及如何执行监禁的方法的争论就一直很激烈。罗伯特·萨默（Robert Sommer）于 1976 年出版的《监禁的终结》（*The End of Imprisonment*）一书是对这些问题的一次极好的探索，至今仍然像 40 年前一样充满意义。

背　景

本研究向我们展示了一个被广泛使用的研究设计的例子，这种研究设计通常被称为"问卷调查"。在这里实际上有必要重复一下我在第 2 章中所做的陈述，一个多世纪以前，那个时代的主要心理学家威廉·詹姆斯就曾经提到过："问卷调查简单易用，俨然成了现代社会的祸根。"正如我在第 2 章中提到的，研究者至少需要对两种非常不同的社会科学调查形式进行区分。

一种是社会调查。在社会调查中，研究者会从给定的人群中仔细挑选出一些样本，问一些具体的问题，以建立对某一问题的总体看法。这在"民意调查"中最常用，以确定人们的投票意向，或者他们是否认为猎狐行为应该被禁止，或者同性婚姻是否应该被允许等。这种民意调查是现代民主的重要组成部分，在某些情况下，甚至会影响政府的行为方式。在线系统使此类民意调查更容易发起，有许多在线组织是专门为让人们能够就公众关心的话题进行民意调查而设立的。随着新冠肺炎的出现，在线调查变得更加重要，因为在街上拦住人们回答问题是不被允许的。

实际上，以上所说都是针对某特定主题的请愿形式（只需搜索"在线请愿"）。英国政府甚至在网上列明了自己创建此类调查的流程，世界上许多其他国家的政府也是如此。在过去，成千上万的人会在一个卷轴上签名，卷轴上写明了民众的诉求，就像在英国宪章运动中一样。如今，成千上万的人可以在网上快速便捷地做到这一点。当然，也有许多商业机构会安排抽样调查对象去回答一系列社会调查问题。

问卷调查的用途则大相径庭，它有更深入的心理目标是对一系列问题的概念、态度、感受或预期行为的探索，其目的是对这些概念、态度、感受在人们大脑或经历中的组织模式，以及它们可能与什么有关进行探究。一个典型的例子对宗教信仰的强度是否与对暴力犯罪的量刑形式的态度有关所进行的研究，或者，人格特征是否与投票行为有关也是典型的例证。本章提出的拟议研究，其目的是对人们如何判断犯罪的严重性，男女之间在判断上是否存在差异，以及犯罪严重性的判断与这些法律规定的这些犯罪行为所对应的刑罚之间的关系进行一番探索。

需要强调的是，民意调查和通常的心理问卷调查之间存在着一个至关重要的区别。对于前者来说，从被研究人群中对具有代表性的样本进行仔细的选择是必不可少的。而对于后者，因为正在研究某个研究领域内的心理过程，所以反而需要的是一组与当前问题存在可识别关系的可识别被试。

在心理学研究中，被试在已知人群中的代表性越强，其结果也就越容易推广到该人群中。这一点在对许多心理调查进行的普遍批评中得到了揭示，即选择回答的人总是那些容易找到的人，通常是大学生。这就意味着，心理学的某些领域可能非常容易被看作大学生心理学。但是，话又说回来，在许多问题上，大学生要么可以被看作一个有趣的样本，要么与一般人群相差无几，这样看来，针对这些问题的研究仍然具有普遍价值。

确定犯罪行为的严重性是一个非常有趣的话题，因为它真切地触及了基本所有司法系统的核心。犯罪的严重程度反映了一个社会的标准和道德。在英国，死刑的废除在某种程度上反映并代表了一个更文明、更人道的社会的出现，最初是对轻微犯罪的死刑，然后是全部死刑。对美国不同州之间量刑实践的比较也表明，在犯罪的严重程度和适当的刑罚上，人们存在着可谓天壤之别的观点。

犯罪严重性评级的实例研究

本研究提供了使用、分析和报告问卷调查使用情况的经验，它还开启了对犯罪行为严重性、如何判决、判决中人与人之间的差异以及判决与犯罪行为刑罚之间关系的思考。

目的

这项研究有以下两个组成部分。

- 就男性和女性对某些犯罪行为严重性的判断存在不同的假设进行检验。
- 围绕对犯罪行为严重程度的判断与对犯罪行为的典型法律判决的严厉程度之间的关系本质展开探讨。

方法

现在，你可以找到多达几十个的在线系统用来建立线上问卷调查，而且很多都是免费的，你只需搜索"在线调查软件"就可以轻松到达。本示例中，将提供拟议调查的所有详细信息，但正如我明确所期，这种方法所具有的强大灵活性和潜力不容小觑。米莱凯拉·希恩（Miliaikeala Heen）、乔尔·D. 利伯曼（Joel D. Lieberman）、特伦斯·米特（2014）发表的关于不同在线调查系统的非常有用的综述可供参考。

被试的确切人数取决于研究的具体目标。如果需要一个可以可靠的推广到更大人群的结果，那么就需要对该人群进行具体的说明，并从中对调查受访者进行仔细的抽样。但是，如果这是一个探索性的研究，或者是一个与不同的个体子集相关的研究，那么研究者就需要尽可能清楚地对参与的个体集合进行指定。与很多心理学研究相同，弄清楚实验中的被试到底是谁相当地重要。研究者需要永远记住的一点是，对研究进行书面的说明非常必要，对被试进行描述的难度越小，报告撰写的难度就越小。举个例子，"在伦敦市中心的一所学校里，一个班级有 32 名 15 ~ 16 岁的学生，其中 18 名是男孩、14 名是女孩"，上面这段描述就比"我问了几个朋友和一些在酒吧里遇到的人"更容易描述和理解。

问卷创建

制定调查问卷的方法

在刚开始进行调查研究时，如何提出问题的组成部分是研究者可能面临的挑战。研究者通常会通过对问卷将要处理的问题进行具体的说明，或者即使不使用正式定义来准备生成问题的框架，并在规制内对其进行应对，其学术方法通常是搜索已发表的文献，寻找可以借鉴或提取的示例等。但是，当这些惯用的方法被放在一个新的研究领域中去使用时，似乎就变得不太行得通了，或者当你对现有文献进行检索之后，可能仅仅可以得到一个现有文献非常短视的结果。这个时候就需要在惯用方法的基础上去进行补充，一般会采用访谈、焦点小组和其他探索手段去确定一组主题，然后从这些主题中得出问卷项目。

本研究所需要的是一系列的犯罪行为，在这个相对松散的框架里需要列明一系列的犯罪行为，从最轻微的到最严重的都要有。但是，那些非常不寻常的、复杂的或极其罕见的犯罪可能不适合包括在内，因为被试可能不了解这些犯罪所涉及的内容，或者在了解这些犯罪是在什么方面存在比较大的差异。例如，内幕交易罪可能就意味着很多不同因素的同时存在，需要对公司法有所了解的人才能真正理解其意义。

以前用于研究犯罪严重性的项目（Byers, 1999）和其他相关研究，特别是托默·埃纳特（Tomer Einat）和塞尔吉奥·赫尔佐格（Sergio Herzog）所做的研究（2011），为本文提出的示例研究提供了基础。通常情况下，来自其他研究的问题不能未经修改就直接使用。例如，布赖恩·拜尔斯（Bryan Byers）的问卷（1999）将同性恋列为犯罪，但在 1967 年时，英国就已经将其合法化了。布赖恩·拜尔斯（1999）的问卷里还有关于枪支所有权的问题，幸运的是，这在英国不太相关。

心理学问卷的格式

本拟议研究中提出的核心测量工具是一个结构化的多项选择问卷，这与开放式的自由回答问卷有很大的不同。例如，一个开放式的问题是："你认为最严重的犯罪是什么？"对此没有是 / 否的答案，个体也不能从研究者提供的可能性中进行选择。这样做的好处是，允许回答者进行自我思考，给出自己的想法，这可能会让研究者对此有更广泛的了解，甚至感到惊讶；但它的缺点是，所提供的一系列非结构化的材料需要花费大量的时间进行分析，而且很难在受访者之间进行比较。

还有许多其他形式的问卷可以采用。比如有类似"完形填空"类型的问卷，这些问卷要求人们完成某个句子，放在拟议研究中可能是"一个严重的罪行是……"，这种形式的问题可以为受访者提供所谓的自由引导，但对于研究者来说，想要确定回答所基于的基础就存在着一定的难度了。受访者可能会将自己给出的某种回答解释作为对严重罪行进行定义的尝试，或者是以为需要给出某个例子，或者是想看看结果应该是什么等。

调查和其他形式的社会科学研究中所共同存在的一个重要问题是社会赞许性反应偏差（see, for example, Paulhus & Reid, 1991），即人们倾向于给出他们认为容易被社会接纳的答案，或者他们认为研究者正在寻找的答案。司法过程对这一问题高度认同，所以不允许任何"引导性问题"的出现，比如很经典的"你什么时候停止殴打你的妻子"。在问卷调查中，调查过程的许多方面都可能会让受访者意识到研究者期望得到什么样的答案。就像我们在本章所涉及的拟议研究示例一样，需要对一系列被要求指出严重性的犯罪行为进行考虑。如果犯罪行为是按照研究者认为的从最不严重到最严重的顺序排列的，那么许多受访者就很可能会意识到这一点，并根据这一顺序设计他们的回答。因此，对项目进行随机排列是非常必要的。另外，项目的措辞也可以对预期的反应进行暗示，例如"你认为谋杀是最严重的犯罪吗？是 / 否"。

另一个减少社会赞许性反应偏差的有趣方法是，让受访者在两个试点研究中发现的在社会接受度上相似的陈述之间进行选择。当然，这个方法可能需要研究者进行大量的准备工作，对受访者来说也可能是一个相当大的挑战。

研究态度的另一种可能性是几年前提出的（Hammond, 1948），我认为特别有趣，也可能减少反应偏差的影响，那就是将陈述当作事实，并要求受访者对其真实性进行判断。这种方法被称为通过考虑受访者所做的错误选择来间接测量态度，其基础逻辑是，人们对事实所抱有的信念受到他们态度的影响。例如，如果你问某人："你认为持有大麻的刑期是多久，10 年、5 年、2 年还是 6 个月？"那么，这个人所认为的持有大麻行为的严重程度会和他选择的刑期成正比。至少他们会有一种想法，就是法律认为持有大麻越严重，他们所选择的刑期就会越长。当然，受访者的回答会受到其对法律的实际了解的影响，在这种情况下，可能比其他问卷形式所受的影响更大。

还有其他更复杂的过程可用于进行心理调查，如凯利方格分析法（在线百科网站上关于这方面的文章对研究者来说是一个非常有用的出发点）和分类任务（在线百科网站关于"认知弹性"的文章给出了该任务的一些背景知识；2016 年，戴维·坎特提供了关于该任务在实际运用中的陈述），更详细的方法与任务探索显然并不在本书的范围内。

具体形式的选择取决于研究的目标和可用的资源，这些资源包括调查对象可能是谁、研究有多少时间以及项目管理的其他方面。在本章的拟议示例中，提出了研究严肃性观点的最简单、最直接的方法。因此，这种方法的缺点也成了一个讨论度很高的主题。

回答形式

当问卷允许从预先确定的列表中选择答案时，给予人们选择的答案的性质可以是多种形式的。简单地说，有两种方法可以提供常用的结构化答案。

排序

在本章的示例中，将要求回答者按照从最不严重到最严重的顺序对所列罪行进行排列，这样做的好处是确保每一项罪行都有一个明确的等级，并对应一个明确的反应顺序。然后，平均等级数值可以被用作每项犯罪被认为有多严重的总体指标。当然这种方法也存在缺点，主要就是研究者并不清楚某些罪行是否会由于与其他罪行的对比而被受访者列为非常严重的罪行。换句话说，你是在要求被调查者进行比较，而不是对每起犯罪做出不同的反应。犯罪排名之间的差别通常也是相等的，第四名和第五名之间的差别被认为与第十名和第十一名之间的差别相同，这种情况可能并不能反映出受访者对罪行严重性差异的看法。另外，受访者或被调查者也可能不愿意给每一项罪行分配不同的等级，有些受访者其实希望将有些罪行视为同样严重的罪行。如果研究者允许这样的情况出现，那么统计计算也将随之变得更加困难。

从排序中得出的值不被认为具有绝对零点，并且在统计学上，对值之间的差别相等这一事实进行考虑也非常重要。基于以上原因，这种方法被研究者认为是一个"定序"测量，这种测量方法需要对推理统计学知识进行适当的应用。例如，那些推崇纯粹统计的人会认为，从排序数据中通过计算得出平均值是不恰当的；相反，他们会建议使用中间值。

评级

另一种方法是让人们对每个问题给出不同的回答。这种方法通常被称为利克特式反应，因为伦西斯·利克特（Rensis Likert）是第一个提出这种方法的人，在其最早期的版本中，他将人们对态度陈述的反应分为五个等级，从强烈同意到强烈反对。从那个时候开始，研究者对该反应式进行了许多不同形式的开发，衍生出了七等级、三等级等不同的形式。另外，要求回答者在 10 分满分或其他满分范围内打分的方法也可以被看作这种方法的一种变体。

这种形式的多项选择回答具有独特的优点，即每个陈述或问题都有一个截然不同的答案，而且还可能包含着回答者对问题不同程度的响应。由于这个原因，这种方法所产生的数值通常也会被认为是非常复杂的。研究者将这种方法称为等距量表或等距尺度，虽然极具争议，但依旧有数以千计的出版物使用这种形式来对受访者的态度进行测量，该种方法中使用了需要测量间隔水平的平均值和其他形式的统计数据。

为了产生有研究意义的结果，扩大所获取的响应的范围是研究者必须要做的。如果每个受访者都给出相同的回答，那就不会存在任何可研究的差异。考虑到被调查者之间通常肯定是存在着大量差异的，那如果回答中没有任何差异，问卷是否能产生任何有价值的东西就值得怀疑了。这就是选项的数量通常是奇数的原因之一，因为奇数可以鼓励人们做出中等范围的回应，比如，研究者如果让受访者在 1 ~ 4 中进行选择，那么受访者就会倾向于选择 2 和 3，或者是代表着适度低和适度高的选项。有许多出版物对与李克特量表相关的许多不同的统计问题进行探讨，互联网上也有大量信息，因此，我在本章就不再花时间讨论了。对于本章的拟议研究，我遵循了布赖恩·拜尔斯（1999）研究中使用的方法，他要求受访者给每项犯罪的严重性打一个 1 ~ 100 之间的分数。这产生了一系列值，这些值有助于各种统计分析。附录 7 中给出了本示例研究中使用的调查问卷。

犯罪严重性调查问卷的开发

有一点我希望可以变得越来越清晰，即任何调查问卷的开发实际上与测量装置的创建高度相似，都是一个系统的、仔细实施的过程。不幸的是，依旧有许多人认为，调查问卷就是简单地将一系列问题拼凑在一起，然后找人来回答。为了克服这个迷思，有必要对科学调查问卷所需具备的因素和水平做些讨论。

问卷和其他测量工具的特性

问卷是测量工具。因此，需要对它们的特性进行评估，如果可能的话，还要对此进行报告。任何测量工具都有两个关键特征——信度和效度，这两个关键特征对于问卷来说尤其具有挑战性，这在关于心理评估的书籍中已经得到了广泛的讨论（see, for example, Robson & McCartan, 2017）。

信度

信度是调查问卷衡量它要衡量的东西时所具有的一致性。信度的一个重要方面是问卷中问题的清晰程度。如果问题含糊不清，那么同一个人在第二次回答问题时就可能会对问题产生不同的理解，从而给出不同的答案。

引起歧义的一个常见错误是问题的措辞。最糟糕的错误是在一个问题中对两个或更多不同的问题进行提问。比如，在"你觉得从街角小店或者超市偷东西有多严重"这个示例问题中，研究者实际上是不知道回答者给出的回答是基于哪个选项做出的，是从街角商店偷东西？还是从超市偷东西？或者试图给两者一个平均评估？因此，个体可能会在一个场景下以街角商店为考量，而在另一个场景下以超市为考量，这就降低了问题的信度。

但是，在任何问卷调查中，实际上都在某种程度上存在模糊性和随之而来的信度问题。因为，如果你不深入细节，就不可能确切地说明一个问题的含义，但是深入细节无疑将使问卷调查变得难以处理。就拿拟议研究中提出的调查问题"你认为谋杀有多严重"来说，研究者可能要花几个月的时间来深入讨论这个问题，比如"包括死刑吗""战斗中被士兵杀死怎么办""你指的是谋杀一个陌生人还是发生在酒吧斗殴中的谋杀，就是打群架然后有个不幸的受害者被打死了那种"，诸如此类。

这确实意味着一些受访者可能会拒绝回答问卷或在一种非常尴尬的状态下对问卷进行回答。但在问卷的整体背景下，大多数人还是很可能会给出合理的答案的（我们希望如此）。

另一个比较典型的困惑是，问题的答案实际上并不真正适合问题本身。例如，在回答"请给出一个 1 ~ 10 之间的值，表示你认为这种情况发生的频率"这个问题时，所给出的选项是不合逻辑的（但这种错误并不少见）。如果要将测量结果与其他测量结果进行比较，拥有可靠的测量装置是至关重要的。如果人们给出的答案差异很大，那么即使比较男性和女性回答的平均值也没有什么价值。对这种可能性进行评估的一种方法是关注回答者给出的反应范围，值的范围有很多统计指标，如标准差和四分位数间距等。另外，回答的频率分布也很能说明问题。所有这些都将通过收集的示例数据进行说明。

信度的另一个重要指标是一个简单的权宜之计，就是将调查问卷发放两次，然后查看不同批次回答者给出答案的匹配度。但这个方法实现起来可能存在很大的难度，所以可以考虑使用各种近似方法去完成。在本章示例中，两个相似人群之间的反应比较表明了信度的某些方面。

信度还存在一个引人深思的方面，且在致力于问卷开发的讨论中有时会被忽略，即一些完成问卷的经历可能会影响回答者对所问主题的看法，这将对第二批回答者给出的任何回答产生影响。因此，任何心理测量工具的信度都是需要考虑的问题，是评估其工作效果的一个恒定的部分。

效度

当谈起测量工具的有效性时，通常说的都是其对测量目标进行测量的程度。测量温度真的可以直接测量到吗，还是说是通过对压力的测量进行的？或者，温度的测量会因对压力敏感而失真吗？在物理学中，这些问题相对容易理解和进行探究，但放在心理学中，就成了一个巨大无比的问题。例如，我们如何知道或衡量一份问卷调查所声称要衡量的目标是什么呢？

那么，表面效度或内容效度就是回答上述问题的一种方式，即这个问卷看起来像是在测量什么？如果我问你"你认为盗窃作为一种犯罪有多严重"时，除了你认为盗窃有多严重之外，我还能评估什么呢？当然，你可以谈一下你对人们为什么偷窃的看法，或者把偷窃解释为你的室友没有告知你就吃了你的面条等。但至少问卷好像在测量的东西不失为一个很好的起点。

外部效度是一种通过确定回答是否与某些相关的外部标准有关来确定效度的方法。在本章的示例中，如果对每一项罪行严重性的评估都展现出与法定刑罚的高相关性，那么就表明这些反应与现实世界的事件有一定的关联。如果有其他问卷已被确定所测量的为类似目标，那么在你使用问卷测量你自己的目标时，其他问卷得出的相关性也同样适用。术语共时效度有时被用来描述两个测量相似结构的不同工具之间的关系。

但是，稍等一下，我似乎听到了你的呐喊："我们正在测试人们对严重性的判断是否与司法判决相关。"那么，我们在这两者之间找到的任何关系要怎么样才能用来证明问卷的效度呢？或者说，我们是否一定要在声称它们之间的关系有意义之前，证明我们所有的测量都是有效的呢？你富有洞察力的问题揭示了效度概念的复杂性。

问卷包含了一系列假设，其价值的关键在于它是否能够检验这些假设。这通常被称为结构效度或预测效度。使用问卷所得到的结果是否支持问卷结构中的假设？对问卷的回答能成功预测相关研究的结果吗？

实际上，测量工具结构效度这一概念将证明问卷的有效性定义成了一个正在进行的项目。每一项使用它并获得有用和有趣结果的研究都进一步增加了问卷的价值。不过，重要的一点是，问卷与任何结果或其他非直接测量同一问题的措施之间所存在的差异越大，问卷就越有价值。例如，如果可以证明对一个行为严重性的判断与宗教信仰有关，这就丰富了我们对犯罪严重性判断和宗教信仰的理解。

因此，结构效度将我们带回到了最初对问卷测量的结构的考量当中。使用该测量工具的研究所得到的结果有助于明晰正在探究的内容，同时，也为新的研究问题指明了方向。

同质性

将两个工具相互关联来确定效度的提议，塑造了一个充满曲解、自我实现的假设，但这在许多学术出版物中并不少见。思考一下，如果我先问了一系列关于各种罪行有多严重的问题，然后再问一系列关于人们对这些罪行应受刑罚相关的问题，会发生什么。如果我得到的两组答案之间呈现高度相关，我是否证明了这两组答案的有效性？或者，我仅仅是用两种不同的方式问了同样的问题呢？

这是一个无解的难题，除非研究者提出更多不同的问题。比如，"犯罪对社会秩序的破坏性有多大"就引出了所谓内部效度的问题。问卷中各个项目之间的关联程度如何？它们都指向同一个问题吗？它们是同质的吗？

在拟定问卷内容时，确保所有问卷问题都指向同一个需研究内容是相当重要的。但是，除了仔细研究它们之外，唯一的实证方法是观察人们对不同问题所给出的答案之间所可能存在的关系。有很多方法可以就一组问题的整体一致性或同质性进行衡量，其中一个比较常用的衡量方法被称为克隆巴赫系数（Cronbach's Alpha）（see, for instance, Taber, 2018），该方法将每个项目的相关性与调查时间内的响应总数相加，然后减去该项目。

但是，如果它在我们的示例中表明，受访者对侵犯人身犯罪给出的回答是相互关联的，而侵犯财产犯罪的回答却非如此，那我们又该如何理解呢？其实这样的结果，可以对另一个假设进行支持，即当人们对犯罪严重性进行评估时，人身类别的目标与财产类别的目标存在着很大的差异，这有助于研究者对该工具测量目标的类型进行理解。

因此，同质性是共时效度的一个方面。它不仅对度量的不同方面之间的关系如何协调进行了揭示，还有助于表明测量是否是一个连贯的工具，或者是否有许多不同但可能相关的组成部分。

不过，你有没有发现一些奇怪的东西？当我讨论信度时，我其实有提到一种表示信度的方法，是看它在不同的场合下与自身的关联程度。但是，如果问卷中的项目测量的是相似的东西，它们之间的相关性肯定是可以支持其效度的，那么这是否也意味着这些相互关系是信度的一个指标呢？答案是肯定的。同质性是内部效度和信度的一个方面。这表明问卷的这两个特征相当于同一枚硬币的不同面。

指引性测试

如果关于信度和效度的讨论让你有点晕头转向，你就自然会明白在你对一个严肃样本进行问卷调查之前，对问卷的工作原理进行一番探索是多么地重要了。这里就需要进行一个所谓初步的探索，通常称为"指引性研究"。研究者会找一些无畏的灵魂去发放问卷，要求这些先行者完成问卷，并对问题的意义和他们回答问题的难易程度进行评价。根据这些回答，问卷中的问题以及问题的格式和回答的记录方式都有可能会被重新措辞、删除或添加一些内容。选择一些你打算在主要研究中筛选的样本相似的人来进行指引性研究是很重要的，因为指引性研究的部分目的就是要对样本对问卷问题的理解进行探究。

指引性研究同时还可以为你提供一些在主要研究中可能预期的反应范围和种类，这个指标相当有用，因为它直接表明了在实际研究中是否会存在各种各样的反应。另外，对答案进行审查也有助于确定对问卷进行的任何修改是否有效，并可以大致表明问卷的内部信度。

结果记录

在确定问卷可能是有价值的之后，下一步就是需要找受访者来完成问卷了。请记住，之前强调的所有伦理和专业要求都需要纳入其中。这当中也包括了确保受访者觉得完成问卷是没有什么难度的。另外，问卷看起来越专业，人们就越有可能认真对待它。附录 7 附上了本章拟议研究中所使用的调查问卷。

你通常还需要一份知情同意书，具体取决于批准你开展这项研究的伦理委员会。说明中明确指出该表单是匿名的，所以你必须确保整个研究过程中的匿名性，并对研究之外的其他任何人保密。但是，你作为研究者，不能因为匿名而放弃对完成问卷的人的背景进行了解，因为只有了解了背景，你才能在不同的小组之间进行比较。

如果回答者直接填写表格的副本，那这个肯定是最简单直接，也是最不容易出错的一种记录手段。在附录 7 的调查问卷中，你会看到我在每个问题的末尾，靠近被调查者所给出答案的位置，都标上了小数字，这么做就是为了让研究者更容易地对受访者的答案进行记录，而不会出现将答案标注给不对应题目的问题。

我建议，研究者将回答转移到类似于表 7–2 所示的表格中。在每份问卷上标注出数字，这样如果你以后需要对回答的内容进行复查的话，你就可以随时回到原始文档中进行简单直接的检查。为了以后省事，研究者应该对数据的录入进行一些安排，以便将想要比较的子组对应的数据分开。例如，所有的女性被调查者可能在表格的上半部分，而男性在表格的下半部分。

为了在本章中有一些可以讨论的示例材料，一位名叫罗西·雅各布斯的年轻女士非常友好地邀请了她所在学校的 39 名 16 ~ 17 岁的学生（13 名男学生、26 名女学生）完成了一份调查问卷，当作本项目其中的一个示例。有趣的是，在这个指引性测试中，"扔垃圾"这个词条，被发现是存在着令回答者困惑和不理解的可能的，所以在最后的结果统计和计算时，其对应的数据被进行了排除。

分析

对每项犯罪行为严重性的总体评级

正如你可能知道的那样，通过将每列中的值相加，然后除以回答者的数量，你就可以得到每个问题的平均分数了。这就意味着，一个围绕着人们对犯罪严重程度的相对权重进行的有趣概述随之产生了，但还不止于此，这些数字还有其他值得探究的有趣方面。

问卷输入表示例

表 7-2

问题 回答	1	2	3	4	5	6	7	8	9	10	11	12	13	14	15	16	17	18	19	20	21	22	23	24	年龄	性别
01																										
02																										
03																										
04																										
以此 类推																										
总计																										

注：表格单元格中的数值是被调查者在问卷中填写的 1 ~ 100 之间的数字（该表格可以插入电子表格，如 Excel，或放入统计软件包，如社会科学统计软件包，以便于随后的统计计算）。

首先要考虑的是如何在所有受访者和问题中使用不同的值的问题。这将有助于表明问题的区分和可识别程度。图 7–1 给出的条形图，呈现了回答者给出的分数的频率分布。

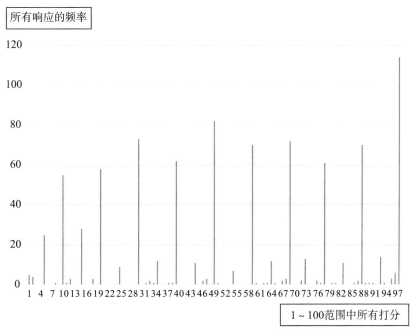

图 7–1　1 ～ 100 范围里给出每个分数的频率

从图 7–1 可以看出，在 10、20、30、40、50、60、70、80、90 和 100 处出现了明显的频率峰值。这就意味着，受访者不太会给出分数范围中那些更加细节的分数，而是更加倾向于给出整数的分数。因此，1 ～ 10 的范围实际上也同样是有用的。另外，如果对图中可视数据进行更加仔细的观察，不难看到最高的峰值出现在30、50、70 和 100 的位置。这涉及一个问题，就是回答者会把这些比较大的分数当作一个更粗略的标准。实际上，回答者会先以中间值 50 为基准，然后围绕中间值，在其与极端值之间做出决定。如果将这些值换成 1 ～ 5 的范围，也同样会得出类似的结论。所有这些都是为了提醒研究者去注意一个事实，即在拟定问卷时，必须仔细考虑问卷的答复格式。

要考虑的另一个问题是，响应的实际频率分布。在本章的示例研究中，存在着最高值为 100 的异常高频。这明确地表明了一点，即人们普遍倾向于认为某些罪行确实非常严重。这个频率有一定的道理，并且还有可能表明，受访者在整个完成问卷的过程中，都在认真地对待研究者在问卷中提出的问题。

受访者回答分布的另一个值得关注的方面是，受访者之间的差异，表 7–3 给出了每项犯罪的最小值和最大值，以及称为标准差的变化程度的统计度量。可以看出，每项罪名的最低分和最高分相差都很大，其中不乏许多罪行，最高分有 100，最低分也依旧有 70 那么高。这就表明了，对一些受访者来说，所有罪行都被认为是非常严重的，当然，也存在着认为不那么严重的受访者群体，比如，受访者 34 号的回答平均分为 37、最低为 5、最高为 70。相比之下，受访者 7 号的平均分为 72、最低为 30、最高为 100。进一步的研究可以对这些差异的基础进行探索，也许是宗教态度或者个人经历所带来的影响？

表 7–3　　　　　　　**23 种犯罪的平均分、最大值和最小值以及标准差**

最小值	最大值	平均分	标准差	罪行	判决
2	70	16	15	入店行窃价值超过 20 英镑	
1	90	24	23	引诱男性从事性工作	
10	60	30	15	跑单	
10	70	31	17	故意出售赃物	
10	80	38	23	持有海洛因	
5	100	40	22	对某人进行电子骚扰	
5	100	41	24	在公共场所造成暴力滋扰	
10	90	47	22	勒索	

续前表

最小值	最大值	平均分	标准差	罪行	判决
10	100	50	26	在公共场所携带攻击性武器	
1	100	51	28	协助自杀	
15	100	54	23	有计划商业抢劫	
10	100	54	26	诈骗牟利超过 1 万英镑	
5	100	55	25	无证行医	
10	90	56	30	威胁杀害	
5	100	56	26	污染河流	
10	100	66	17	收集恐怖主义信息	
25	25	66	20	采取暴力并从陌生人处获得 200 英镑赃款	
20	20	71	21	散发宣扬种族仇恨的文件	
20	20	73	11	危险驾驶导致死亡	
60	60	86	17	火灾导致死亡	
10	10	90	9	对儿童进行性挑逗	
70	70	94	5	陌生强奸	
80	80	96	10	谋杀	

　　进一步进行分析不难发现，对于"威胁杀害"这一条目，受访者的反应存在相当大的分歧。最小值为 10、最大值为 90、标准差为 30，这是一个非常大的数值范围，导致如此大数值范围出现的原因是什么？鉴于这是一个 16 ～ 17 岁的年轻人样本，这些差异似乎可能是由陈述的模糊性引起的。对一些年轻人来说，一句不经意的"如果你不说，我就杀了你……"可能被看作一个随意的玩笑，但对其他人来说，这可能是一件非常严肃的事情。

　　当把标准差与平均严重性评级相对照时，这些变化的另一个有趣的方面就显现出来了（如图 7–2 所示）。可以在图中看到明显的倒 J 形或散点成几何截头彩虹的形状分布，这种散点分布的状态意味着受访者对严重罪行的意见在很大程度上存在着一致性，对不太严重的罪行的意见也有着适度的一致性。分歧最大的领域是那些严重程度中等的罪行，例如，这在某种程度上表明，在未来对人与人之间差异进行的研究中，对那些严重程度中等的犯罪进行探索研究将是最有成效的。

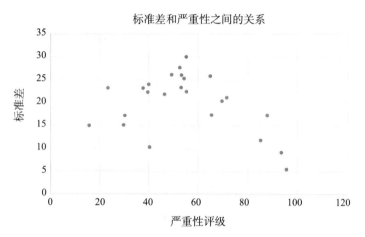

图 7–2   以标准差衡量的反应变化与犯罪的平均严重性评级之间的关系

关键是，反应的变化确实为研究者呈现出了一些重要的东西。很多时候，研究者的所有注意力都会被整体结果所吸引，而忘记了去探究数据中的细微差别，但恰好就是这些细微的差别，可以很好地帮助他们增加对整体情况的理解。

女性与男性的严重性评估比较

表 7–4 给出了 23 种犯罪中男孩和女孩的平均得分。

表 7–4   23 种犯罪中每一种犯罪的男孩和女孩的平均严重性得分

女孩	男孩
15.4	13.5
24.8	26.3

续前表

女孩	男孩
31.1	27.7
31.2	27.9
36.9	34.0
37.5	36.0
39.0	32.4
43.2	37.8
46.6	44.3
49.4	50.2
50.2	48.0
50.6	52.3
55.7	43.8
56.6	53.5
59.7	57.3
61.4	59.5
63.9	56.4
69.0	55.4
71.7	74.2
84.7	80.2
92.4	89.7
94.2	90.8
95.9	94.9

　　图 7-3 是年轻女性和年轻男性的平均分散点图。很明显，分数非常接近。0.98 的相关性系数确实非常高，远远超出了随机水平，该相关性系数是高可靠性的标志，高可靠性就意味着后续通过该问卷发现的任何相关性结果，研究者都可以放心地进行研究。另外，这还表明，男孩对犯罪严重性的看法与女孩没有太大差异。

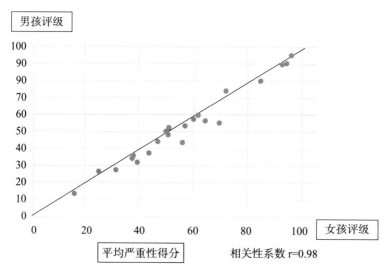

图 7–3　男孩对犯罪严重性的平均评级和女孩对犯罪严重性的平均评级之间的关系

　　图 7–3 中的对角线所呈现的是得分基本相等的两组的分布。虽然基本相等，但仔细观察可以发现，对于大多数犯罪，女孩给出的评分会比男孩略高，因为大多数分数都在对角线以下，该结论也得到了实际值表的支持。虽然差异很小，但女生的评分通常高于男生。这与以彼得·G. 辛登（Peter G. Sinden）为首的研究者所发现的（1981）类似，研究者普遍认为女孩对大多数犯罪严重性的看法会比男孩更重。

与法定刑的关系

　　表 7–5 显示了我对英国 23 种犯罪中每一种的典型判决的预估。

表 7–5　　　　　　　　英国对每种犯罪判处的法定刑的大致情况

刑罚	罪行
150 英镑	扔垃圾
1000 英镑	引诱男性从事性工作
1 年	无证行医
2 年	跑单

续前表

刑罚	罪行
2 年	散发宣扬种族仇恨的文件
2 年	污染河流
3 年	在公共场所造成暴力滋扰
4 年	在公共场所携带攻击性武器
6 月	入店行窃价值超过 20 英镑
6 年	采取暴力并从陌生人处获得 200 英镑赃款
7 年	持有海洛因
7 年	威胁杀害
7 年	对儿童进行性挑逗
8 年	通过不断给人打电话和发短信来骚扰他们
8 年	故意纵火致人死亡
9 年	收集恐怖主义信息
10 年	诈骗
14 年	协助自杀
14 年	危险驾驶导致死亡
14 年	勒索
14 年	故意出售赃物
19 年	陌生强奸
20 年	有计划的商业抢劫
终身	谋杀

图 7-4 显示了严重性估计值和典型法定量刑之间的总体关系。数据表明两者之间的相关性非常强，几乎和比较男孩和女孩的可靠性相关性一样强。这进一步证实了问卷的有效性，表明它对被调查者来说很有意义，并且与法律程序的运作方式有着广泛的关系。这同时也印证了"法律量刑是人们如何看待犯罪严重性的一个组成部分"的观点。或者至少，这些年轻人是如何看待犯罪严重性的。

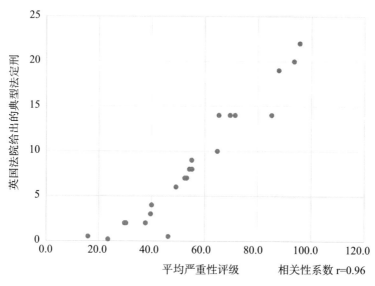

图 7-4　平均严重性评级与典型刑罚的关系

结　论

　　本章对制定和分析问卷的过程进行了描述。以对犯罪严重性的看法为例，对制定调查问卷的各个阶段进行了讨论，说明了指引性研究对检查问卷各方面所具有的价值，包括仔细考虑答复的分布情况等。另外，还强调了任何问卷信效度的必要性。在本章所描述的拟议项目中，信效度检验是通过比较男孩和女孩的观点以及法律对每项犯罪的典型判决的严重性的总体评级来完成的。与预期相反，这些男孩和女孩对严重性的总体评价并没有呈现出太大的差异。但是，这为测试工具的信度提供了支持，并通过量刑与法律严重性评估的相关性对效度进行了支持。

可以使用这种研究设计的其他研究

调查研究的可能性是无限的，但一些研究扩展了对犯罪严重性的思考，值得注意。

1. 成为犯罪受害者，甚至害怕自己成为受害者的经历是一个重要的研究领域。海琳·J. 杨森（Heleen J. Janssen）、迪特里希·奥伯维特勒（Dietrich Oberwittler）和约兰·克伯（Goeran Koeber）最近的（2020）一项广泛探索表明了其研究的可能性。

2. 海伦·J. 詹森等人（2020）也说明了在不同的时间点，调查主题所具有的价值。这就允许研究者对趋势进行研究和探索，并可以与正在发生的情况直接联系，把研究变成一种现场实验。

3. 儿童遭受欺凌的经历也是一个不能忽视的研究领域。罗宾·M. 科瓦尔斯基（Robin M. Kowalski）和苏珊·P. 林伯（Susan P. Limber）提供了一个可调查示例（2013），展示了欺凌经历与其他问题的联系，特别是身体健康和学校成绩。小林惠美子（Emiko Kobayashi）和大卫·法林顿最近（2020）的一项研究也着眼于跨国欺凌与人格测量之间的关系展开。

4. 另一个相关的研究领域是对严重犯罪或强奸发生的条件的看法。围绕这一点存在的许多迷思已经成为独立的研究主题，研究者可以使用标准的问卷调查来对不同群体所笃信的迷思类型进行探索研究（see McMahon & Farmer, 2011）。

思考与讨论

1. 什么问题会影响对犯罪严重程度的判断？

2. 在什么情况下，女生对犯罪严重性的看法可能与男生不同？

3. 什么时候人们对犯罪严重性的判断会与法定量刑不同？

4. 你能想到哪些群体可能对犯罪的严重程度有不同看法？他们为什么会有不同的看法呢？

5. 人格的哪些方面可能与犯罪严重性的判断有关？

Experiments in
Anti-Social Behaviour

第 8 章

罪犯们的内心世界

　　研究 6：犯罪的诱惑。我们的经历是被塑造的，我们的行为会被不断延展的叙述所影响，我们所有人都明确或含蓄地认为自己是其中的一部分。犯罪者的内心叙述也不例外，他们往往认为自己是受害者、英雄、专业人士或者实施报复者，从而铤而走险，不惜走上犯罪道路。

摘要

　　本章的标题取自杰克·卡茨（Jack Katz）于 1988 年出版的引人入胜的《犯罪的诱惑：作恶中的道德和感官吸引力》（*Seductions Of Crime: Moral And Sensual Attractions In Doing Evil*）一书。在书中，他对违法行为的情绪层面进行了探讨。他认为，犯罪是由犯罪过程中产生的各种情绪支撑的。通常，有一种方法可以使对情感的思考更具活力，那就是把情感看作正在展开的叙事的一部分，如悲剧中释放出的悲伤或充满着浪漫的快乐等。该观点是为了考虑个体在犯罪时所扮演的隐性或显性角色而提出并持续发展起来的。

　　作为对问卷调查方法的进阶阐明，本章提出的研究包括对叙述角色问卷（narrative role questionnaire，NRQ）的简化版本（Youngs & Canter，2012）的实施说明和分析。该问卷是专门为犯罪者开发的，探索他们个人叙述的一种方式，他们的内心叙述认为自己是受害者、英雄、专业人士或者实施报复者。

　　如果要找到被定罪的犯罪个体来收集这些数据的话，存在相当大的难度，因此本章拟议的研究给出了一个通过社交媒体对人们进行调查的例子，调查的参与者被要求对轻微的违法活动和轻罪进行考虑。

背　景

大多数关于犯罪原因的心理学理论和社会学理论都将重点放在犯罪者无法控制的因素上，如他们的生理、教养、社会环境或文化。这种将犯罪者视为生物社会有机体的观点与强调自由意志和意向性的法律观点不同。法律认为犯罪者会主动做出决定，除非有非常明确的理由（如因为患有严重的精神疾病）证明他们不能做出决定。

本章提出的研究对犯罪研究的叙述方法进行了介绍。该方法让犯罪者在他们自己的故事里担任主角，强调犯罪者的行为、他们采取的立场、犯罪中领导者或共犯的地位等。正如我详细论述的那样（Canter, 2010），叙述方法使心理学更贴近法律。它似乎是一种灵感的点醒，告诉所有人，人们都在明确或含蓄地上演着自己的人生故事。正如一些研究表明的那样，这些叙述可能是他们事后理解自己行为的一种方式，抑或是他们可以决定自己做什么和如何做的表现。研究者很难通过研究来对这些可能性进行区分，因为研究不可避免地是在犯罪发生后才进行的。尽管如此，对犯罪者认为自己在犯罪时所扮演的角色进行探究依旧是一项卓有成效的工作。与犯罪者接触并进行这项研究并非不可能，但极具挑战性（see, for example, the recent compendium of articles on 'narrative criminology' in Fleetwood, Presser, Sandberg, & Ugelvik, 2019）。因此，建议开展一项研究，对那些未被定罪的人在实施违法行为和轻罪时的经历进行探讨。

莎士比亚经典戏剧《皆大欢喜》（*As You Like It*）中的人物杰奎斯（Jaques）在一段独白中阐述了人们通过他们经历演变而来的故事情节去理解自己生活的想法，当中有一句众所周知的名言："整个世界是一个舞台，男男女女只是演员而已；他们退场登场，在其一生中扮演着好几个角色。"这句台词强调了人们在不同情况下所扮演的角色和所处的位置，同时，这一观点也成了欧文·戈夫曼（Erving

Goffman）对社会历程进行的开创性分析的主要部分，并在他的著作《日常生活中的自我呈现》（*The Presentation of Self in Everyday Life*）中（1959）进行了首次阐述。他对戏剧表演和日常行为之间联系的描绘被称为"戏剧分析"。"我们都参与到某种形式的自我展示中，就像舞台上的演员一样"，这一观点在社会学和社会心理学中极具影响力，它有助于理解人们如何看待自己，以及他们希望别人如何看待自己。这也一直是考虑犯罪者所扮演的角色、他们在实施犯罪时所处的主动地位以及这些角色所属的叙述形式的出发点。

重要的是要强调，提及角色、立场、叙述和故事情节并不意味着任何形式的伪造或仅仅是单纯的"表演"（当然，尽管在某些情况下可能如此）。更确切地说，它是要表明：我们的经历是被塑造的，我们的行为会被不断延展的叙述所影响，我们所有人都明确或含蓄地认为自己是其中的一部分。

犯罪学中的叙述理论

个人叙述的一个重要方面是其对个体对自我的看法所进行的整合，它们不仅仅是分享对经验的理解的一种手段。正如雪莱·戴·斯克莱特（Shelley Day Sclater）所说："人们会根据叙述结构进行思考、感受、行动和做出道德选择"（2003, p. 317）。托尼·沃德（Tony Ward）将叙述角色描述为"一套关于自我的信念"（2012, p. 254），他认为这些信念围绕着"动态主题"，基于人们对自己的情绪、思想和行动的意识产生。我（Canter, 1994）是第一个提请注意犯罪者自己讲述的故事的意义，并指出这些故事与犯罪者的行为和特征之间存在联系的人，我将这些故事称为"内心叙述"（p. 121）。这些叙述是由主角对他的自我的看法所塑造的，这种看法又与现实以及广阔的社会环境和文化相互作用。

潜在（隐含）的主题

许多对文学作品的研究表明，在任何文化中，显性的叙述主题都少之又少。诺思罗普·弗莱（Northrop Frye）指出（1957），西方文学蕴含着悲剧、喜剧 / 浪漫、反讽和冒险四种故事情节。诺思罗普·弗莱不厌其烦地坚称其所讨论的是虚构文学，并认为现实生活比结构化的、想象的小说更复杂。然而，有趣的是，那些探索人们如何与世界互动的人也已经准备好提出一些潜在（隐含）的主题，正如我们将看到的，这些主题与诺思罗普·弗莱的显性叙述产生了共鸣。

丹·P. 麦克亚当斯（Dan P. Mcadams）从一系列研究中（2001）得出了这样一个观点，即个人与他人的潜在互动基本上都围绕着中介和交流这两个主要概念进行。这与蒂姆·利瑞（Tim Leary）在更早期（1957）提出的支配 / 顺从和爱 / 恨是人与人之间关系的关键特征其实并没有太大的区别。威尔·舒兹（Will Schutz）提出的（1992）控制和开放 / 包容是其人格社会方面模型的中心维度，S（追求卓越）和 O（追求亲密）是 H. J. M. 赫尔曼（H. J. M. Herman）人格模型的关键方面（1996）。

将这些主要主题与犯罪学背景联系起来，唐娜·杨斯和戴维·坎特（2011）启用了"支配力"和"亲密度"这两个标签。他们认为，叙述角色可以通过这两个标签来确定，且这些标签的组合会以某种有趣的方式与诺思罗普·弗莱的显性故事情节相关联。每个标签的积极和消极面相结合，最终产生了四种不同的叙述角色，这四种角色的总结见表 8-1。这些角色在犯罪者的生活中可能代表着不同的内涵，所以作为改编过程的一部分，戴维·坎特和唐娜·杨斯（2009）将诺思罗普·弗莱提出的喜剧 / 浪漫主题改为了"探索"。

表 8–1 支配力和亲密度结合产生四个叙述角色的方式总结
（以及诺思罗普·弗莱的基本故事情节）

亲密度 \ 支配力	高	低
高	复仇者（探索）	受害者（反讽）
低	专业人士（冒险）	英雄（悲剧）

丹·P. 麦克亚当斯（2001）提出，高亲密度的人所进行的叙述通常以爱情和友谊为其对世界观的主要部分，在这种情况下，就需要相关人员对犯罪情节和背景进行再思考。关于犯罪，我们的观点是，亲密度与受害者在犯罪者的犯罪叙述中所担任的角色有关。犯罪是否涉及对受害者可能遭受的痛苦所进行的直接考量？从这个角度来看，犯罪中的亲密度可能被认为是残忍地或会对他人造成伤害的标签。建议将亲密度的概念在犯罪研究背景下进行重新定义，即对受害者的认识以及受害者和犯罪者之间的互动水平（Youngs & Canter, 2011）。

支配力主题则可以重新定义为犯罪者对受害者和犯罪相关情况的掌握。其中对当下局势和受害者施加控制而非追求成功，并显示自己的成就，是非刑事成年人中介主题的核心概念。

这种犯罪叙述模式的价值之一是它对各种心理过程所进行的融合。例如，他们为自己的越轨行为提供的理由可以被视为他们叙述角色的一个组成部分。另外，还值得研究者注意的是，犯罪者给出的、对每种犯罪叙述角色进行支撑的理由。低能力水平的犯罪者倾向于否认自己的责任和 / 或将责任归咎于他人。

然而，高支配力的犯罪者会对自己的行为负责，对其行为的意义进行不同的解释，并对其行为后果进行歪曲。那些认为自己拥有权力或者认为自己很强大的人也不会去考虑受害者所面临的后果，除非他们同时具有很高的亲密度。亲密度低的犯罪者会倾向于通过暗示受害者不是真正的目标和 / 或受害者活该来最小化他们的行为对受害者造成的影响（Youngs & Canter, 2012）。

此外，角色还包含情感成分。比如，冒险与兴奋经常和意义感联系在一起，而成为一个悲惨的受害者通常意味着悲伤和绝望，专业人士会被认为情绪冷静、毫无波澜等。这些情感因素有助于对叙述框架如何包含许多不同的心理成分进行解读，使其成为研究的丰富基础。

叙述角色问卷

虽然要求犯罪者讲述他们生活和罪行的方法已被证明在揭示他们的个人叙述方面卓有成效（Canter & Youngs, 2012），并且如前所述，叙述犯罪学的一个新领域也随之应运而生（Fleetwood et al., 2019），但如果你要对生活故事进行证明的话，就会发现这相当耗时，并且不一定会对特定的犯罪进行着重强调。如前所述，调查犯罪者犯罪叙述的一个有效方法是研究他们认为与其犯罪行为相关的角色。这些角色吸引人们对特定情节的注意，也强调着与事件相关的叙述主题，而这些都有助于研究者对犯罪进行理解（Youngs & Canter, 2012）。

对标准测量的需求

将叙述角色应用于犯罪活动的挑战之一是，制定可用于未来研究和各种环境（如监狱、康复计划等）的标准措施，以便研究结果可以在各种情况下进行复制。因此，为了将这种方法发展成为一种有效的调查工具，在讨论犯罪者的犯罪经历时，研究者采取了开放式访谈，并从中衍生出了所需要的叙述角色。整个过程凝结成了一份包含 33 项问题的叙述角色问卷（Youngs & Canter, 2012）。对这份问卷的多变量分析向人们揭示了四种犯罪角色，分别是专业人士、受害者、英雄和复仇者。

代表每个叙述角色的项目包括犯罪者对事件的解释及其在事件中的行为、犯罪者在人际型犯罪（interpersonal crime）事件中的自我意识或身份，以及犯罪者在事件中的情绪和其他经验品质（Youngs & Canter, 2012, p. 6）。这四个角色合在一起，为研究者提供了一幅犯罪者所描述的经历的轮廓，这也为本章的拟议研究提供了基础。

问卷从犯罪者的陈述中提取项目，用他们自己的话说，记录了他们对事件的解释和犯罪的理由。他们在记忆中对自己在犯罪时的身份和情绪状态进行了概括。

犯罪叙述的定量测量并不需要清晰连贯的故事叙述。考虑到他们的受教育水平和心理社会背景，大多数犯罪者很难做到这一点。此外，通过使用直接的、非威胁性的、非判断性的问题询问来评估犯罪者的犯罪角色，还可以最小化我们前面提到的社会赞许性反应偏差的问题。与开放式定性故事的叙述相比，这对受访者的要求更少，开放式定性故事叙述可以激活犯罪者故事中的正当化 / 中立化技巧（在"研究 8"中予以讨论）。

对调查问卷的回答所进行的分析，使得唐娜·杨斯和戴维·坎特（2012）能够通过结合支配力和亲密度来加强他们的模型，该模型是一个在后续研究中重复使用的框架（e.g. Spruin, Canter, Youngs, & Coulston, 2014）。

叙述角色概述

作为叙述角色模型的背景延伸，本节对隐性叙述的每个方面是如何被表达的细节进行了更多的阐明。

专业人士角色（冒险）

专业人士这个角色的行为具有高支配力、低亲密度的特点，他们专注于实现对环境的控制，以获得情感上的满足和实实在在的回报。这个角色大多是"由窃贼和抢劫者的叙述提供的"（Youngs & Canter, 2012 , p. 243）。受害者与犯罪者的行为并无关联。作为一名专业人士，这个类别的犯罪者会对自己所采取的行动承担责任。由于主要目标（如金钱收益）的实现，专业人士的这些经历基本上被认为是愉快的。当然，扮演专业人士角色的犯罪者之间也还是有区别的，其中一些人认为犯罪是一种冒险，并专注于犯罪带来的乐趣，而另一些人则专注于控制。

这个角色映射着诺思罗普·弗莱提出的冒险叙述故事线。它捕捉到了实现一系列目标所带来的那种兴奋感。在这样的情节中，所有主角之外的其他角色所面临的后果都是无足轻重的，主角们的力量（支配力）通过他们的行动得以展现。

受害者角色（反讽）

诺思罗普·弗莱反讽叙述的犯罪者有着支配力低、亲密度高的特点，研究者称之为受害者角色。扮演这一角色的犯罪者感到困惑和无助，无法控制局面。这些行为违背了他们的意愿和同意。他们往往是被那些对他们来说具有重要意义的外部势力卷进犯罪行为之中的。他们无法理解事物，无法感知到规则。这类型的犯罪者会认为自己参与犯罪的原因是他们的无力感和困惑，这些因素使他们成为"事件的主要受害者"，而不是犯罪者（Canter & Youngs, 2009 , p. 129），他们会将犯罪行为的责任进行外归因，推卸至他人身上。

复仇者角色（探索）

诺思罗普·弗莱的探索叙述与复仇者角色联系在一起，这个类型的支配力和亲密度都很高。犯罪者认为他们受到了不公平、剥夺和不公正的对待。他们觉得除了报复，让冤枉他们的人为此付出代价，别无选择。他们会对那些针对他们自己或其他重要的人所做的事进行报复，并会将自己这种违法行为理解为对已经犯下的错误进行的纠正。

英雄角色（悲剧）

在犯罪语境中，有人认为诺思罗普·弗莱的悲剧叙述意味着无法摆脱的命运掌控。尽管在这个叙述中，个人可以被视为英雄，但因为他是自己故事中的主角，所以更多地会专注于自己的经历，而对他人不感兴趣。这种叙述中，重要的是事件，而不是结果。犯罪者通常会相信他的行为及其后果是注定要失败的使命的一部分。因此，也许与我们对这个类型的直觉相反，英雄角色在支配力和亲密度上的表现都很低。

犯罪经历研究

对许多学生来说，接近被定罪的人来收集这些数据不仅是困难的，而且很大程度上是不可能的。但是，杰克·卡茨（1988）又一次走在了前面。他将自己的学生作为样本，让他们对轻微的非法活动和轻罪进行思考，然后完成了大部分的数据收集工作。这一创举的底层逻辑实际上就告诉我们，类似地，利用互联网收集匿名回应的方式是有实施的可能性的，以此为基础，进一步开启了如何利用社交媒体的优势和避开其缺陷进行社会科学研究的思考。在新冠肺炎时代，在线调查的使用将不可避免地变得比以前更加普遍。因此，了解这种方法的优势和缺陷也变得越来越重要。

伦理问题

对人们在犯罪时对自己经历的感受进行探索是一件相当敏感的事情，伦理委员会希望确保研究者和参与者都不会因参与研究而遭受损失。此外，为了得到清晰和诚实的回答，回答问题的人必须完全确信一切都是安全保密的，最好是匿名的。通常情况下，如果类似信息的收集工作是在监狱中进行的，研究者会选择两种形式：要么通过面对面的访谈收集答案，这样囚犯就知道研究人员会将自己的答案直接拿走；要么就选择发放问卷，但会提供一个密封的信封，信封上没有任何识别信息，所有答案都会被直接放在一个盒子里进行封存。随后，所收集的数据会被进一步匿名化，只有分配给每位参与者的识别号，参与者任何的身份识别信息都将被隐去。这些工作都确保了监狱工作人员看不到任何囚犯的回答。与所有自愿参与一样，参与者会被告知，他们的参与是自愿的，没有报酬，可以随时自由退出，无须说明理由。当然，就我们提到的问卷调查而言，未完全回答的问卷会使数据分析变得复杂，研究者需要将这些参与者的相关数据悉数排除在整体数据之外。

程序

作为一个例子，我在进行本章的拟议研究时，对互联网进行了利用。这就意味着，与直接从面对面接触的犯罪者那里获取数据相比，研究所涉及的一些至关重要的伦理问题必须以其他方式予以明确。于是，我在最初的联系信息和问卷上煞费苦心地表示，匿名和保密是绝对有保证的，不会收集任何个人信息。但是，当我最初对在线问卷进行尝试时，我发现我使用的在线调查系统自动记录了受访者唯一的 IP 地址，这其实就已经损害了任何信息完全匿名的说法了。随后，我确定在系统中禁用了该功能，这个信息最终并没有被记录。

在线调查中匿名和保密的其他方面不用明示，都是隐性存在的。很明显，如果人们被要求参与在线调查，其参与肯定是自愿的。他们同样可以在任何时候退出调查，没有人知道他们是谁，也没有任何机会对他们进行询问。回答者所使用的网络资源的多样性也使得身份识别或位置识别变得不可能。

使用互联网作为与受访者接触的一种方式

我有一个拥有大约 3000 名粉丝的社交平台账户，基于此，一个有趣的想法就萌生了出来，我想看看社交平台是否可以用来产生回应。于是，我在平台上发布了一系列的短文。

在我以前的博士生米罗萨娃·亚涅夫娃（Miroslava Yaneva）的帮助下，我在指定的网站上上传了一份包含 12 项问题的问卷（如图 8-1 所示），这是原始的 33 项问题叙述角色问卷的提炼版本（Youngs & Canter, 2012）。

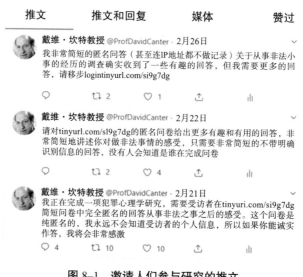

图 8-1　邀请人们参与研究的推文

　　如表 8-2 所示，这个较短的问卷是通过为四个叙述角色中的每一个选择三个问题来进行构建的，该简短版本的问卷同样允许对其进行具体的分析。问题编号与图8-2 中的要点相关。附录 8 中提供了在线调查使用的问卷版本。

表 8-2　　　　　　　　　　与来自叙述角色问卷的每个角色相关的项目

角色	问题	问题编号
受害者	我很无助	1
	我是受害者	2
	我只想快点结束	3
复仇者	我正拿回我自己拥有的	4
	我想报仇	5
	这是对的	6
英雄	这很有趣	7
	这是一项任务	8
	我觉得自己像个英雄	9
专业人士	我就像一个专业人士	10
	我在工作	11
	这是例行公事	12

资料来源：Adapted from Youngs and Canter（2012）。

在线调查面临的挑战

　　在线调查的使用存在着一些潜在的问题。比如，很难控制或确定是谁在完成问卷，很难监测或确定人们回答问题的条件以及他们回答问题时的认真程度等。另外，获取适当数量的回应也是一个挑战，除非有一个既定的小组，并且有可能以某种方式向回答者支付酬劳。当研究人员面前有人被鼓励参与一个项目时，更有可能激发他们参与并回答问题的热情。

邀请特定人群在线进行回答也是有可能的，例如，如果研究者可以对接警察的电子邮件数据库，或者心理学学生的邮件数据库，就可以进行定向邀请了。但是，即便如此，我们也永远无法像他们就坐在你的面前那样，去确定他们是否就是你邀请的、回答问题的那个人。

在我发出的社交平台短文中，你可以看到我为了鼓励人们参与在线调查所做的尝试。为了得到更多的回应，我把短文重复发送了三遍。社交平台数据显示，重复发送所带来的回报是递减的，第一遍发送的短文获得了 10 条转发和 10 个"赞"，第二遍只有 2 条转发和 4 个"赞"，第三遍只有 2 条转发和 1 个"赞"，而且这个数据的前提，是我已经有了大约 3000 名"关注者"。根据我的经验，通过邮寄随机投递进行的调查，其回复率大约在 10% 左右，而社交平台的种种迹象表明，我的社交平台调查法的回复率更加低得可怜。但是，即便如此，使用社交媒体和在线调查系统来获取数据的情况依旧是正在增加的。如果研究者可以搭配一个比我在这里的尝试更专业、更有组织的系统，利用这些渠道无疑存在着很大的潜力。

当向面对面接触的人（如一班学生）发放问卷时，或者当人们在街上被拦下时，研究者在在线调查中面临的许多潜在问题也会同样出现，但互联网联系人固有的匿名性可能会使这一过程变得更加困难。另一方面，社交媒体参与者可能具有的独特保密性也具有一些优势。如果研究者所寻求的信息是敏感的，或者人们可能不想在公开场合对其进行分享，那么在互联网上透露这些信息时所固有的匿名性可能会让人们更有可能参与，而不是被要求向在场的人如实陈述这些信息。

如果研究者要对一份发给一群人回答的问卷进行在线调查的评估，其面临的困难可能更大，因为研究者所能拿到的、最直接和最明显的有用在线调查衡量标准仅仅为个体完成问卷所花的时间。任何个体回答问题所花费的时间都可以与所有回答者的平均完成时间进行比较。打个比方，假如这项调查非常简短，平均完成时间约为三分钟，那受访者在一分钟内完成问卷似乎就是非常不现实的了，这可能在很大程度上表明，这个人只是匆匆略过，没有对问题进行阅读或对答案进行思考。另外，从另一个角度看，极长的回答时间，例如五个小时或一天，也是值得怀疑的，特别是对于像本章拟议研究中这样简短、不复杂的勾选框问卷来说，更加值得怀疑。因此，谨慎的做法是对那些完成得非常快或非常慢的问卷进行排除。

在线调查的另一个优势是，它可以确保每个问题都得到回答。当然，人们可以随时退出，但他们已经回答的问题也会随着他们的退出被系统自动地排除。受访者不会因为粗心而错过任何一个问题，因为在线调查软件会坚持要求他们给出所有问题的答案。只要他们不中途放弃回答，就必须回答完所有问题才能完全地退出在线调查。但同时也存在着另一个潜在的问题，就是同一个人可能一遍又一遍地对问题进行回答。在线调查系统对这个问题惯常的解决方法是，使用计算机系统为每个访问分配一个随机号码，如果该访问再次出现，则不允许进行回答。如果研究者选择线下一次性把问卷发放出去，然后一段时间之后再进行收集，那这种情况就更难阻止，可能会存在某个受访者，一个人拿到了很多问卷，然后自己一个人全部答完并上交的情况。

有一种方法可以确保调查的参与者集中注意力进行作答，而不只是对着选项随便勾选一下（虽然本章拟议研究的简短调查中不包括该方法）。该方法被称为注意力过滤问题，这种问题会要求调查参与者选择一个特定的答案选项，例如，问题一般的陈述形式是："这是一个注意力过滤问题，请选择'总是'。"如果参与者没有选择"总是"，那么他们的参与将自动终止，如果按照要求进行了选择，参与者将被允许继续参与调查。不过，在只有几个问题的简短调查中，注意力过滤问题的使用并不是必要的。在拥有大量陈述和问题设置冗长调查中，这种方法的效果明显会更好，因为参与者可能会感到厌烦，并开始通过随便勾选来快速完成调查。

在调查问卷中设置一些相对于其他问题来说属于反向陈述的问题，是检验参与者是否真的在仔细阅读和作答的另一种方式。例如，你可以在问卷中插入类似"我不觉得自己像一个英雄"，或者"我只是一个业余爱好者"的问题以及这些问题的正向陈述版本，然后检查参与者针对正向和反向陈述的问题所给出的答案是否存在显著的负相关。

还有一种方法可以确保参与者所给出的答案是恰当的，而不仅仅是随机的，或者是欠考虑的，就是研究者需要看结果是否有意义。这实际上是"研究5"中讨论的问卷信度和效度的一个方面。如前所述，本调查问卷由分别针对早期研究文献中提及的四个角色的各三个问题组成。那么就本章调查来说，研究者需要评估的就是参与者给出的回答结果是否支持可以对这个模型提供支持。如果不能提供支持，那研究者就需要考虑诸如模型的弱点、问卷中的歧义或者参与者没有认真回答等因素了。如果问卷确实出现了一些具有心理学意义的有趣结果，那就说明参与者确实是有在认真回答的，且问卷也足以捕捉到这些有趣的东西。如果是这种情况的话，有待商榷的就将是假设模型，而不是调查问卷或受访者了。

示例研究结果

共有 13 名女性和 9 名男性对我在社交平台上发出的邀请进行了回应。他们的年龄从 18 岁到 67 岁不等，平均 34 岁。这种样本组成称得上是在各年龄段成年人中的有效传播了。诚然，这是一个非常小的样本，但依旧可以用极具意义的结果来对这种调查方法进行说明。

他们完成调查的时间从 47 秒到 6 分 44 秒不等，其中模态时间约为 2 分 30 秒。这是一个值得注意的范围，因为它表明研究者可能应该抱着相当谨慎的态度看待极端情况，但作为对这种研究方法进行的初步探索，具体时间数据与平均值的差异在目前这个阶段实际上是可以忽略的。

行为描述

匿名受访者描述的非法活动范围之广令人惊讶，例如：

- 我参与了毒品买卖；
- 我小时候曾经向我哥哥扔了一块石头，把他打成了脑震荡；
- 我和某人打了一架，打掉了他的牙齿；
- 我偷了我最好的朋友的钱；
- 我多次殴打伤害我儿子的人；
- 小时候我从一家商店偷了一个傻乎乎的玩具；
- 我把自己卖出的手机又骗了回来。

有趣的是，这些非法活动可以被清晰地分为针对人身的犯罪暴力行为和各种形式的盗窃这两种形式，这种分类在某种程度上允许研究者进行一些有趣的比较。

多元分析

与任何新工具一样，首先要做的肯定是对它的工作状况进行评估。在本章的拟议研究中，这意味着要对数据来源的基础模型进行考虑。表 8–2 对此进行了展示，该表列出了三组问题中的每一个问题的相互关系，以对四个角色中的每一个角色进行反映，并将其与其他角色相区别。检验这一点的一个强有力的方法是使用其他研究者已经使用了半个多世纪的统计程序。

这一过程的底层逻辑其实很简单：如果两个问题所表达的意思相似，那么它们很可能会在许多回答者中得到相似的回答。换句话说，这两个问题是相互关联的。

因此，对表 8–2 中总结的模型的直接测试应该是，每个角色的问题之间彼此显著相关，而与其他角色的问题之间的相关性并不那么显著。

例如，在本章拟议研究中，"这是对的"和"我正拿回我自己拥有的"这两种说法都被假定为报复者角色其中的一个方面。针对本调查的样本群体，它们的相关系数为 0.61。相较而言，"我就像一个专业人士"与"这是对的"两者之间仅具有 –0.18 的负相关，这就表明回答编号 1 "非常"的回答者很可能在另一个答案上选择"一点也不"。因此，研究者可以对 12 个问题中的每一个问题与其他每一个问题的相关性进行考查，一共 66 种不同的相关性，并试图找出其中的模式。

除非在每一个相互关联的矩阵中有一个非常强而明显的模式，否则如此多的个体关系是很难理解的。统计学家已经开发了很多方法来帮助揭示一组相关性中所隐含的模式，这些方法有时被称为复杂性降低程序，或者当它们使用空间对关系进行呈现时，它们可以被称为数据"可视化"。又因为它们需要处理大量的变量，所以它们被认为是多元统计的一个分支。我广泛用于许多不同数据集的其中一个程序是半个多世纪前开发的，但仍然非常有用，而且今天，其对家用电脑的运行兼容性也更好。该程序最大的优点是不需要理解底层的代数矩阵就可以轻松地弄懂它。它是由路易斯·古特曼和詹姆斯·林格斯（James Lingoes）开发（Guttman, 1968; Lingoes & Guttman, 1967），被称为最小间距分析（smallest space analysis，SSA）技术。附录 9 给出了更详细的最小间距分析技术的说明和可用于产生这些结果的软件。

该程序用空间距离指代相关性。两个变量之间的相关性越高，它们在最终的空间结构中就越接近。虽说对于本章拟议研究中的示例调查来说，不需要就此概念进行过于深入的了解，但我们应该明白一点，即不同问题之间的相关性的可视化表现不失为一个富有成效的结果。如表 8–2 所示，对模型进行的测试实际上代表着研究者的期望，期望与同一角色相关的问题可以形成一个不同的空间区域，本角色相关问题之间会相互关联，并与其他角色相关的问题保持一定距离。

针对这一点，可能有必要做出进一步的说明。这种观点被称为"区域假说"，即具有相似含义的项目将在所有项目之间关系的空间表示中形成一个可识别的区域。这种区域假说本质上与将项目的趋近描述为"集群"是不同的。区域性意味着承认这些项目所代表的内容，以及它们如何有助于概念上类似的问题领域的确定。这种区域有着明确的边界，因此，我们可以推测，靠近一侧区域边界的项目更有可能与靠近另一侧区域边界的项目具有某种相似性。研究者预计，在区域假说前提下，并不一定会出现完全不同的分组集合，就好像在集群中所假设的那样，其中某些项目会在集群之内或之外。

图 8–2 显示了 22 人对 12 个问题所做回答的最小间距分析结果（仅从两个维度）。图 8–2 中的虚线表示不同区域之间的边界，通过这些虚线，同时也对不同区域的配置进行了呈现。在本章拟议研究的背景下，该图显示的是一个对假设区域进行的测试，测试结果表明，唐娜·杨斯和戴维·坎特（2012）早期研究中提出的四个区域的假设是有可能被确定的。尽管测试的受访者只有 22 名，并且从最初发布的最小间距分析中的 33 个问题减少到 12 个，但该测试结果无疑是对区域假说模型的支持，令人振奋。

从如此小的样本中得出结果时，审慎当是重中之重，尤其是当研究需要对未知受访者数据进行匿名选择时。当样本如此之小时，任何一个人的回答都会对整体结果产生实质性影响。因此，问题中任何含糊不清的描述，或者回答者缺乏仔细考虑的回答，甚至是描述的不寻常经历，都会给数据增加"噪点"。在对结果进行解释时，必须考虑到这一点。这也是将结果解释为空间区域是有意义的另一个原因。区域意味着每个问题都代表着各种可能的问题，或者代表着对一个问题的解释。它们

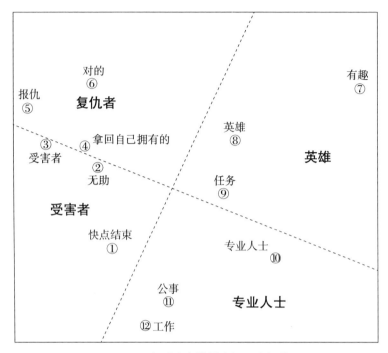

图 8-2 22 名受访者的最小间距分析结果

注：数字指的是表 8-2 中的叙述，这些叙述的简要总结在每个问题旁边的标签中给出。

被视为该领域可能存在的问题的样本。就好比采集一些土壤样本就可以用来表明一个地区的土壤性质一样（尽管只采集了一些样本，而不是整个地区的）。

有趣的是，最小间距分析的配置还揭示了对原始模型的更多支持。考虑到这只是一个小样本，图 8-2 还提供了一些关于这些角色如何相互关联的更深入的见解。比如横轴，从左边的受害者到右边的英雄，从消极情绪到积极情绪。甚至有可能把这个轴中间的项目，"我在工作"和"这是例行公事"解释为具有中性情感含义的项目。

最小间距分析配置的另一个方面，处于从左下到右上绘制的线的右侧的项目是呈扩散状态的，也向研究者表明了这种针对关系进行的可视化是多么地有帮助。项目的扩散意味着在该区域存在着许多微妙的变化。这可以从唐娜·杨斯和戴维·坎特（2012）发表的原始最小间距分析中的专业领域系列问题中寻出端倪。诸如"感觉很强大"和"知道我在做什么"之类的问题均暗示了该区域其他项目的不同方面，比如"这让人兴奋"或"这是一次冒险"等。

相比之下，图 8–2 左边的项目靠得很近，尤其是那些位于从左到右虚线边缘的项目。这三个问题，"受害者""拿回自己拥有的"和"无助"可以被解释为处于这条线的任何一边。这就表明受害者角色和复仇者角色之间是密切相关的，且判断具有一定的道理。在本章的拟议研究中，人们会回忆起不久前发生的事情。因此，受害者叙述和复仇者叙述很有可能会相互冲突，这一点可以通过直接查看"多次殴打伤害我儿子的人"行为的人的得分进行支持。该行为人给"拿回自己拥有的"打了4 分，给"我是受害者"和"我很无助"打了 3 分，该行为人甚至补充了一条看起来很有帮助的评论，以表明他们认为自己的行为是适当的，因为他们是在保护那些无法保护自己的人（顺便提一下，这是一个非常有趣的例子，它刚好是对"研究 8"中将要讨论的暴力的正当理由的一种呈现）。

角色画像

在证明了这份简短问卷的有效性之后，区域假说的组成部分也已经通过可视化呈现进行了揭示，下一步需要考虑的是，每个角色在犯罪中的实际水平。为了做到这一点，我们将每个角色的三个问题的回答加在一起。根据之前对最小间距分析中明显细节的考虑，我意识到表 8–2 中的模型确实存在着一些隐藏的微妙之处，但作为研究推进的一个示例，继续使用此模型也是合理的。从目前的样本来看，将男性和女性样本的角色概况以及暴力行为与财产犯罪相关的行为进行比较是非常有趣的方式。

图 8-3 所呈现的是男性和女性在四个角色画像上的平均得分。这些平均值的计算方法是将三个问题中每个问题的分数相加，然后除以每个类别中回答的人数。因为采用的是 5 分制，加在三个项目上，所以可能的最低值是 3，最高值是 15。必须再次强调的是，本章拟议研究的样本非常小，所以仅能用于说明。当然，研究者还需要进行一些推断统计，以确定结果是否高于概率水平。虽然仅用于说明，但图 8-3 所示的曲线却是非常有趣的，如果可以用更大的样本进行复现，那必然会引来更多的关注。

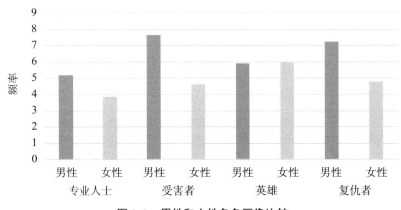

图 8-3　男性和女性角色画像比较

除了英雄角色外，男性在其他角色上的平均分往往高于女性。有趣的是，他们特别容易把自己视为复仇的受害者。这就提醒研究者，有必要对其所涉及的罪行进行仔细的研究，以确定男性这种倾向的依据。不出所料，一个简单明了的结果出现在我们面前，男性更有可能实施暴力犯罪，而绝大多数女性所实施的犯罪都与某种盗窃有关。

暴力犯罪更有可能涉及受害者和复仇者角色的观点得到了图 8-4 所示平均值的支持。该图还表明专业人士角色更有可能与财产犯罪而不是暴力犯罪相关联。

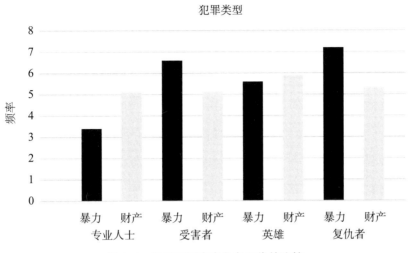

图 8-4　**财产和受害者角色画像的比较**

这些发现确实与早期针对更大样本的已定罪犯罪者进行的研究相一致，特别是戴维·坎特和玛丽亚·约安努（Maria Ioannou）所发现的（2004），暴力犯罪人对其犯罪经历的描述不如那些财产犯罪人对其经历的描述愉快这一点。因此，当思考所扮演的叙述角色时，至少回想起来，似乎确实是存在一种有趣而重要的方式来理解犯罪经历的。

这些发现具有众多现实意义。例如，正如唐娜·杨斯和戴维·坎特（2009）以及朱莉安娜·M. 里德（Julianne M. Read）和马丁·B. 鲍威尔（Martine B. Powell）所建议的（2011），对于活在不同犯罪者叙述中的个体来说，进行访谈的方式可以适当地有所不同。从叙述性角色中推断出的犯罪者 / 嫌疑人特征有助于形成最初的关联，以确定将在访谈中使用的方法和策略。

有人猜测，那些认为自己是专业人士的人会更愿意接受经过深思熟虑、精心组织的访谈，这种访谈会让他们觉得自己处于掌控之中。相比之下，将自己视为受害者的嫌疑人可能更愿意在以和解的方式处理的前提下直接认罪。从这一角度得出的丰富假设还有待检验。

另一个有趣的研究方向是，对如何解释犯罪过程中行为的角色相关方面可能呈现出的犯罪者特征进行考虑。这是一种使用叙述框架来帮助发展出能够将犯罪行为与犯罪者特征联系起来的推论的想法，我将其总结为 A（犯罪行为）→ C（犯罪特征）等式（Canter, 2011），或者更通俗地说，是犯罪心理画像等式。例如，这将导致这样一种假设，即与专业人士角色相关联的犯罪行为将与受害者角色相关联的犯罪行为存在着天壤之别。这些假设的细节需要进一步地进行论证和发掘，而数据的获取将是这项工作中最具挑战性的环节之一，尽管如此，本章中的说明性研究还是指出了实现这一目标的一种可能方式。

进一步的实际应用来自对导致个体停止犯罪的因素进行的探究。沙德·马鲁纳（Shadd Maruna）等人（2001）强调，帮助人们停止犯罪活动与他们建立了一种不再支持犯罪的不同叙述有关。当我意外地收到一封来自南非因暴力犯罪入狱的男子的信时，这种可能性给我留下了深刻印象。他在信中说，他读过我的《犯罪阴影》（*Criminal Shadows*）一书，并意识到他一直认为自己是受害者。通过改变对自己的看法，他成功地控制了自己的暴力行为。

另一项使用这种叙述视角进行的研究，遵循了本章所讨论的主要主题中所使用的类似模型，并指出了该模型的实际意义，该研究就是对自杀笔记中所揭示的自杀行为所进行的研究（Grayson, Tzani-Pepelasi, Pylarinou, Ioannou, & Artinopoulou, 2020）。例如，被描述为与自杀有关的"利他型专业人士"身份表明，有必要帮助有自杀想法或自杀未遂的人认识到这种观点的重要性，因为这种观点不是利他的，而是对他人的伤害。

结　论

从杰克·卡茨（1988）对犯罪过程中所经历的情绪进行强调开始，就有人认为，叙述视角可以更动态地关注犯罪者（像我们所有人一样）所经历的人生故事。在他的人生故事中，当他犯罪的时候，有一段特别的情节，这是提出一项相当不同寻常的研究的基础。让那些没有被认定为罪犯或被定罪的人，想想他们所做过的一件非法行为，并填写一份简短的叙述角色问卷表格，将他们记忆中做过这件事的经历描述出来。通过互联网征集的样本，通过我的 Twitter 账户邀请的样本，以及使用已建立的在线调查系统（Qualtrics）所做的在线问卷，也展示了这类研究所具有的潜力。

可以使用这种研究设计的其他研究

在本章的拟议研究示例中，尽管只有少数人进行回答，但在线调查的使用依旧被证明是有价值的。如果对参与者进行更广泛的搜索，或者使用可用的小组，很可能会有更多的响应。在线调查在社会和心理研究的许多领域都已经变得非常流行，并且无疑将成为后新冠肺炎时代调查研究的主导形式。它们相对容易建立，但也充满了潜在的问题，这就需要研究者仔细考虑调查对象的招募和调查的管理。仅仅向邮件列表发送一份调查问卷，而不考虑其中的含义，本质上是懒惰的，也很可能是徒劳的。

事实证明，叙述角色问卷的简短版本对那些没有犯罪史的人来说足够有趣，也可以获得启发性的回答。因此，叙述角色问卷的简短版本可以用于反社会行为研究的许多其他方向。例如，霸凌者或被霸凌者、参与帮派的人或特定群体（如娱乐性吸毒者）都可以成为使用该工具的研究重点。

在这项快速、简短的研究中，人们愿意承认的非法行为的范围也表明，有一个关于犯罪的信息来源还没有被广泛探索。大多数研究锁定的都是一群被羁押的受众，通常是在监狱里。而那些可能从未被定罪但实施过非法行为的人反而恰好就是另一个被遗漏的重要信息来源。那些被判有罪的人和那些没有被发现却逍遥法外的人有很大的不同吗？目前的数据很难告诉我们答案。

思考与讨论

1. 使用社交媒体作为调查反馈来源的优势和劣势分别是什么？例如，Twitter、Facebook 和 Snapchat 之间有什么不同？

2. 除了本章中考虑的角色之外，还有哪些角色可能与实施非法行为有关？

3. 请他人对实施违法行为时的经历进行描述时，需要考虑什么？

4. 除此之外，你还能如何发掘人们在实施违法行为时所经历的事情？

5. 你能想出在什么情况下，你可以在实际犯罪的同时对犯罪者的经历进行探究吗？

Experiments in
Anti-Social Behaviour

———

第 9 章

你是如何一步步落入骗子的陷阱的

———

研究 7：欺诈者是如何说服目标的。如今欺诈的种类繁多，几乎任何合法的活动都可能被犯罪分子用来非法获取金钱。而大量关于说服心理学的研究可以用来确定欺诈者是否或如何利用这些心理过程以达到欺诈目的的。

摘要

　　通过对互联网欺诈的研究，可以让我们学到很多关于说服心理学的知识。互联网欺诈当下可谓非常猖獗，几乎所有人都可以在自己的电子邮件收件箱里找到大量的欺诈邮件。对互联网欺诈的构成进行的详细探究为案例研究方法提供了一个很好的例子。本章的拟议研究对基本上所有的增加欺诈可信度的交流组成部分进行了揭示。其中一个方面经常被低估，那就是欺诈性沟通嵌入可识别叙述中的方式。因此，以有意义的叙述为特征的结构对于研究网络犯罪同样具有很高的价值。

背　景

　　基于互联网的欺诈当下已然成为任何现代经济中最庞大的一种金融犯罪形式。欺诈者利用与受害者在互联网上的联系非法获得的收益相当的惊人。随便哪一年，该犯罪行为带来的经济损失总额都高达数十亿英镑。在英国，超过 100 000 人曾经遭受过这种犯罪行为的侵害，其中甚至还包括了超过 40% 的中小企业。基于互联网的诈骗者相当聪明，以至于我自己曾经也被骗过，我跟随对方的指引登录了我的银行账户，然后近 20 000 英镑就被划走了。当然，我比较幸运，因为后面这些钱都被找了回来，但这次经历却让我对这些犯罪者的手段着迷，他们是如何让通常很谨慎的我受骗的呢？

受害者损失的金额跨度很大，从几百或数千英镑到数百万英镑都有。这些损失很可能是致命的，尤其是当受害者失去的是自己一生的积蓄，或者是自己的企业赖以为续的运作资金时。据了解，一些受害者会选择自杀，原因主要有两个：一方面他们无法接受自己被骗，感到无比的羞耻；另一方面就是经济现实，受害者赖以生存的积蓄和资金被骗子洗劫一空。从英国国家医疗服务体系（the National Health Service，NHS）或其他公共机构诈骗巨额资金的行为，也同一时间限制了这些机构为其服务提供资金支持的可能。因此，这些骗局实际上在影响着依赖这些服务的每一个人。

欺诈的种类繁多。几乎任何合法的活动都可能被犯罪分子用来非法获取金钱。以下列出的是美国常见的 10 种欺诈类型。

1. 网络拍卖。虚假陈述或无法交付拍卖物。

2. 普通商品。虚假陈述或无法交付货物。

3. 在家工作计划。欺诈性的机会，用虚假的在家工作机会欺骗个体，如每天在家动动手指就可以轻松月入数千美元。受害者一般会先拿出一笔钱做前期的投入，然后会发现所谓前期投入根本就形同虚设。

4. "尼日利亚"骗局。一般涉及一笔金额巨大的遗产或者资产，欺诈者会说自己不想要了或者用来避税，请求受害者支付一笔转让费用，并将资产或遗产转给受害者。

5. 彩票。要求获奖者在领取实际上并不存在的奖品之前先进行付款。

6. 预付费贷款。欺诈者会承诺受害者一笔个人信用贷款，但前提是受害者必须先付费。

7. 网络钓鱼。伪装成来源可靠的电子邮件，在其中附上链接，要求受害者提供个人信息（如信用卡号等）。

8. 奖品／抽奖。在受害者领取本不存在的奖品前要求他们支付领取费用。

9. 互联网接入服务。虚报本来并不存在或者并不提供的互联网接入和其他服务的费用。

10. 投资。以虚假的投资收益承诺诱使受害者出钱。

随着犯罪分子对新的行骗手段不懈的开发，欺诈的比例、类型和频率一直在变化。就好像很多研究者所预测的，新冠疫情背景下，人们普遍处于焦虑的状态中，也很容易轻信某些信息，这些情绪和倾向则巧妙地被犯罪者利用，实施了众多与之相关的欺诈活动。

尽管通过短信和社交媒体实施的欺诈所占的比例逐年升高，但绝大多数欺诈依旧通过互联网实施，要么是通过网站，要么是通过电子邮件。毫无疑问，互联网通信的日益普及增加了犯罪分子实施欺诈的机会。当你可以在其他国家，甚至在自己舒适的家中实施非法牟利的行为时，为什么还要去抢银行呢？

互联网被犯罪者当作欺诈工具使用并展现出巨大力量的原因其实并不难理解。

1. 许多互联网用户其实并不明白互联网是如何工作的。很多用户将互联网看作一本普通的书，他们并不理解网页或电子邮件背后的计算机代码是什么东西。

2. 许多人都认为，虽然沟通的时候是电子通信，但那些有组织的、以彰显专业的方式与他们打交道的人，实际上和现实中面对面见到的一样，是值得信任的。

3. 通过电子邮件和其他电子媒体进行的远距离通信提供了匿名性，使欺诈者能够以他们想要的任何方式展示自己。男人可以装成女人，住在尼日利亚前首都拉各斯的人可以假装自己在英国伦敦，这就带来了无穷无尽的欺骗可能。

4. 骗子可以同时自动锁定数千人甚至数百万人。这些自动锁定目标中只需要有一小部分人上钩，就可以获取巨额的非法所得。

这些骗局的本质是让人们相信所提供的皆为真实的，看到的信息和信息的提供者都是可信的。而所有的这些，其实都是为了说服受害者，要让他们相信自己得到的信息以及知道的事情，从而进一步地让他们相信自己这钱花得合适、花得值得。对这一说服实现过程的研究，可以教会我们很多关于说服的艺术和所涉及的心理过程的知识。

说　服

有大量关于说服心理学的研究可以用来确定欺诈者是否或如何利用这些心理过程。罗伯特·B. 西奥迪尼（Robert B. Cialdini）就曾提出了一种被广泛引用的基于销售人员和筹款人所进行的研究得出的方法（1993），虽然后续有众多的研究者对这种方法进行了完善（e.g. Oyibo, Orji, & Vassileva, 2017; Whitty, 2013），但我们还是根据罗伯特·B. 西奥迪尼（1993）的框架，来看看影响说服有效性的六个方面。

1. **内部消息**。消息来源可信度很高。他（通常是男性，但也不总是男性）会直接或间接地表示，自己很明确也很肯定自己所说的内容，并且肯定能接触到给他这些内部消息的专家资源。

2. **稀缺**。声称自己所提供的信息是限量的、少数人才知道的。这个方面既可以用来表明要约的价值（因为其他人少数人也正打算利用这个信息），同时也可以用来说服受害者在没有进行完整尽职调查的情况下盲目快速地采取行动。

3. **喜欢和相似**。如果信息的来源被认为与接收消息的人相似，这就提高了接受该消息的可能性。此外，当提出要约的人表示他们喜欢消息的接受者时，例如通过称赞对方等行为，能大概率克服要约可能带来的沉默、恐惧甚至威胁感的。

4. **互惠**。大多数人会倾向于回应为他们做事情的人。例如，在菲利普·R.昆兹（Phillip R. Kunz）和迈克尔·伍尔科特（Michael Woolcott）的早期研究中（1976），有28%的人在收到来自完全陌生的人所寄送的圣诞卡后去认真地回复那些圣诞卡。毕竟，互惠是许多社会交往的基础。在别人没有要求的情况下，为别人去做一些事情，也可能引发回应。

5. **一致性**。人们喜欢在自己所做的事情上变得可靠和可信任。一旦他们承诺采取行动，就会有个人和社会的压力来维持这一行动。即使是特定方向上的一小步也会鼓励一个人坚持下去。由此产生的一个有说服力的技巧是让人们致力于一个相对较小的行动，然后鼓励他们继续做一些更有意义的事情。随着时间的推移，这可能会使欺诈者获得巨额的犯罪所得。

6. **社会认可**。其他人也同样支持被提出的某个行为吗？如果信息暗示存在鼓励行为实施的一般准则的话，这些信息暗示的价值就会有更大的可能性被接受。大多数人希望被视为社会群体的一部分，像其他人一样行事。因此，如果信息中包含了其他人做了什么的信息，那么就更有可能被执行。

这六个过程可以用作考虑欺诈性消息的框架，同时也提供了一个内容分析结构，可以作为信息核验的起点。

嵌入式叙事

当一个素未谋面的人突然出现，并开始与你进行交流时，有些有趣的事情也会随之而来。比如，这些陌生人是如何建立自己的信誉，并引导那些最终相信他们建议的少数受害者的呢？他们必须先设定一个能让他们的说服技巧发挥作用的环境或背景，一般会进行一段叙述，这段叙述里面会包含他们的身份以及他们所处的位置等信息，这些信息会让欺诈者编造的故事听上去更可信。当一个故事所包含的内容符合了一般人对故事组成因素的普遍预期时，它就有更高的可能性被人相信。那么什么是令人信服的故事的组成因素呢？最有影响力的研究来自美国社会语言学家威廉·拉博夫（William Labov），在其堪称经典的著作中（1972），他对大多数故事中存在的六个组成因素进行了分析和总结。虽然他所进行的研究本身是为了发现故事的组成因素，但其结果同样也可以用来指出是什么让故事变得更可信。虽然他处理的基本上都是口头故事叙述，但那些具有本地特征的书面叙述实际上也是适用其分析结果的。威廉·拉博夫（1972）确定的组成部分有以下几种。

1. **摘要**。对故事和背景进行介绍，并对故事主题进行暗示。
2. **走向**。涉及的人物、地点和时间，提供了故事发生的背景线索。
3. **复杂性**。叙述中的事件会被重新提及。通常会融入一些复杂的因素，比如可以明确事件顺序必要性的事件的反应等，包罗万象。
4. **评估**。强调叙述的重要性，这样做是为了陈述或暗示讲述故事的原因。
5. **结论**。在评估之后，核心信息会给出，通常带有对事件的后果或结果的描述。
6. **尾声**。将听众拉回当下，故事已结束，并可能将故事的寓意或信息包含其中。

并不是所有的故事都有上述所有的组成，尤其是尾声，其实并不是必需的。在叙事过程中嵌入说服技巧有助于对欺诈者信息的诸多方面进行支撑。例如，在"走向"这个部分，欺诈者可以通过在合适的上下文中加入对讲故事人的身份所进行的强调去加强他的权威性。即便是一个再典型不过的故事，也会有一些复杂的特点，这会使它更有趣，也增加了它的合理性。

另一个需要注意的关于讲故事的方面是，上述六个组成部分通常会按顺序出现在故事中。但现代小说家和电影制作人为了吸引更多的观众，也确实利用一些微妙的手段打破了这一顺序，论其微妙之处就在于，时间顺序改变了，但六个组成部分仍然会在不同的时间顺序框架下以相同的顺序出现。正如法国新浪潮电影导演让·吕克–戈达尔（Jean Luc-Goddard）所说："一个故事应该有开头、中间和结尾，但不一定是按照这个顺序。"许多研究表明，当叙事以逻辑顺序呈现时，会更容易理解（Johnson & Bransford, 1972）和记忆（Carroll & Korukina, 1999）。戴维·坎特等人（2003）对此进行了证明，如果六个组成部分按照威廉·拉博夫指出的顺序呈现，故事则更有可能被相信。

克里斯·斯特里特、瓦尔特·F.比朔夫、米格尔·A.巴迪略和艾伦·金斯顿（2015）对最近的研究进行了到位的总结，这些研究都得出了一个类似的结论，即人们不太擅长去分辨和判断沟通的真假。但有一点需要注意，就是这些研究大多是实验室研究，且实验条件非常有限。在日常生活中，除了心理学家扭曲的探索外，人们通常都非常信任他人（Bond & DePaulo, 2008）。这其实并不奇怪，因为正如贝拉·M.德保罗等人（2003）所说，除非人们在大部分的时间里都说真话，否则社会就会停滞不前。

许多欺诈企图不成功的部分原因是，他们缺乏克里斯·斯特里特所说的"个性化信息"，这是一个相当不必要的发明术语（Street et al., 2015）。他指的是某些与信息直接相关的特定方面，这些方面可能会告诉人们信息的真假，诸如可验证细节的数量等。许多研究者已经表明，个性化信息对于判断某样东西是真是假非常重要。例如，加利茨·纳哈里、阿尔德特·弗里杰和罗纳德·P.费希尔（2013）证明，说谎者更有可能提供不可验证的细节。可验证的细节通常是与信息有关，因此是"个性化的"。欺诈者会隐约（或可能有意识地）意识到需要在他们给出的信息中加入一些具体特征，这么做会让他们变得更加可信。如上所述，说服的组成部分和叙事结构为考虑它们如何提供这种个性化信息给出了一个框架。

另外，还有一点是欺诈者必须防范的，即受众可能相信的一般情况。正如克里斯·斯特里特等人（2015）指出的那样，许多研究表明，在日常生活中存在一种趋势，就是出于某些听上去挺恰当的原因，人们会倾向于相信自己被告知的就是真的。当然，在某些情况下，该趋势也会逆向出现。比如，有证据表明，人们通常会认为，销售人员所说的东西就不是那么可信（DePaulo & DePaulo, 1989）；警方不会相信嫌疑人给出的信息（Meissner & Kassin, 2002），但这种不信任仅局限于判断与他们工作有关的陈述时（Masip & Herrero, 2017）；或者，还有一种情况，就是有些经过训练之后变得更加审慎和持怀疑态度的人，通常也会陷入一种不信任的偏见之中（Masip, Alonso, Garrdio, & Herrero, 2009）。

欺诈者必须想方设法利用上述不假思索的相信倾向，或者克服人们抱持的某方法极具欺诈性的假设。如果让我说，我就会再次建议这些欺诈者通过在他们貌似可信的叙述中嵌入说服技巧来做到这一点。这方面最直接的一个例子就是，欺诈者将自己伪装成其他人，比如，互联网上的欺诈者就经常试图将自己伪装成某个声誉良好组织的一员，通常可能是假冒互联网服务供应商发送邮件，或直接架设一个看起来像真正组织的虚假网站。这种类型的造假在社交媒体上已然泛滥成灾。美国前总统唐纳德·特朗普（Donald Trump），其社交媒体的昵称是 @realDonaldTrump，这一事实明确地展示了避免冒充总统的人在社交媒体上发布虚假短消息的可能性和必要性。

我每天都会收到很多电子邮件，这些邮件打眼一看，很多都很像是我的互联网提供商、一些公用事业组织或银行发来的，内容无非是要求我登录网站进行升级、支付未清账单、避免相关账户的关闭，或其他一些原因。如果我登录并按照指引提供了我的安全信息，犯罪者就可以访问我的电子邮件系统，甚至可能访问我的银行信息。但是，总是有一些相对简单的检查可供人们使用，以确定电子邮件的真实性，比如克里斯·斯特里特等人（2015）提到的"个性化信息"就是其中之一，我很清楚自己不欠任何服务商任何费用，也没什么可以升级的，就算是有一些可以升级的东西，无论如何也不会通过这种途径去做。

如果实施骗局的人并没有将自己伪装成知名人士或某个组织，那他们就必须以其他方式建立自己的可信度。这就是将他们的叙述嵌入一个貌似可信的故事的关键所在，欺诈者嵌入的熟练程度会影响他们的成功率。因此，通过对骗局进行研究，我们可以学到很多关于说服的知识和讲故事的艺术。

互联网欺诈交流内容被当作一种教育工具展现出卓绝的效果的另一个原因是，这种欺诈方式几乎肯定会受益于可能被认为是进化发展的诸多因素。毫无疑问，通过互联网实施诈骗的人会发送数百条甚至数千条信息，然后他们中的一小部分人会成功地欺骗一个或多个受害者将自己的钱掏出来。以这种方式"起作用"的欺诈信息将被重复使用，欺诈者甚至会考虑这些交流信息所依据的原则，这就意味着，一些信息会在这个过程中幸存下来，而另一些则会被淘汰。因此，广泛存在的欺骗性信息可能是说服过程中某个特别强大方面的展现，这些信息是"最合适的"，因此"幸存下来"。

还有一点值得强调。经过对测谎相关的心理学文献进行的广泛综述研究发现（reviewed extensively by Vrij, 2015），测谎的心理学研究基本完全基于本书"研究 2"中实验室实验示例里所使用的实验范式来进行。在这些研究中，研究者会精心挑选真实和欺骗性叙述的例子，实验的被试会被要求确定叙述是否真实。在一些研究中，研究者甚至会先鼓励被试在不同的条件下撒谎，然后再对发现被试谎言的轻松程度进行探究。但必须要注意的是，目前我们看到的所有这些研究中，自然情况下发生的欺骗行为极其罕见，研究者正在努力地去尝试在自然情况下进行该方向的研究（Eapen, Baron, Street, & Richardson, 2010; ten Brinke & Porter, 2012），在"研究 2"中有更详细的讨论，其重点应该放在欺骗的线索和人们如何使用它们上。本研究是对这一领域研究的补充，通过对自然环境下实际发生的欺诈性交流的检验，来确定犯罪分子在行为实施过程中所使用的策略和技巧。

电邮欺诈研究

目标

本研究的目的是通过对真实情况下出现的欺诈性信息进行的检验，去揭示其背后存在的、支持其合理性的因素。研究者假设，本研究还可以找到罗伯特·B. 西奥迪尼（1993）和威廉·拉博夫（1972）提出的叙事结构中总结出的说服的组成部分。这将有助于进一步理解在合理叙述中利用明示或暗示的说服技巧如何帮助提高欺诈沟通的成功率。

这项研究还有一个实用价值，那就是让你了解到如何检验欺诈性信息，这样你就不会像我一样被骗了！

方法

这项研究基于自然情况下欺诈性信息的实例进行。实际上，本拟议研究有点像一系列组合在一起的案例研究，揭示了欺诈性信息是如何组织的，它们的内容是如何构成的。这其实就是通常所说的"定性"研究的一个方面，定性研究侧重于材料的实际内容，而不是在"定量"研究中给测量分配数字。

正如我们将在拟议研究中看到的，通过统计欺诈性信息在众多例子中的出现频率，可以给所生成的内容类别分类。与许多关于犯罪和越轨行为的研究类似，也可以根据不同案件类别的共同发生率进行更复杂的统计分析（e.g. Canter & Fritzon, 1998; Canter & Kirby, 1995; Grayson, Tzani- Pepelasi, Pylarinou, Ioannou, & Artinopoulou, 2020）。所有这些分析的核心是将材料的成分归入不同的类别，一旦我们对一些可能使用的例子进行思考，这一点就会了然于胸。

拟用示例

互联网上充斥着各种各样的欺诈性信息。几乎可以肯定，你或者你的同事多多少少都会收到过。只需在网上搜索"互联网 / 在线诈骗案例"，就可以找到非常多不同形式的例子，但对于本拟议研究，你只需要直接找到一个实际发生的示例，然后尽可能多地收集它们所有的细节就好。

图 9–1 和下面的三个例子都是我最近收到的一些诈骗信息。出于研究目的，需要收集一定数量的欺诈示例去配合研究，一般可能 20 ～ 30 个用于研究的示例，就可以得到一个有实际意义的结果。如果例子收集得越多当然越好，大量用于研究的示例可以对欺诈模式进行更详细的揭示。

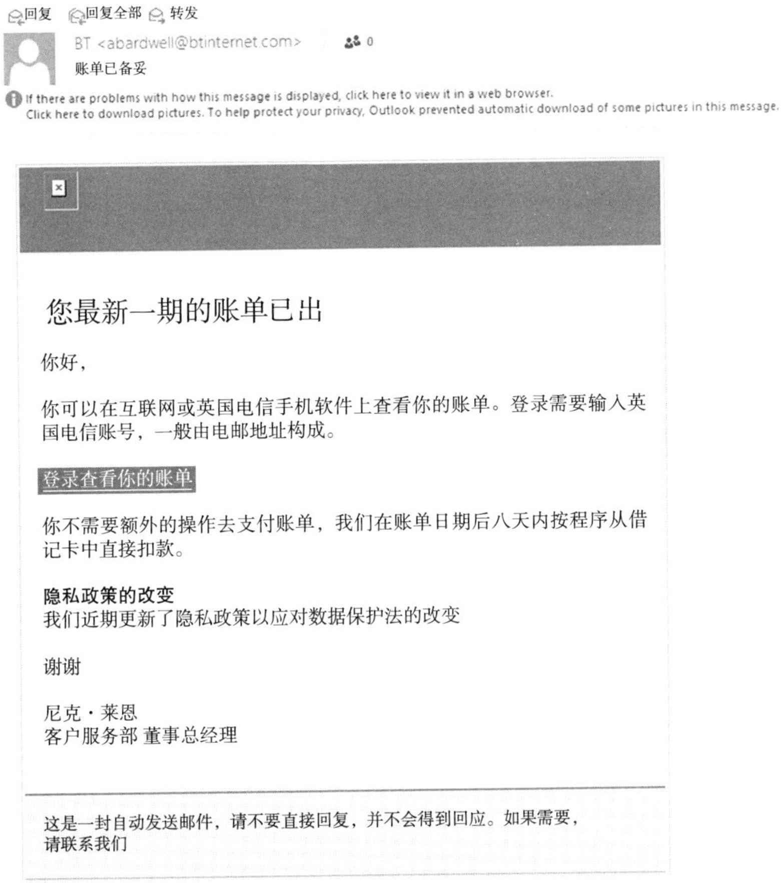

回复 回复全部 转发

BT <abardwell@btinternet.com> 0

账单已备妥

If there are problems with how this message is displayed, click here to view it in a web browser.
Click here to download pictures. To help protect your privacy, Outlook prevented automatic download of some pictures in this message.

您最新一期的账单已出

你好，

你可以在互联网或英国电信手机软件上查看你的账单。登录需要输入英国电信账号，一般由电邮地址构成。

登录查看你的账单

你不需要额外的操作去支付账单，我们在账单日期后八天内按程序从借记卡中直接扣款。

隐私政策的改变
我们近期更新了隐私政策以应对数据保护法的改变

谢谢

尼克·莱恩
客户服务部 董事总经理

这是一封自动发送邮件，请不要直接回复，并不会得到回应。如果需要，请联系我们

图 9–1 伪装成英国电信发送的网络钓鱼欺诈邮件

为了使研究不那么复杂且便于管理，我建议你仅关注一种类型的诈骗就可以。比如说，勒索诈骗或者预付费用诈骗。附录 10 中展示了这些骗局实施的更多细节。

预付费"乞讨骗局"

你好，

愿主的和平以耶稣的名义与你同在。

我是先知埃索达斯，上帝的声音从远处传来。我奉上帝之命向你传递一个预言，去摧毁和阻止撒旦对你生命的觊觎。

你必须马上联系我，这样我才能代表你和派我来的人对话。

不要把这个信息当作一个笑话，因为它有关生死，我会告诉你你所需要做的事情，以确保你免受你的敌人朝你射出的精神之箭的伤害。

在回到我这里之前，我想让你读读《圣经》中的"耶利米书 29:11"和"撒迦利亚书 4:6"。我是上帝的使者，来自远方的声音。

听从那差我来的人的话，你和你的人民将永得安宁。

请登录以下某某网站查看。

先知埃索达斯。

预付费（尼日利亚或 419）骗局

我叫纳吉拉·穆罕默德·阿瓦尔，是阿拉伯联合酋长国的秘书长和阿拉伯联合酋长国（迪拜）2020 年世界博览会委员会的常务董事。

我写这封信是想请您作为我的合作伙伴，接受我在迪拜 2020 年世界博览会委员会的投标活动中帮助过的外国公司给我的那份报酬。

作为一名担任部长的已婚阿拉伯妇女，我的个人收入相当有限，投资水平也一样。由于这个原因，我不能在国内直接收这么大一笔钱，所以就与外国公司达成协议，将这笔巨款直接支付给一个金融机构开设的开放受益人账户，然后我才有可能进一步地将资金转移到第三方账户进行投资，这就是我联系您作为我的投资伙伴在贵国接收这笔钱的原因。

这笔资金的金额为 47 000 000 美元，而且，一家金融机构正在等待我进一步的指令，一旦您这边表示有兴趣，该金融机构就会立即向您给出的目标账户进行转账。

如果您有很好的投资手段去处理这笔钱，请将更多的细节回复到以下某某电邮地址。

真诚地，

纳吉拉·穆罕默德·阿瓦尔

勒索骗局

嗨，我抓到你了。你可能不认识我，你可能想知道为什么你会收到这封邮件？

实话和你说吧，我在某个成人色情网站上放了一个恶意程序，你猜怎么着，你访问这个网站是为了找乐子（你知道我的意思），但当你观看视频时，你的浏览器会开始远程控制你的桌面，并通过键盘记录器为我打开访问你显示器和网络摄像头的权限。在那之后，我的程序会从所有可能的渠道收集你所有的联系方式。然后，我把这些素材加在一起，制作了一个视频，视频的第一部分，一定是你正在看的视频（你很有品位哈哈……），然后就是你摄像头拍到的你当时的画面。

不用担心，我会给你两条路走，让我们来详细地谈一谈。

第一个解决方案是忽略这封邮件。但如果你这么做了，那我肯定会把你的视频发给你的每一个联系人，你用脚趾头想，都可以想到那种可能的羞耻感。如果你正处于热恋中，那我可不保证会有什么影响。

第二条路呢，就是给我 2000 美元，就当是一种捐赠吧，你给了钱，我就会立刻删除视频。你可以继续你的生活，就像这件事从未发生过一样，我也绝对不会再找你。

支付需要通过比特币进行（如果您不知道这一点，请在谷歌中搜索"如何购买比特币"）。

比特币地址发送至某某邮箱［区分大小写复制并粘贴］。

如果你想报警处理，没关系，反正这封邮件也查不到我，相关的痕迹我都删除了。你要知道，我向你要的钱并不多，其实说实话，我只是想得到一点应得的报酬。我在这封邮件中已经植入了一个特殊的程序，并且我知道你已经阅读了这封邮件。你现在有一天时间付款。如果我拿不到比特币，那么我肯定会把你的视频发给你所有的联系人，包括家人、同事等。还是那句话，一旦我收到了钱，我就会立刻删除视频。没有任何可以商量的余地，所以也不要浪费你我的私人时间来回复这封邮件。如果你想我给你一点证据，你就回复"是"！那我保证，我一定会把你的视频发给你的 12 个联系人。

步骤

准备用于分析的欺诈性信息的方法有很多，但万变不离其宗的，就是将每条消息分解成若干必要组成部分，这就是所谓的"内容分析"的精髓。帕特·贝兹利

（Pat Bazeley）对这种形式的定性研究方法进行了一个非常广泛的回顾（2013），而珍妮弗·马森（Jennifer Masson）则对其给出了一个简短的概述（2002）。目前已经出版了很多这样的定性研究指南，其中很多都可以在赛奇出版的定性方法书籍列表上找到。

定性研究认为，它在对待被研究现象时，会比强加数字框架的社会科学方法更直接。有人认为，定性探索是对正在研究的原始素材的直接利用，而不是通过不可避免的预设测量仪器对这些原始素材进行过滤（see, for example, Silverman, 2017）。其中，"扎根理论"是定性研究中比较成熟的阐述。该理论认为，在通过定性研究接近其主题的过程中，不应该存在任何先入为主的观点（Straus & Corbin, 1998）。这种定性研究的方法为如何让数据"不言自明"提供了详细的指导。扎根理论会先假设研究者能够以客观的方式处理一组素材，这种客观会导致原始数据中固有的主导主题得以揭示，而不会被研究者强加。要做到这一点，整个过程中都需要详细、谨慎且高度自觉。虽然如本章随后所指，在首次对欺诈进行探索时，扎根理论的某些方面可能相当有价值，但本研究中开发的方法还是选择以说服和叙事结构理论作为出发点进行。

内容分析方法

在两个纬度上对内容分析材料进行考量是相当有用的。一种是检查材料是如何组织的，比如它的长度、复杂性或者它的结构。另一种是关注内容，以及内容中涉及的细节。这个细节从对实际使用的单词进行详细的处理，到更大范围的书面内容的处理，存在着一点点的不同。但是，无论要做什么分析，你都必须要先决定你要处理的单元的大小，比如词汇、从句、主题、话题等。

单元化

"单元化"这个术语相当笨拙，指的是将原始材料分解成不同的单元进行分析。单元化可以在诸多细节层面进行。

词汇

可以对实际使用的词汇进行编目和系统分析，以建立对欺诈者所使用词汇的描述。例如，研究者可以用单元化来分析"信任"这个词，或者其他与情绪相关的词的使用频率。当今的数字文字处理软件使得在一篇文章中搜索关键词并统计它们的出现次数变得相对容易。但是，任何语言都有一个重要的方面，那就是同一个词汇的意思可以通过多种方式去表达。例如，在英语中，许多单词既可以是名词，也可以是动词，不同的用法意味着不同的意思，就像著名的书名《熊猫吃、射、走》（*Eats, Shoots and Leaves*）[①]一样，同一个单词的复数和单数形式会让原本简单的单词检索行为变得混淆，类似的还有不规则动词的现在时和过去时，如"sit"和"sat"，甚至是"鼠标"这个词，也是既可以指一种动物又可以指一种计算机设备！

雅拉·陶斯齐克（Yla Tausczik）和詹姆斯·彭内贝克（James Pennebaker）利用现代计算机处理数字化文本的能力开发了语言查询和字数统计（the linguistic inquiry and word count，LIWC）软件系统（2010），该系统内包括了一套能够对单词进行分类的词典，以及一个可以计算不同类别词汇使用频率的程序。发明该系统的研究者明确表示，这种计算能够有效揭示注意力集中度、情绪、社会关系、思维方式以及个体之间的差异。到目前为止，我还没有发现利用该系统进行欺诈性通信

[①] "*Eats, Shoots and Leaves*" 是一本非常特殊的书，书中列举的大量例子向读者说明，英国人不注意标点符号的使用。"Eats, Shoots and Leaves" 就是作者收集的例子之一。这句话来自某博物馆介绍大熊猫的一份宣传材料，该材料说："The panda is an animal that lives in China. It eats, shoots and leaves." 其实后面一句错误地多用了一个逗号，正确的句子应是 :It eats shoots and leaves.——译者注

的情况。对于该领域以后的研究来说，这依旧不失为一个有趣的可能。

短语

短语可以在比词汇更大的范围内进行识别。短语可能代表着重要的文字形式，甚至类似在本拟议研究中以徽标的形式进行呈现，抑或是诸如"客户服务部常务董事"之类的签署说明等。在线检查可以确定这些短语是不是真实的，一般情况下，都是真的。这种检查为信息的收集提供一些支撑，比如可以让研究者知道，某个组织的哪些部分会被欺诈者选择，用来给那些与隐含叙述相关的权威的信息提供支持（如图 9-1 所示的英国电信骗局中的情况）。

主题

我认为，主题是最容易确定说服技巧和叙事结构的细节层面。这里面就包括了我们之前提到的含义的基本组成部分的引出。与其只研究文本的写作方式，不如把交流所想传达的内容的本质提取出来。

如果你有一个所谓的"电子邮件必备内容"框架，就意味着你同时可以对遗漏的内容进行记录。例如，在网络钓鱼欺诈中，收件人的真实姓名或真实的收件人个人参考代码会被省略（尽管有时会放入一个假代码，希望收件人不会检查这是不是他们自己的那个）。检查电子邮件的实际发送地址也会发现它似乎不是来自官方的组织。

图 9-1 中来自英国电信的消息可以用来参考并对上述观点进行说明。从图中的表述，比如"你不需要做任何事情来支付它"可以看出包含了诸多主题，里面有直接提到收件人"你"，并且还表明了动作（即不需要采取任何行动），并提及了付款。

社会科学研究中有一个相当成熟的领域，被称为"话语分析"。进行话语分析的方法有很多，但这些方法的本质其实都是对书面或口头话语当下的机制和作用原理进行探索，这其中就包括了话语的潜在目的，例如，使接受者相信话语发出者的权威性，或告知对方对某一主题缺乏兴趣，抑或是共同兴趣的展现等。这里一个比较有趣的例子，是"无论如何"这个词的用法，尤其是在演讲过程中的用法。这个词很少带有明显的含义，一般都是用来表明当前的谈话主题需要改变，如"无论如何，正如我之前所说的"（Park，2010）。

虽然本研究提出了说服和叙述的框架，但话语的许多其他方面依旧存在很多探讨的可能。当然，其中一些可能会与本章介绍的模型有所重叠。值得一提的是，许多话语分析的方法会与更广泛的符号学分析重叠，符号学分析是由雅克·德里达（Jacques Derrida）等法国思想家率先提出的。这种素材检验的方法主要探究的是各种符号的意义，以及这些意义所处的细节层面。苹果公司的商标实际上就是一个耐人寻味的例子，一个缺了一块的苹果轮廓。这可以与《圣经》故事"伊甸园中的知识苹果"联系起来，在它被咬的时候，会带走人类的天真，以及很多人类与这个世界的微妙联系。据我所知，目前学界并没有关于欺诈性沟通进行的话语或符号分析，虽然这个方向听上去有点奇怪，但确不失为一个成熟的研究领域。

特征

一般级别的信息分类。例如，预付费用欺诈可以根据它们所围绕的叙事类型来组织。在对这种类型的欺诈进行研究时，我曾经遇到过如下的故事：

> 非洲将军的遗孀私藏了大笔钱财；银行职员可以动用账户，而账户的发起人早已去世，没有继承人；还有一些宗教团体得到了一大笔钱，但他们只能通过一些海外联系人才能动用这笔钱。他们可能会告诉收款人，有人在国际彩票中赢得了一大笔钱，但只有通过向海外转账才能获得这笔钱。

对正在流传的欺诈故事类型进行分类，对理解故事结构来说，是很重要的第一步。让故事可信的细节可能会有所不同，比如说，如果欺诈者将这个消息的来源伪装成一个宗教团体，而不是已故将军的遗孀，可能就会更加可信。

欺诈性素材还存在着很多可供评估的广泛特征。对这些特征的评估甚至可以转变成某种定量评估，比如让受访者从 1 到 10 分去评估信息的可信度等。整体情绪基调、紧迫性、细节和许多其他方面都可以作为进一步探索的基础进行评估。

主题分析

为了对材料进行有效的分析，可以将材料的准备过程分为以下几个阶段，其中包括：

- 确定正在研究的欺诈类型；
- 区分该总类内的亚型；
- 将每次沟通分解成连贯、有意义的单元。

在所有这些阶段中，研究者都需要尽可能客观地做出决定。这意味着任何派生的类别都可以由另一位研究者使用与你相同的特定标准明确同意和复制。证明你的分类方案是最常见的客观方法，就是让一个或几个人对你的全部或部分材料进行浏览，然后仅根据你对自己类别的书面定义去完成相同的任务，并看看结果是否与你相同。

评分者间信度

对一个或多个其他人如何成功完成与你相同的任务进行检查，被称为评分者间信度检查。对于每一个确定的主题，你都要提供一个例子，并描述该主题所涵盖的内容。这个描述列表就是内容"字典"。然后，你可以安排一个或多个同事分别独立地使用这个可供检索的主题列表，对一个有代表性的或随机的材料样本，或全部材料样本进行分析，并按照你制作的主题列表将话语分配到对应的类别中。不同判断结果之间的比较，为讨论不一致的原因提供了无限的可能。通过这种检查，研究者可以对自己的定义进行细化，通过添加或合并的方法，使定义达到合理的高度的一致。

最简单的评分者间信度标准，甚至可以是评分者之间共同商议并同意的类别分配比例标准。当然，也有更加复杂的，研究者一般称为多组间数据一致性分析（Cohen's kappa）。

如果你有三个或三个以上的评分者，那么根据他们如何分类的细节，有多种方法来评估评分者间的信度。它们包括：

- Fleiss's kappa，实际上是 Cohen's kappa 的一种进化；

- Kendall's tau，当数据是有序呈现时可使用，例如将欺诈按似真性排序；

- Krippendorff's alpha，适用于多人且有许多不同形式的评级的情况。

互联网上有许多可用的实例来说明如何使用这些方法。

对互联网诈骗进行专题分析的阶段

1. 第一阶段是决定你要关注的欺诈性信息类型。你是想只处理预付款诈骗、钓鱼诈骗，还是什么类型都涉及？你所能参考的内容将对你的决定产生很大的影响。比如，你是否能够找到足够多的预付款欺诈，让你能够非常自信地从样本中得出结果？或者，你有兴趣比较不同类型的欺诈在结构和内容上的相似之处吗？对你来说，对你所积累的材料进行内容分析（或话语分析）有多容易？

2. 决定了你要处理的材料后，很可能有必要将这些材料进一步细分。比如，对于预付款欺诈来说，研究者需要对所提出的不同故事情节进行识别（如银行职员、将军的遗孀、商人、彩票代表等）。勒索骗局可以以受害者被勒索的活动类型进行细分。网络钓鱼诈骗则可以按照发送电子邮件的不同组织来进行细分。

3. 到了这个阶段，真正的工作才开始。沟通需要被分解成不同的话语，这一步需要研究者对材料进行仔细的阅读，并汇编一个"内容字典"，该字典由多组对应的摘要术语组成，这些术语是对你识别的每一类材料的描述。

　　如果你使用的是扎根理论，你则需要对材料进行多次的通读，以确立你认为正在出现的主导主题。如果你正在测试本章概述中提及的叙述和说服假设，那么你就可以对与这些模型的组成部分相关的主题进行定义〔本章前面列出的关于罗伯特·B. 西奥迪尼（1993）的框架和威廉·拉博夫（1972）的组成部分的要点也因此被当作本研究的内容词典使用〕。

结果记录

一旦你创建了一个可靠的内容词典，检查了可用的材料，并准备了多种方法来对结果进行总结，你自然就可以看到原假设是否得到支持。或者，如果这是一个更具探索性的研究，遵循扎根理论的方法，你还可以制作一个汇总表，并对你的发现进行叙述。

在案例研究实例比较的最基本层面，一个简单明了的表格可能是最有启发性的。表 9–1 用罗伯特·B. 西奥迪尼（1993）的说服模型举例说明了四种不同的欺诈叙事。表 9–2 则指出了威廉·拉博夫（1972）提到的四种不同类型欺诈的叙述成分。

表 9-1　在四个预付费用欺诈叙述中发现的每个说服成分的示例

	银行职员	商人	身患绝症的人	彩票业务代表
内部消息	我是非洲洲际银行的高级专业顾问	我是利比里亚土地、矿业和能源部下属的国家能源委员会主席埃泽蓬·埃泽先生	一直到最近我都还在伊拉克，因为我们隶属于统治阶级	我是约瑟夫·范·达尔，一名彩票协调员，我很高兴能够处理你的 400 000 美元奖金赔
社会认可	这件事已经由一名律师秘密考虑过了，他能够提供我们需要的法律文件来支持任何索赔	一项类似的交易成功地在先前一个虚高报价的合同上操作过，对双方都有很大的好处	我研究了这个想法，发现这种交易并不少见	你是今年促销抽奖中的几名获奖者之一，且必须现在对你的奖金进行处理
稀缺	如果我收到你的回复，我就不再联系其他人了	因为这是我的公司出售前的最后一份大合同了	我只能活几个月了，因此这个机会稍纵即逝	所有奖金必须在 2004 年 6 月 8 日之前领取
喜欢和相似	在我等待你的回复时，请接受我热情的问候	像你这样聪明的人	因为我相信你是一个诚实和关心他人的人	我们的员工再次向你表示祝贺，并感谢你参与我们的促销活动
互惠	我们不希望你去伦敦，因为我打算将资金转移到我们的海外分支机构，以便于提取，并减少未来伦敦的压力。只有在菲律宾的离岸支付中心才需要你的参与	钱肯定是有的，但只有在我们能够保证公平、透明和良好的伙伴关系的情况下，我才会提供资金	我真诚地祈祷，看在我公众信任你的份上，这笔钱在转移之后，一定要用于我们谈好的东西上	我们希望，一旦我们发放了你的奖金，你将使用其中的一部分来参与我们明年的 1 亿美元国际彩票
一致性	一旦你完成并发送了申请，我和我的同事就将继续我们的工作，向银行施加压力，要求放款	我可以就任何关于交易明确性的问题进行讨论，并帮助完成交易	一旦你实施了必要的行为，并实施了必要的行为，我就会示意我的律师批复资金给你，就好像我承诺的那样	请注意，我们已经为你提供了一个参考编号，以便我们能够亲自处理你的疑问，并防止任何不必要的延误和复杂化

注：感谢克利福德·罗伯特·约翰（Clifford Robert John）准备了这张表。

表 9-2 四个预付款欺诈叙述中的叙述部分示例

	银行职员	商人	身患绝症的人	彩票业务代表
摘要	带着应有的尊重和谦卑，我给你写了这份计划书	我联系你是因为一个绝好的商业/合资企业机会	这封邮件可能会让你大吃一惊，但请将它视为神圣的愿望，并带着深深的谦卑接受它	我们很高兴地通知你 2004 年 7 月 13 日举行的彩票中奖者国际活动的结果
走向	我是贝宁证券银行国外汇款部的票据和外汇经理	我经营一家国际商业促进和咨询公司，在我为我的一个客户寻求外国投资时，通过互联网得到了你的联系方式	我是穆迪沙·布朗夫人，已故的科菲尔·布朗的遗孀，最近被诊断出患有食道癌，所有迹象表明我的病情正在恶化	你电子邮件伴中附带的 2051465897 中间号码生成了幸运数字 8-66-97-22-46-88，因此你有幸获得 500 000 美元的奖金
复杂行为	我们在一个账户中发现了一笔 1850 万美元的遗弃资金，该账户属于阿布·肖恩先生，他是一名美国公民和外国客户，死于空难	在这个项目的建设过程中，我赚了一些钱，我把这些钱存在一个代管账户中，承包商从这个账户中获得报酬。令我惊讶的是，去年年底我发现这笔钱的，已经达到了惊人的 520 万美元	我已故的丈夫非常富有，他死后，我继承了他所有的生意和财富。医生给出的建议是我可能活不过六个月，所以现在我决定捐弃这笔财富	请注意，参与者必须在 2004 年 8 月 13 日之前领取所有奖品
评估	我们的银行政策规定，除非有人作为近亲来申请，否则我不能放款，遗憾的是，我们得知他们都在飞机失事中与他一起去世了	我不能以我的名义去提取这笔钱，因为我在存入这笔钱时已经声明它是承包商的钱	在我们的婚姻存续期间，我们没能生下子嗣，所以没有人可以继承这笔财产	在此日期后，所有无人认领的资金被保留，并入下一年的奖池之中

续前表

	银行职员	商人	身患绝症的人	彩票业务代表
结论	如果这些钱在六年后仍无人认领，将作为无人认领的资金自动转移到银行金库	作为一名政府工作人员，由于储蓄的信用上限，以及公务员的行为准则，我是不被允许去拥有或操作如此巨额的家庭账户的。	我决定将这笔财产捐献出去，用于非洲教会的发展，并选择了你来帮助分配资金给那些贫困的人	如果你需要进行处理，就请联系我们的信托代理，并在所有通信中附上你的参考号和批号
尾声	我已决定向你提出这项业务的建议，你可以作为死者的近亲来申领这笔钱，这样可以确保安全和后续支出	我想让你做的是，作为一名已经执行了项目但尚未获付款的外国承包商，且是我代表进行存款的，你就可以协助我从银行将这笔钱结出来	这笔钱现在存在一家证券公司的账户里，根据我指示，我的律师会以你的名字提出转账申请，然后你就可以把它分发给慈善机构了	我们的员工会再次向你表示祝贺，不要忘记尽快提出你的领奖申请。感谢你参与我们的促销活动

注：感谢克利福德·罗伯特·约翰准备了这张表。

表 9–1 和表 9–2 表明，在用于分析的四个预付款欺诈电子邮件示例中可以找到所有假设成分的示例，这本身就是一个有趣的发现。虽然，生成这些电子邮件的人没多大可能研究过叙事和说服理论（尽管并非不可能）。但看起来，他们在利用这些成分的时候却表现得相当自然，也可能他们自己并没有意识到自己正在做什么。这也并不奇怪，因为毕竟这些成分是从对自然发生的说服和故事讲述形式的研究中衍生出来的。但是，这些诈骗犯教给我们一个道理，即要使说服技巧的组成部分看起来可信，就必须将它们嵌入连贯的叙述中。

除了这些基本的说明之外，依旧存在对材料进行进一步分析的可能。对说服要素融入叙事的形式进行详细的考虑就是其中一种可能，包括了对说服所使用的话语形式所进行的详细探究。例如，查尔斯·S.阿雷尼（Charles S. Areni）对详尽可能性模型（elaboration likelihood model）所进行的描述（2003），探索了说服过程中结构和语法变量的细节，是一个极具活力和实际意义的发展方向。

详尽可能性模型最初由理查德·E.佩蒂（Richard E. Petty）和约翰·T.卡乔波（John T. Cacioppo）提出（1984），尽管它的各种分类非常晦涩难懂，但该模型着重强调了信息接收者对沟通的重视程度。换句话说，他们尝试探索或阐述沟通细节的可能性有多大。这与克里斯·斯特里特等人（2015）所做的区分非常相似，信息的接收者要么关注内部细节（克里斯·斯特里特的"个性化"），要么关注一般背景。据称，这些不同形式的阐述会受到信息呈现细节的影响。

许多研究通过对詹姆斯·彭内贝克和他的同事开发的详细语言分析（Newman, Pennebaker, Berry, & Richards, 2003）技术的利用，对使信息更可信的细节进行了探究。详细语言分析包括了前面提到的语言查询和字数统计软件系统（Pennebaker, Francis, & Booth, 2001）。它统计了被认为具有心理意义的存在于各种类别中的单词的出现频率，如情感、认知、抽象、社会和时间过程等。不同人称代词的使用

（"我""我们""你"等）以及动词的各类形态形式，都是所用词汇的详细方面，这可能可以更好地阐明影响说服力的沟通方面。

频率条形图和比较不同叙述的推断统计测试将使这项研究更加细化。此外，如果额外要求研究参与者对每条信息的可信度进行评估，研究者可能会发现，这种评估可能与这些信息的各个方面和组成部分的出现频率有关。这些因素之间的关联从一个侧面表明了是什么赋予了这些信息力量。这个方向上的延伸，将是使用有效成分去创造信息，并在研究中对这些人工创造信息的影响力进行测试。

结　论

本章旨在对探究欺诈者沟通细节的可能性进行展示。这种研究的材料可以通过个人接触和互联网来轻松地大量获得。所涉及的过程为定性研究和内容分析的许多方法提供了一个有趣的介绍。这项研究还开辟了说服心理学和叙事结构两个全新的研究领域。结合"研究 6"的内容，还可以进一步对本章得到的初步结果进行许多更复杂的分析，特别是研究者将确定的类别通过简单的计数或创建结构转化为定量测量时，复杂分析便成为可能。

可以使用这种研究设计的其他研究

任何被记录的话语，无论最初是口头的还是书面的，都可以进行同样的研究。与反社会行为特别相关的，是恐怖组织为试图招募人员加入而发布的信息。但是，这里应该进行一个重要的警告：安全部门会经常在合适的范围内对那些访问恐怖分子网站的人进行监控，因此在收集恐怖分子通信的研究材料之前，需要非常谨慎的思考，以及完善的伦理批准。但是，如果这些来自右翼组织、圣战组织或其他极端组织的网站可以被研究者利用，那本章所展示的案例研究将会有丰富的素材可供使用。

还有一种研究的可能性，是对恋童癖者和伪装成儿童的执法诱饵之间的相互作用进行探究。D.科里（D. Corey）就在获得已定罪犯罪者聊天记录的访问权限之后，对其进行了有趣的内容分析（2010）。

许多合法组织其实也在宣传自己对犯罪和各种形式的反社会行为的看法。这些组织的叙述是如何构建的呢？他们又做了什么去赋予其主张权威性呢？

思考与讨论

1. 信息接收者的哪些特点可能使他们容易遭受诈骗的侵害？你将如何研究这个问题（see, for example, Lichtenberg, Stickney, & Paulson, 2013）？

2. 你认为这些诈骗信息是谁发送的？你要如何去探究？

3. 考虑如何将所提到的说服方法应用于非犯罪情况。

4. 欺骗的一般方面是否是对类似过程的借鉴（参见"研究 2"）？

5. 定性研究的主要缺点是什么？

6. 内容分析的主要优势是什么？

Experiments in
Anti-Social Behaviour

———

第 10 章

心理战：罪犯是如何为自己开脱的

———

　　研究 8：犯罪的"正当"理由。许多犯罪者都会试图将自己的犯罪行为寻找心理上的借口，使其犯罪行为正当化。对犯罪者认为或提供的犯罪原因进行探索，对他们的思维过程进行理解，可以揭示出支撑其犯罪活动的因素，并提供适当的干预措施。

摘要

　　犯罪者往往对他们的生活充满着强烈的表达欲望，这种表达的欲望一般会以自传或互联网帖文的形式出现在公众面前。此外，犯罪分子在警方讯问中做出的回应或实际的供词的细节也随处可见。基于此，本章拟议研究的重点，将放在针对这些个人陈述所进行的案例研究上。本章拟议研究认为，犯罪行为尤其是暴力犯罪行为的正当性，是对某种文化中所存在的一些核心叙事的借鉴。可能是报复，可能是保持"面子"的需要，可能出于对一个更大的利益的保护，甚至可能是一个偶然的情况等。耐人寻味的是，这些同样也是政客们发动战争的理由。当然，这也并不奇怪，因为他们利用的正是与犯罪者相同的文化嵌入叙事。

背　景

　　提到这个，我必须要指出，许多犯罪者都会试图将自己的犯罪行为正当化。即便他们认罪，并展现出某种程度的悔意，他们仍然会给自己为什么违反了法律安插一个解释，而法律确实也常常在某种程度上为他们的不当行为提供了开脱。至少他们的叙述有可能缓解他们罪行的严重性判断。所有这些，都为继续犯罪提供了心理上的借口。因此，对其概念、类别及其维持方式进行了解是非常必要的，而且可以帮助研究者对犯罪行为进行解释，并提供适当的干预措施。

对犯罪的解释通常利用的都是非个人因素，比如可能是社会和文化，或教养和家庭生活的各个方面。甚至还有那些更具心理性质的因素，如个性或习得行为等，这些本质上都被认为是犯罪者无法控制的因素。生理学、神经学和荷尔蒙的解释同样将犯罪行为归咎于个人控制之外。

这些解释与法律程序认定违法的方式截然不同。对法院来说，个体的决定是最重要的。也就是说，必须明确的一点是，犯罪者知道自己要做什么，知道这么做是错误的，并且计划去做（法律上概括为犯罪意图）。在这个层面上，犯罪的原因是犯罪者意识和控制的一部分。事实上，如果犯罪者有可能陷入一种无法控制或没有意图的境地，比如精神疾病或脑损伤，那么他们通常也不会被定罪。

弥合心理学解释和法律要求之间差距的一种方法，是对犯罪者认为或提供的犯罪原因进行探索。对这些思维过程进行理解，可以揭示出支撑犯罪活动的因素。这些为犯罪提供借口的"正当理由"被心理学家定义为"认知歪曲"和"适应不良型信念"。将犯罪者给出的犯罪原因框定为他们思维方式的"歪曲"，是一个有趣的例子，这种定义可以在将研究者行为伪装成技术术语的前提下，对犯罪者给出的解释做出隐含的价值判断。犯罪者给出的理由可能被认为是错误的或歪曲的，这是可以理解的，因为这些理由实际上是在为社会和法律不可接受之事辩护。类似恋童癖者声称一个孩子"引诱"了他，或者性接触是"两相情愿的"等（Maruna & Butler, 2013）就是非常典型的例子。这种说法忽视了行为的非法性，也忽视了儿童对其被强迫之事无法完全理解的特点。

但是，很明显，大多数人会不时地为反社会行为或非法活动找些理由。"善意的谎言"这个概念意味着，为了让某人免受痛苦而不说实话是可接受的。法律上甚至有这样一个概念，就是为了防止更严重的犯罪，轻微的犯罪在某些层面上来说可能是可以接受的。从更广的层面来看，认知偏差对大多数人来说都属常见之事。甚至，或者说特别是，警方调查人员，可能尤其容易受到这种思维歪曲的影响（Roach, 2019）。事实上，丹尼尔·卡尼曼（Daniel Kahneman）也正是因为在其畅销著作中指出了人类决策中普遍存在的偏见，才获得的诺贝尔经济学奖。许多犯罪者可能会对自己的所作所为做出类似的解释。但是，当他们所宣称的逻辑受到质疑时，我们就有理由认为，这些犯罪者的认知是歪曲的。

对犯罪者的这些思维过程所进行的研究，已经被研究者用于多种不同类型的犯罪行为研究上（Dennis & Sheldon, 2007; Walters, 2002; Ward, 2000; Ward, Hudson, & Marshall, 1995）。这些研究对暴力犯罪来说尤其有趣，因为我们有理由认为，这种行为几乎不存在任何有力的正当理由。当然，也有许多例子表明，被定罪的犯罪者还是会通过隐含或明确的理由为他们的行为进行辩护（Chester, 2016）。

艾玛·巴雷特（Emma Barrett）进行的一项有趣的研究，就直接着眼于行为的正当性检验，也为我提供了本章拟议研究项目的想法（cited in detail in Canter & Youngs, 2009 , p. 326）。她对黑帮分子自传中所描述的行为进行了辨认和识别，并从对这些事件的解释的分析中区分出了为暴力正名的四个主题：

- 对先前不当行为的惩罚；

- 对潜在攻击的防御；

- 对不尊重或违反公认规范的行为进行处理；

- 意外（受害者不幸在错误的时间出现在错误的地点）。

以犯罪者认知歪曲的心理基础为目标所进行的探索有很多。例如，托尼·沃德

（2000）就曾经对人们如何为自己的攻击性和暴力行为辩护进行了回顾，通过回顾，他认为这些为自己攻击性和暴力行为进行辩护的人，对世界如何运转以及人类行为由什么塑造是有着自己的一套隐含的理论的。正是这些导致了他们思维的扭曲。"如果其他人随意侮辱我，但我却不还手，我就会变得更加脆弱"这一非常简单的表述恰恰印证了这个观点。这种论调实际上就是对使用暴力以外的其他方式来处理侮辱的一种排除。因此，理解这种隐含理论为干预提供了基础。

不适应型信念也与"敌意型归因偏见"有关，这是一种思维习惯，通常会将他人的行为解读为固有的敌意（Pornari & Wood, 2010）。另一个普遍认同的犯罪合理化理论，特别是暴力犯罪层面，是"最小化"理论（Auburn, 2010）；最小化就是，犯罪者会声称自己行为的后果所带来的伤害是非常有限的，或者这个伤害和影响是被夸大的。那些声称自己没有伤害受害者，仅仅是"和她发生了性关系"的强奸犯就是典型的最小化例子。

这些中和技术构成了社会学家格雷沙姆·赛克斯（Gresham Sykes）和大卫·马扎（David Matza）提出的（1957）"中和理论"概念的基础。该理论认为，犯罪者能够通过使用一种或多种（多达五种）辩护方法，如"否认责任""否认伤害""否认受害者""对谴责自己的人进行谴责"和"道德脱离"来中和原本会阻止他们实施某些行为的价值观。

与绝大多数犯罪心理学研究类似，对犯罪者可能为其犯罪行为进行辩护的陈述进行使用会面临一个根本性的挑战，这些陈述极有可能是事件发生后犯罪者所做出的防御性反应，而不一定是导致他们实施犯罪行为的心理过程。又或者，正如蒂莫西·奥本（Timothy Auburn）所提到的（2010），将这些陈述视为一种犯罪者做出的社会实践可能更好，即他们在特定情况下使用的社会可接受的修辞方法。

大量以该过程为研究目标的研究文献清楚地表明，这是一个引人入胜且理论丰富的研究领域，并且，其研究对在法庭上与犯罪者接触，或者是在犯罪者矫治上所做的各种尝试，都具有很强的现实意义。

暴力合理化研究

虽然学界已经有了探索认知偏差的标准问卷，特别是像格伦·D. 沃尔特斯（Glenn D. Walters）开发的（2002）"犯罪思维风格问卷"（ssychological inventory of criminal thinking styles，PICTS），但拟议研究并不多余，因为本章拟议研究是一项以案例研究中详细案例为基础进行探索的定性研究（Davis & Klopper, 2003），其目的是确定犯罪者为其犯罪活动提供了哪些明示或暗示的理由或借口。然后，对这些理由或借口进行进一步的研究与筛查，看看这些所涉及的内容是否揭示了认知歪曲、最小化或其他有助于揭示维持犯罪行为的心理过程的偏见。拟议研究中所包含的这些，皆通过话语和谈话分析的视角进行探索，作为介绍这一丰富的定性研究领域的一种方式，琳达·戴维斯（Linda Davis）和哈丽雅特·克洛普（Harriet Klopper）认为（2003），该视角在犯罪学研究中具有特殊的价值。

材料

研究计划对犯罪者就其犯罪行为给出的第一人称陈述进行直接处理，这样做可以实现很重要的一点，即尽可能让这些陈述接近它们的原始未加工状态。如果另一个人去复述犯罪者所说的话，很可能不经意间就会掺杂进一些扭曲的内容。互联网上可以找到很多关于被定罪者的采访或陈述，同时也可以找到很多真实的犯罪者自传，所有这些通常都以生动、血腥的细节去描述和解释他们生活中的事件。

最好关注特定类型的犯罪，如性犯罪、其他暴力犯罪、恋童癖、抢劫或欺诈等财产犯罪。对不同类型犯罪的理由进行比较也可能带来不一样的结果。

尽管很难接触到被判有罪和被监禁的人进行研究，但一旦这些人出狱，与他们交谈就容易多了。各种在人们出狱后提供帮助的组织，如全英犯罪者关怀和安置协会（National Association for the Care and Resettlement of Offenders，NACRO）这类典型的社会公义慈善机构，就很鼓励刑满释放人员参与研究，前提是他们和参与者可以共同意识到参与研究所可能带来的益处。另外，缓刑服务也可以对适当的研究进行支持。因此，如果以正确的方式接触这些组织和其他类似组织，就有可能与犯罪者进行面谈。伦理问题永远是最重要的（如第 1 章所讨论的）。当然，同样重要的还有研究所涉及的后勤工作，比如采访不会打扰到受访者，以及研究可以被视为真正有益。

过程

www.famous-trials.com 是一个非常有趣且有用的网站，研究者可以在该网站上找到很多完整的审判记录，其中大部分是谋杀。这些文件逐字记录了受审人所说的话，这就为研究者提供了丰富的资源来研究被告如何描述自己的行为。互联网上还有许多其他类似的资源，当下就可以找到的一组特别有趣的证词是 1881 年美国亚利桑那州墓碑镇著名的 "OK 畜栏枪战" 中的目击者证词。

但必须牢记的是，被告是在公开法庭上回答向他们提出的问题，或者是就严重犯罪接受警方的讯问的。这本就属于一种社会互动，一定会对表达的内容和方式有所影响。所以，研究者应该合理地对陈述进行预估，其中一定会存在某种程度的辩解和对可接受的修辞的利用（Boonzaier & De la Rey, 2004）。但尽管如此，这些审判记录中的陈述记录，也确实揭示了犯罪者所利用的辩解形式。

当然，这种研究材料所存在的局限性也必须要提及。尽管这些记录都声称是对所说内容的精确逐字记录，但实际上，很少是完全准确的。这些书面记录也并没有像录音或录像（被研究者认为是更完整的记录形式）那样，可以将所有说话节奏、手势和重点的细节囊括在内。因此，如果研究者想用这些资料进行一些很有价值的详细的谈话分析，那基本是不可能的。分析的焦点，实际上还是必须要落在犯罪者展示自己的一般方式以及他们通常含蓄的、试图达到的目的上。

该网站上有一个相当典型且丰富的例子是"丹尼尔·詹姆斯·怀特（Daniel James White）审判中的第 54 号物证"，即怀特的长篇自白。这篇自白非常有趣，揭示了一个承认开枪射击两人并自首的人是如何利用他的供词，通过暗示创造出减轻处罚的情节来为自己辩护的。1978 年 11 月，怀特杀死了时任美国旧金山市市长的乔治·莫斯康（George Moscone）和监督员哈维·米尔克（Harvey Milk），并遭到逮捕，几个小时后，警方对其展开讯问。怀特面临的关键问题是，他能否在讯问中对自己的行为是冲动而非预谋进行暗示。冲动和预谋之间的差异将严重影响可能对他做出的任何判决结果。

因此，供词的诸多方面实际上都具有巨大的检验意义。由于完整的陈述非常长，所以本章仅在附录 11 中附上一段供词的摘录，以供参考。书面记录中并没有就内容的非言语方面进行明确，"研究 2"中所讨论的节奏、停顿、重复等其他重要方面也不清晰。我们无法判断怀特是否提高了声音、是否有痛哭，或是否声音低沉，所有这些实际上都会影响他对别人展示的、对自己情绪所塑造的印象。此外，虽然讯问者从一开始就明确表示，他们希望怀特"以叙述的形式"说出发生的事情，而不是简单地回答他们提出的问题。但实际上，这种叙述的流程始终都是警察讯问的一部分。因此可以认为，他们在讯问中的目标也同样是展开对话的一部分。

从本质上来说，这个场景应该是，怀特在情绪激动的状态下进行了一次令人不安的谈话，并因此在积极地为减轻处罚寻找借口，而与此同时，警方正在寻找可以表明其蓄意杀人的细节。

讯问中警方所提的一些问题将极具启发性，这些问题通常会是那些不按照怀特套路去提问的问题。正如我们将看到的，警方的目的是在法庭上就预谋和犯罪意图成功立案。从本质上来说，怀特给人的印象是在情绪激动的状态下做出了冲动的反应，但警方同时也正试图确定这是否可以被视为一次有计划的、冷酷无情的谋杀。

话语和谈话分析

当研究者试图将处理现有陈述作为理解事件潜在因素的第一步时，有很多已在"研究6"和"研究7"中进行了回顾的方法可供其选择，这里就不再赘述了。因此，本章拟议研究将侧重于话语和谈话分析之上。但是，在考虑犯罪者为其犯罪行为，特别是暴力行为提供的辩护形式时，对心理学家所提供的一般框架进行了解也是必不可少的（e.g. Gudjonsson & Sigurdsson, 2010）。这些一般框架通常被称为"认知歪曲"（Ward et al., 1995）或犯罪"思维风格"（Walters, 2002）。

当研究者将沟通交流看作社会互动的一部分时，一种略有不同的全新方法诞生了，基于此方法看待这个问题就会发现，寻求某些目标实现的过程实际上与完成某种工作类似。那这种沟通交流想要传达什么样的显性和隐性信息呢？多年来，人们对许多不同形式的沟通交流所涉及的潜在过程进行了详细的研究，这些研究基本上都被一个称为话语分析（Edwards, 1997）的研究领域囊括在内，这是一个非常广泛的社会科学研究领域，包括语言学甚至人类学、教育和政治学等。莎莉·维金斯（Sally Wiggins）和乔纳森·波特（Jonathan Potter）及其同事（2017）针对该研究领域使用了一种特殊的研究方法，对社会心理学的发展做出了相当大的贡献。

从社会心理学的角度来看，对人们口中所说的"工作"给出的最好的理解，应该是将其理解为人与人之间互动的一部分。因此，它有时会作为谈话分析的一部分出现。当两个或以上的人交流时，人们会根据表达对社会交流的贡献对其进行思考。尤其是与警方的面谈，最好被视为一种谈话形式。因此，正如我们将在本章拟议研究中所讨论的示例中看到的，谈话分析的某些方面是对话语分析的补充。

马丁·爱德华兹基于嫌疑人在讯问中的陈述所进行的研究就是一个非常有趣的例证，马丁·爱德华兹（2006）对警方讯问者和嫌疑人在问答中如何使用动词形式"would"（技术上称为"情态动词"，因为它对其他动词的含义进行修饰）进行了非常详细的研究。马丁·爱德华兹在研究中证明，嫌疑人给出的一句听起来非常简单的回应，比如"我永远不会那样做"，实际上是基于某些深刻的主张做出的。这是一种展现自己本质（他的"性格倾向"）的方式，反过来理解，也是对公认的行为方式中某些一般原则的揭示。这意味着该嫌疑人被指控的行为是社会不接受的，也因此不是他会参与的行为。

警方讯问者可能会使用类似的措辞来质疑嫌疑人的说法。他可能会问嫌疑人，"她为什么会这么说"这个情境下，该问题是对提议的再次利用，即受害者不是那种进行虚假陈述的人。同时，这样做也给出了一个假设，即这样做会违反社会规范。

这些非常简短的例子来自一篇 25 页的文章，仅仅是对谈话分析人员在研究自然产生的表达时可以注意细节进行了一个小小的说明。另外，该文章还展示了如何从几个精心挑选的例子中得出一般原则。虽然研究者将这些原则确定为一般原则，但并不意味着这些是使用特定词语的唯一方式。

事实上，马丁·爱德华兹（2006）特别指出，动词形式 "would" 还有许多其他用法。但是，对如何在一些案例中识别对话的特定方面所进行的演示，提供了与其他类似案例相关的见解。

这与作为实验研究和调查核心的论证形式大相径庭。在这种情况下，出现了一个针对结果的普遍性的建议。这源于取样过程的性质以及为确保结果不受 "不可控" 变量的影响或偏见而引入的控制措施。这个建议肯定会受到质疑。这种质疑反映在目前心理学，特别是社会心理学中被称为 "可复制性危机" 的情况上（as discussed by Świątkowski & Dompnier, 2017）。这是一种挺常见的情况，就是一些众所周知的著名研究所得出的主要结果，要么从未被复现，要么就是被发现不可能复现。对单独案例的研究提供了对过程的说明，这可以在其他例子中找到，与其他更具实验组织性的研究不同，这些研究并没有受到一般化主张的影响。

叙事分析

在 "研究 6" 和 "研究 7" 中已经详细描述的另一种方法是，将犯罪者给出的描述视为一个不断展开的故事。在这个框架内，确定了故事的组成部分、关键情节，以及一个事件如何导致另一个事件。这些叙述如何利用故事讲述者文化中的主导叙事方式是一个饶有兴趣的点。这种与占主导地位的文化故事之间的联系有助于揭示它们的结构与鼓励人们相信它们合理性之间的关系。对于谋杀和其他暴力犯罪而言，法庭陈述的可信度很可能来自对典型的或令人信服的叙述的某种信念。弗洛里斯·贝克斯（Floris Bex）借鉴了（2016）司法程序中 "锚定叙事" 的概念，以此来吸引人们对假设所蕴含的力量的关注，即是什么使证据叙事看似合理。

实例分析

虽然研究者们所提出的这些犯罪者用来描述其犯罪行为方法可能看起来具有相当大的差异，而且肯定包含了对社会科学研究性质的不同思考方式，但在实践中，它们实际上存在着相当大的重叠，这一点从丹尼尔·詹姆斯·怀特在回答警察问题时给出的供词中审查中就可以明显看出。让我们一起来仔细地看看怀特供词中出现的第一个主要的、不间断的部分。

> 啊，好吧，我想可能是因为我最近压力太大，因为我的工作，承受着经济压力，还有家庭压力，因为啊……无法与家人共度时光。我的想法很简单，想尽全力为旧金山人民服务，我做到了。然后，压力变得越来越大，大到无法处理，于是我决定离开。我离开后，我的家人和朋友都对我的事业表示支持，并表示无论如何都要让我重新回到工作岗位中——他们愿意为此付出努力。由于我肩负着选民选择我的那份责任，我去找了莫斯康市长，告诉他，由于家人和朋友的支持，我的情况发生了变化，我想保留我的席位，然后接受任命。起初，市长告诉我，他觉得我是第八区的民选代表，而且工作出色，我的存在是第八区人民的幸运，如果法律允许，他肯定会重新任命我，因为我值得。我听了市长的话之后，就开始试着安排好我的个人事务，准备迎接任命。但我后来发现，监督员米尔克和其他一些人对我有很大的意见，并且想阻止我重回委员会。我是在市检察官办公室得知此事的，当时米尔克监督员打电话来，其实讲的就是这个意思。他当然没有直接跟我说，他跟市检察官说了，但我刚好在办公室，就听到了对话，他说他会阻止我重新获得任命。我回去见了市长，市长和我说，确实有人和他提了些意见，他觉得第八区有些人不希望我回去为人民服务，我告诉市长，这些人在选举中反对我，且两次在地方检察官办公室以虚假的罪名指控我，伤害了我的家人，给我和我的家人造成了很大的压力。

　　一个人开始一段陈述的方式会导致情节场景以不同的方式被设置。别忘了，在丹尼尔·詹姆斯·怀特的案件中，警官弗兰克·法尔松（Frank Falzon）实际上使用了一种讯问技巧，该技巧让怀特有机会用自己的话来叙述自己的故事，这与警察小说中常见的对抗方式大相径庭。法尔松说："我其实更喜欢让嫌疑人以叙事的形式讲述今天早上发生的事情，如果嫌疑人能在叙述中引出枪击事件，那我们就可以接着去回溯，为什么会发生这些事件。"讯问中的具体指令，实际上是对导致枪击的原因进行叙述性的描述。还需要注意一点，就是这些事件的原因并不是当下进行判断的，而是需要在以后进行审议。但是，怀特的开场白是："啊，好吧，我想可能是因为我最近压力太大，因为我的工作，承受着经济压力，还有家庭压力。"这并不像预期的那样是对导致枪击事件的行动所进行的描述，也不是对法尔松叙述性描述指令的回应，而是对枪击发生原因的初步解释。怀特将自己定位为一个承受着巨大压力的人，在这个阶段他已经开始通过暗示寻求减刑的可能，将自己塑造成一个可能无法完全控制自己反应的人，而不是有预谋的人。试图将杀人的责任归咎于他所处的环境，而不是他主动做出的决定。

　　这可能被认为是对事件的一种认知上的重新解释，通过暗示减少其行为责任来中和他的罪责，也可以被视为一种认知歪曲，将杀人的责任归咎于自己所处的环境。幸运的是，很少有经历过这种压力的人会带着枪去见市长，然后对着市长开枪。抑或谈话分析人员可以将此看作一种处理有预谋刑事杀人指控可能性的方法。

　　这篇开场白的下一个部分也可以被视为对怀特这种人的描述："家庭压力，因为啊……无法与家人共度时光。"在这里，他将自己描述成一个顾家的男人，一个因为不能和家人在一起而痛苦的人。这短短的一句话中存在着诸多暗示，有助于他将自己塑造成一个正直的公民。他正在为自己创造一种身份，在这种身份下，杀戮不太可能成为他个人叙事的一部分。

下一句回应对此做了进一步的阐述："我的想法很简单，想尽全力为旧金山人民服务，我做到了。"这句话中他强调了自己对社区做出的承诺，但这与他想有时间和家人待在一起的想法在逻辑上是冲突的，他还强调了自己渴望成为一个好公民和顾家男人的期许，但这其中也存在着固有的矛盾。他尽职尽责的服务似乎让他远离了家人。

因此，开头的几句话可以被视为他在为自己树立一个好人的形象，但同时他也承受着相当大的压力。这些压力是他法律辩护的基础（在案件庭审中实际使用过），与他的性格和情况直接相关，而不是给出一段描述，并被要求以"今天早上发生了什么，如果你能引出枪击事件的话"等进行陈述。怀特选择跳出问题的限制，这一事实进一步证明，这些回应是这种特定性质的互动的产物，其中的核心问题是他能否提供与其所塑造的减轻刑责理由相关的证据。

丹尼尔·詹姆斯·怀特陈述的下一个组成部分，包含了故事情节中的各个阶段："我决定离开……我的家人和朋友提供了支持……我的情况发生了变化。"这段实际上是对一个人处理压力（尽管确切是什么并不清楚）的传统描述，得到帮助应对压力，从而改变自己的生活，下决心重新开始等。这些都汇聚成了他希望继续为人民进行服务的愿景，"由于我肩负着选民选择我的那份责任"，进一步深化了他对自己进行的描述，即认为自己只是想为自己的社区做出贡献。

在这之后，尽管怀特利用一些机会声称他在之前的职位上做得多么地好，但其叙述依旧开始变得混乱。怀特提到，市长最初表示"我做得很出色"。"最初"这样的说法实际上在上下文中暗示了一种可能性，即市长是反复无常的，可能不值得信任，因此可能促进了与他对抗的环境的形成。而后怀特又进一步地重复了市长的观点，即市长认为他值得重新被任命。怀特自己内心深处也是赞同该观点的。他正在建立他所看到的身份观，这种身份观使他处于受害者的位置。基于此，怀特给出了一个新的角色，一个因他人的行为而感到压力的人，该个体没有对自己以前的工作表现出适当的尊重："他两次在地区检察官办公室以虚假的罪名对我提出指控，伤害了我的家庭。"但需要注意的是，怀特并没有对自己的情况进行其他的解释，例如为什么他之前会承受如此大的压力和经济困难等。同时他在整个叙述中都在避免提供有关其工作表现、能力和可信度等所有可能存在的令人不安的信息（尽管他后来坚决否认了对他的指控）。他也从来没有考虑过别人对他的看法可能会阻止他再次就任，与敌对归因被察觉不同，这些缺失的部分真切地影响了他对正在发生的事情的思考。这也可以被视为减轻刑责的一部分，避免任何可能表明他杀人意图的信息出现。

综上，即使是如此简短的一段供词，我们也可以从中看到怀特在诸多方面对其暴力进行了正当性阐述。这种阐述提供了一个不断展开的叙事，其中包含了他对自己作为一个名誉被不恰当玷污的受害者的看法。他用枪击发生前的最初描述来定义他想要塑造的身份，以及其他人在创造使他如此愤怒的环境时所起的作用和扮演的角色。这一问题的核心实际上是对案发当天怀特出发时是否有杀害两人的明确意图所进行的潜在思考，或者他是否可以为某种形式的责任减轻奠定基础，从而导致一级谋杀罪定罪不成。

讯问的其他方面显示了警方讯问者如何试图质疑怀特所给出的说法，即某些情有可原的情况会导致冲动的意外杀人。

问：丹尼尔，你能告诉我和艾德拉茨探长，你今天早上的计划是什么吗？你又在想什么呢？

答：我没有任何计划，我正要离开家去找市长沟通，然后我走到下楼打电话，我把我的枪放在那里。

这个问题是一个很直接的尝试，讯问者试图通过该问题引出一些迹象，表明谋杀是有预谋的、有计划的。但这个过度丰满的回答表明，怀特非常清楚这一点，他详细阐述了一个"设计好的"计划，并加上了"或任何东西"这样肯定的词，排除了自己具有杀人意图的可能性。他甚至几乎是顺便多做了一句回应，说自己把枪放在电话旁边，这就暗示了这是一个出于习惯拿起枪的自然过程。他甚至说："是我当警察时的配枪，它一直放在我的房间里……我不知道，我只是把它带上了。我，我不知道我为什么要带上它，只是……"该陈述旨在强调，他并没有计划带走这把枪。他"只是把它带上"，就像其他人日常穿衬衫一样。但讯问者的下一个问题确实将他们之间的谈话引向了另一个方向，可能是因为讯问者急于知道怀特现在是否依旧可以拿得到这把枪："丹尼尔，这把枪现在在哪里？"

实例分析总结

附录 11 给出了更多的文字记录，以供读者和研究者对怀特和他的讯问者之间的互动进行进一步的探索。这些文字记录揭示了丹·怀特如何进一步塑造自己的叙述，以证明他在枪击发生时变得非常激动，且不知道自己在做什么。他不断摊开的供述为自己塑造了一个形象，该形象被其他人错误的指控所困扰，破坏了其对社区的坚定贡献。他正利用自己的供词为辩护做准备。

可以说，这些塑造在一定程度上是成功的。对怀特的判决极具争议，他被判过失杀人罪，而不是谋杀罪，最终在七年的刑期中服刑五年后出狱。但是，他坚定地认为自己是受害者，受到技术上所谓的"敌意归因偏见"的影响，最终导致了悲剧性的后果，怀特出狱后不久就自杀了。怀特在供词中进行的塑造实际上蕴含着诸多目的，但无意中揭示了导致他成为杀人犯的心理过程。

比较案例研究

　　本章的例证仅仅围绕着一个案例进行了简单的讨论。在网上，可以找到该案件的更多记录，以及在随后的审判中，还有对审判和怀特判决的讨论中所包含的更多信息。对于公众非常感兴趣的案件来说，这些资料一般都是可以找得到的。因此，研究者如果想对其他案件中存在的认罪辩护、减刑和其他方面采取的方法进行探究也是有可能的。这样就可以对供认中涉及的心理过程进行比较，从而进一步揭示所涉及的各种心理问题。例如，犯罪者给出的否认是什么形式的？这与他们的背景和犯罪情节有什么关系？在一些犯罪者群体中，是否存在某种特定的辩护形式？犯罪者对其行为的描述与他们给出这些描述的情况有什么关系？

研究阶段总结

　　对每个案例的定性分析从来不会遵循完全相同的流程。但是，可以确定以下几个主要阶段。

- 确定相关的材料，并考虑其优缺点。

- 通过回顾相关文献，创建一个框架，然后对材料中可能出现的中心主题进行考量。

- 通过对材料的持续检验，找出与先前出版物中的概念相关的主要过程。但至关重要的是，你需要提供尽可能多的背景细节和你正在使用的材料中的例子来支持你对潜在过程的主张。

- 先前的研究有助于你在材料中寻找问题提供指导，但是，当处理自然发生的具体案例的细节时，总是会有一些基于材料的全新思考出现。这些全新的思考就是你对知识做出贡献的一部分。

- 对你的发现做一个总结，突出你提出的一般原则，这是你最终报告中非常重要的一个部分。正是这一点，在未来会被其他研究者用来在其他背景下发展他们自己的观点。

可以使用这种研究设计的其他研究

有许多关于警察谈话过程的研究（e.g. Webber, 2020, chap. 9 is a useful review）以及许多基于心理学研究的有趣发展（Alison, Alison, Noone, Elntib, & Christiansen, 2013）。开展此类研究的目的，通常都是为了开发某种能提高警察谈话有效性的方法，研究者会对警察准备讯问的方式和讯问的目标进行检查。这些研究的总体趋势是，强调与受讯问者建立融洽关系的好处，而不是挑战他们或试图强迫他们招供。出于这个原因，至少在英国，人们不太愿意在警察谈话中使用"审问"这个词，因为它与通过施压来获得警方想要的答案联系在了一起。

不放过警察谈话中的任何叙述，并将其视为对所涉及过程和潜在心理机制的个案研究，将为惯常的思维开辟一条截然不同的新路。这将有助于发展新的思维方式，并以此对警察与证人、受害者和嫌疑人的谈话进行思考，这与目前存在的主流方法大相径庭。

法庭诉讼是另一个领域，通过案例研究来揭示基本过程在法庭诉讼层面可能极具启发性。法庭上发生的许多事情都会被仔细地记录下来，通常可供研究使用。这些和法庭诉讼相关的信息天生就有来自法律要求的格式和限制，例如禁止提具有回答暗示的"引导性问题"，正如"你是什么时候停止殴打你的妻子的"这一众所周知的例子，该提问实际上假设了被告确实在某个时间点对他的妻子进行了殴打。因此，虽然与所有围绕自然发生情况所进行的研究一样，研究者必须谨慎考虑特定情境所带来的影响，在证人席上对某人的质证和交叉质证依旧成了一个丰富的研究领域。

对法庭互动的研究主要集中在如何更好地发挥互动的效能上。与具有各种形式脆弱性（如学习障碍）的儿童和成人进行法庭互动是研究的一个特殊方面（Morrison, Forrester-Jones, Bradshaw, & Murphy, 2019）。对影响法庭证据合理性的隐含或明确叙述的详细探究是一个令人着迷的研究领域（see, for example, the early work of Jackson, 1988）。

除了法律情境中许多有趣的理由和看似合理的叙述之外，研究这些过程的机会其实还有很多。其中最有趣的当属政客对暴力行为的描述了，比如在战争或谁是敌人的定义中，政客所宣称的与犯罪者所提供的减轻刑责的理由和尝试的相似之处从未被仔细研究过。不同国家的领导人在就他们授权的暴力行动发表声明时，可以利用的解释／借口似乎是非常有限的。因此，这些也为研究者提供了一个迷人且重要的研究领域。

另一套详细的暴力正当化／辩解是由恐怖分子和其他激进团体提出的。许多研究已经将其锁定为研究主题，其中部分研究的目的是为了找到对抗其宣传的方法（e.g. Shaw & Bandara, 2018）。许多网站上都有上述这些人设立的账户，尽管如此，如果你不想成为安全部门的目标，那么最好在查阅这些资料之前先获得官方的许可。恐怖组织编造合理故事情节的方式是一个重要的研究课题。

思考与讨论

1. 讯问嫌疑人的形式如何影响他们为自己行为辩护的方式？

2. 案例研究的主要优缺点是什么？

3. 认知歪曲 / 偏见和正当性之间的区别和相似之处是什么？

4. 对弗洛伊德提出的"防御机制"进行思考，如合理化、投射和置换，并解释它们与正当性和认知偏差之间的关系？

5. 犯罪者对导致犯罪的事件所进行的描述——他们的个人叙述——如何帮助研究者理解是什么导致或维持了他们的犯罪行为？

Experiments in
Anti-Social Behaviour

___

第 11 章

通天大案的始作俑者：黑帮、团伙作案

___

　　研究 9：如何抢劫一家银行。所有犯罪都涉及社会互动，对于银行抢劫这种有组织的团伙犯罪的组织结构、角色分工、配合等协调性沟通与合作的研究，有利于从社会心理学的角度对犯罪者之间的互动进行分析，以及弥补了对犯罪的社会和组织层面关注的不足。

摘要

抢银行通常是一个需要多人参与的行为，因此对抢劫计划进行模拟便成了探索犯罪活动中社会心理学因素的一个非常有趣的基础，其中包括对犯罪集团如何形成及其组织结构的探索，还包括在犯罪之前、之中和之后个体可能扮演的不同角色等。本章的拟议研究提供了银行的平面图（尽管在互联网上有很多这样的平面图），然后每个小组的被试都被要求对要抢劫哪家银行进行商议，然后提出抢劫自己选择的那家银行的方法。在小组被试模拟银行抢劫的同时，鼓励他们时刻关注自己的行为和他们将承担的不同角色，然后对被试的经验和技能中所展现出的这些不同角色的基础进行探索。根据这一经验，可以进一步对犯罪者互动的不同方式进行思考。另一方面，犯罪者被逮捕时，这些角色基础可能对他们的反应所产生的影响也被纳入考量。本章的拟议研究还对群体、团队和网络之间的差异以及"有组织犯罪"的含义进行了讨论，并强调了犯罪作为一种社会过程的重要性。

背 景

所有犯罪都涉及社会互动，这一点意义重大。即使是对废弃房屋实施的盗窃也有潜在的受害者，吸毒者的自残可能会被研究者关注（看上去属于个体行为），但其仍需要与另一个人进行交易才能获得毒品。但是，令人惊讶的是，从社会心理学的角度对犯罪者之间的互动所进行的分析却非常少见。至于过去大量出现的被称为"群体动力学"的研究文献，即研究人际影响、领导和社会群体中的其他角色的文献，放在犯罪活动研究领域时几乎没有立足之地。我与他人合著的《犯罪社会心理学》(*The Social Psychology of Crime*)一书（Canter & Alison, 2000），到目前为止仍然是我能找到的唯一一本以此为关注点的书。心理学家对个体犯罪者的关注往往忽略了犯罪的社会和组织层面。我桌子上摆的最近我在翻阅的教科书，没有一本在索引中包括了"有组织犯罪"这个词的。更可悲的是，研究者把犯罪的这个极其重要的方面留给了像米莎·格兰尼（Misha Glenny）这样的优秀记者（2019），或者像费利亚·阿勒姆（Felia Allum）和斯坦·吉尔莫（Stan Gilmour）这样的社会学家和政治学家（2019）。这相当令人惊讶，因为正如任何社会心理学教科书所揭示的那样，群体心理学有着悠久而丰富的历史（e.g. Franzoi, 2005），组织心理学同样也有着悠久而丰富的历史（e.g. Cooper, Johnson, & Holdsworth, 2012）。

区分人际群体结构的不同变化有助于理解犯罪者之间的互动。

- **群体**。三个以上的人因为这样或那样的原因在一起可以被认为是一个团体。两个人通常被认为是"一对或二人组"。一个群体何时成"群"是一个有争议的问题，其中很重要的一点是，"群体"一词并不意味着任何密切的关系或组织，尽管它通常意味着某种相互依赖，但其定义究其根本也就只是碰巧以某种方式在一起的人。

虽有这样的规定，但在许多司法管辖区，仅仅是在犯罪时待在一起，也需要承担法律后果。例如，如果你不报案，可能会被认为是"从犯"。在犯罪后对犯罪活动进行协助也可以被定为"妨碍司法公正"。刑法中还存在着一个更有争议的概念，即"共谋犯罪"。在英国，如果个体是某个群体的成员，或者当群体中的某个人实施犯罪时，个体仅在场但没有积极参与，都会被用该法律来给这些与犯罪活动有关联的人定罪。这项法律可以追溯到 300 年前，当时的统治者制定了异常严厉的法律来控制公共秩序。

- **团伙**。当一群人以某种内在的组织框架聚集在一起进行合作时，将他们定义为"团伙"是比较合适的。本章的拟议研究涉及一个犯罪团伙，该犯罪团伙中组织的更多细节以及该组织的相关性将在本章后半部分进行阐述。但是，关键的一点是，任何团伙成员都将在团伙中扮演一个角色，该角色可能会随时间的变化而变化。

- **帮派**。如果一群人在一段时间内一起做事，用术语"帮派"去定义似乎是最合适不过的了。他们通常有某种形式的共同身份，并且通常具有更繁杂的组织结构，比如帮派会有一个领导者，而不是一个相对平等的团伙。有趣的是，在所有描述人与人之间关联的术语中，"帮派"是唯一一个带有强烈贬义的术语。最开始的时候，这个词似乎是在形容一群人汇聚在一起，指的是"汇聚在一起移动的任何一群人"。当这些人造成了麻烦，或者他们一起移动的行为让周遭其他人感到焦虑时，这个术语才会产生犯罪联想。"帮派"一词似乎也暗示了一个不如"团伙"那样具有良好组织结构的团体。

- **有组织犯罪**。大量研究文献表明，犯罪者会以各种各样的方式进行合作，通常就是各种团伙和帮派，彼此之间有某种约定的关系。从严格的管理层面或者法人团体的角度上来说，这些合作可以是高度组织化的。在这些犯罪者的合作方式中，有领导和下属，有各种不同的角色，但这些可能并不是很稳定或者并不属于那种很严格的等级制度。G. 玛尔斯（G. Mars）在对人类学理论进行借鉴的基础上，提出了（2000）犯罪集团运作的不同方式之间所存在的一些非常有趣的区别。这些区别皆与犯罪文化有关。例如，犯罪者可以是一群相对独立的实施行为的个体，只有在需要的时候才会为了特定的任务聚在一起。这与受意识形态驱动的犯罪组织（如恐怖组织）形成了鲜明对比，它们拥有共同的信仰体系。小说中流行的那种"大人物"用铁腕管理一切的想法在现实中相对少见。犯罪组织往往流动性很强，几乎没有所谓的中央管理结构，当然，这也使得它们特别难以根除。一旦一个关键人物被扳倒，另一个会很快便会取代他的位置。

- **网络**。当人与人之间出现了更加复杂以及更加开放的关联时，他们的组织可能可以被称为网络。互联网使广泛存在于犯罪者之间的那些相互作用的不同组合的定义变得更加复杂。当数以百计甚至数以千计的犯罪者开始利用互联网隐秘、私密的特点（通常称为"暗网"）来保持联系时，去确定他们形成某种独特的实体或许多不同的松散联结在一起的实体的想法就变得相当地困难了。在"研究 10"中，我们将会把重点放在犯罪网络的检验方法上，其中就有提到我为研究群体过程而开发的一个练习，我称之为"交际游戏"。我已经在许多不同的国家和许多不同的团体中进行了非常成功的尝试。该练习呈现出的结果非常一致，揭示出组织结构对团队的效能以及参与者的情绪反应皆具有重要意义。

破坏性组织心理学

对抢劫的发生机制，特别是犯罪者之间存在的互动的性质，以及对犯罪网络更广泛的视角进行更多的了解，可以为执法带来很多实际的好处。比如，可以帮助侦查人员确定案件中的关键角色，以及确定什么形式的干预或预防可能最有效。这相当于利用组织心理学和群体过程中所蕴含的丰富社会心理学知识对犯罪团伙和网络的运作方式进行理解。

组织心理学和相关学科通常被用来帮助组织和相关团体提高效率，但当研究犯罪的社会过程时，其目的则截然相反。我甚至创造了"破坏性组织心理学"一词，来描述这种旨在破坏、减少或阻止犯罪组织成功的心理学应用（Canter, 2000）。例如，识别那些处于犯罪网络边缘的个体，这些人更容易受到警方的影响。

将抢劫作为一个研究课题

抢劫在法律上通常被定义为伴有暴力或暴力威胁的盗窃。用枪指着银行职员索要钱财是抢劫的经典法律概念。趁人不注意从手提包里偷东西则被定义为盗窃，而不是抢劫。如果犯罪者告诉目标，除非把钱交出来，否则会伤害他们，那也属于典型的抢劫，但这种威胁往往需要不止一个犯罪者去完成。如果目标是一个有许多人在那里工作的组织，且劫匪想要获取的是某些贵重的物品，无论是钱还是珠宝等被安全存放的物品，那一个人单独行动必然是很难做到这一点的。这也就是为什么，这个类型的犯罪行为可以为探索犯罪活动背景下的群体社会心理提供可能。

那些以抢劫银行或抢劫其他存储大量有价物地点为题材拍摄的影视作品通常都是基于真实事件改编的，如 1963 年的"火车大劫案"，或距离我们更近的 2015 年发生的"哈顿花园抢劫案"等，但即便是那些纯虚构的影视作品，比如备受观众喜爱的电影《偷天换日》（The Italian Job）、《十一罗汉》（Ocean's Eleven）、《盗火线》（Heat）、《落水狗》（Reservoir Dogs）以及许多其他电影（在搜索引擎上检索"银行抢劫电影"，你会得到超过 200 万条相关结果），其关键的情节安排也总是围绕着相关群体之间的关系展开，比如谁是负责人？谁计划这一切？谁勇往直前？谁有失众望？

抢劫团伙和网络研究所面临的困难

对群体活动进行研究面临诸多问题，即使这个群体可以被带到一个实验室并对其行动进行观察（如"研究 10"所示），问题也依旧存在。当不止一个人同时说话或行动时，对正在发生的事情进行记录将会变得非常困难。如果需要进一步地去记录人们之间的互动，那就又增加了一层复杂性。比如，互动是由谁发起的？接收到信息的是谁？互动的本质是什么？

这些挑战并没有阻止社会心理学家对群体过程进行大量的研究，这其中就包括了一些著名的（甚至可能是臭名昭著的）实验，如穆扎菲・谢里夫（Muzafer Sherif）和所罗门・阿什（Solomon Asch）的实验，这些实验证明了从众心理在影响人们行为时所具有的力量（see Mori & Arai, 2010）。但同时，这些研究也因根植于美国中产阶级文化而受到批评。另外，这些研究也因为其研究预期是在实验者创造的高度人为化的情境中建立起来的而遭受广泛质疑，质疑者提出，被调查者的行为正如实验者所期望的那样，正是实验者想要被调查者做出的。目前对这些研究进行的思考展现出了这类研究的一个弱点，即它们将群体视为一个单一的实体，仅报告参与者的整体行动，很少给出组内参与者之间交互的细节。

对群体及其管理和组织的研究涵盖了非常多的问题。作为对群体以及理解犯罪集团的相关性的一般介绍，本章将其中一些关键概念涵盖其中。对群体心理学所进行的任何思考都有这样一个核心，即在任何时刻，群体活动都存在着某种结构，这种结构意味着各种不同的、相互关联的角色。这其中最基本的当属等级的概念了，一个人可能处于领导位置，而其他人则可能紧随其后。但即使是这个最基本的概念，也并不像看上去的那么简单，领导本身就有着非常多种不同的形式（Platow, Haslam, & Reicher, 2017）。最显而易见的形式是对某人应该做什么进行指示，但在知道该做什么和如何做方面，其实也存在着领导的影子。这两个角色可能不会同时由同一个人担任。当然，还有第三种领导形式，也是一种更微妙的领导形式，即让团队保持合作。这可以通过个人知识和与每个人的关系，通过情感支持，或者只是为团队保持一种自信，甚至一种轻松的情绪来实现。如果一个人可以同时做到以上三个方面，他一般就会被认为是极具魅力的。

领导的风格也多种多样。这些风格可以是非常冷淡和有距离感的专制风格，在这种风格中，领导者专注于控制和发出指令；也可以是"亲力亲为"的风格，在这种风格中，领导者通过行动来领导，置身于正在发生的事件之中。其他领导风格还包括非常悠闲的"自由放任"型风格，在这种风格中，领导者会鼓励其他人去做某些事情，但并不坚持己见，或者会扮演非常民主的角色，确保团队建议顺利实施或对团队必须做的事情给出同意意见。

领导以及团队有效运作所必需的其他角色都存在一个有趣的点，即它们可能在团队参与的活动过程中发生变化。不同的角色种类也可能在不同的人之间替换。在抢劫中，可以确定五个主要阶段：

- 选择目标（如拟议示例中提及的抢劫哪家银行）；
- 确定如何进入和控制目标；
- 决定抢劫后应该做什么；
- 实际实施抢劫（尽管本研究不建议这样做）；
- 抢劫后的行动（通常这里会导致计划失败）。

除了领导的等级问题，团队中个体的互动过程还存在着其他需要研究者关注的方面。其中，群体形成的方式尤其重要。布鲁斯·W. 塔克曼（Bruce W.Tuckman）的结论（1965）至今仍然经常被引用，很大程度上是因为他对一个群体在成为一个行为一体化的组织时所经历的阶段进行了识别。布鲁斯·W. 塔克曼见解的部分力量在于他将这些阶段概括为非常容易记忆的"形成、冲击、规范和执行"等部分。另外，群体内部额外出现的群体也让人兴趣盎然，比如，可能是紧密的"小团体"或"派系"，相互之间有着密切的互动，也可能是有一定联系的相对松散的小团体。从这些相互作用中，常常可以识别出各种形式的沟通网络，在"研究 10"中将就此进行详细的探讨。

对劫匪的活动进行了解

除了对劫匪活动的虚构和记录性描述之外，想要获得抢劫中谁做了什么的细节存在着相当大的难度。虽说非相关执法机构成员获得犯罪者之间的沟通信息存在难度，但也并非不可能。路易丝·E. 波特（Louise E. Porter）通过对抢劫银行犯罪者被捕时对其提起诉讼的公开法庭记录进行梳理（Porter & Alison, 2006a, 2006b），成功获取了 105 个抢劫团伙的详细信息。这是一项需要消耗大量精力和时间的任务，但确实提供了对不同参与者行为的非常全面的描述。当然，依旧有一点需要注意，即犯罪者对警方和法庭所说的，可能并不是事情的全部，甚至可能不是事情的真相。

此外，与所有针对此类已破获案件进行的研究一样，始终存在着一个悬而未决的问题，即那些逃脱而未被抓获的劫匪与那些被抓获的劫匪是否存在不同。虽然有很多众所周知的未决银行抢劫案存在，但有趣的是，大约三分之二的大规模银行抢劫案似乎都已被侦破。这可能是因为当大量的金钱和贵重物品被盗时，警方会采取密集的行动来寻找犯罪者（但并不总是可以找到所有被盗的东西）所致。当然，在群体犯罪中也一直存在着一些固有的弱点，当你进行模拟实验时，这些弱点就会显现出来。相比之下，通常只有不到 10% 的入室盗窃案可以得到解决。

关于如何抢劫银行的研究

在任何犯罪活动中，对个体行为以及团体的运作模式进行探究都无疑是一项挑战，但其中一些问题可以通过模拟来揭示。因为模拟实际上是真实的人在经历类似于犯罪者会经历的过程，所以这种模拟确实可以将许多挑战和群体动力学的某些方面凸显出来。诚然，现实中所存在的威胁或紧迫性、可能涉及的真实风险以及其他某些方面使现实世界的事件与友好甚至有趣的模拟截然不同，但从过去对这些模拟的监测可以清楚地看到，参与实验的被试从中学到了很多，仅凭这一点，就能将其定义为有趣的案例研究的基础。

配备

图 11–1 提供了四家银行的平面图。它们是一个人在看过可能是真正的银行平面图后所画出的草图。但这些图并没有包含一些特别具体的细节，所以团伙需要弄清楚在不同的空间可能会发生什么。如果你想使用不同的平面图，就可以去网上检索，能找到许多其他的银行平面图。当然，在这个模拟中，你不能直接就把这个银行控制了，除非碰巧在某个地方有一个虚拟现实的示例可供你去操作，所以在这个模拟中，你对平面图的选择和确定实际上只是为了初步计划做考虑。

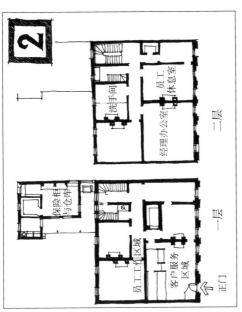

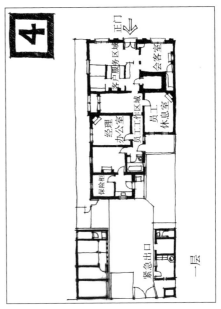

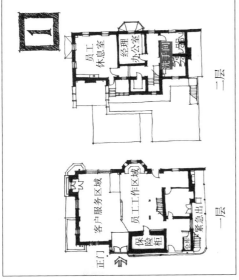

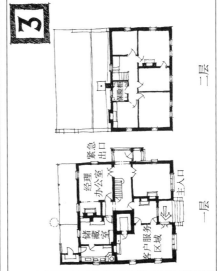

图 11-1　银行平面图

群体

把一群或多群人放在一起，从而拥有不同规模的群体，是一件非常有趣的事情。例如，一个两人组可能没有足够的人去做所有必要的事情，但是一个更大的群体，比如说六个人，又可能会互相妨碍。

他们得到的指示是他们正在考虑抢劫一家银行，所以任务是策划抢劫。参与这项研究的决策过程对群体过程方式的揭示是本研究的精髓。实际上，每个小组都将被单独作为一个案例去研究。他们的活动将被研究者仔细地审查，并与其他小组的活动进行比较。这个小组的任务很简单：计划抢劫一家银行。研究者应该提醒模拟抢劫的被试，在模拟中尽量做自己。不要像他们在小说中看到的任何人物那样"行动"，也不要像自己预想的那样去行动。被试如果在模拟中这样做了，那模拟结束后的总结将会更具指导意义，因为被试可以直接就其做出贡献的原因进行解释。

观察者

模拟过程中至少需要安排一名被试对所发生的事情进行记录。记录可以是音频，也可以是视频，但这些记录需要花费相当多的时间和精力来转录和转换成可分析的数据。因此，尽管这种数码化的记录对后期复核可能帮助很大，但还是建议观察者可以记下谁和谁谈了些什么，并对其内容进行简要的总结。特别是对以下内容进行区分，将尤其有用：

- 建议；

- 决策；

- 支持性意见；

- 可能分散注意力的无关内容。

对活动进行记录

记录人们之间互动的方式多种多样。有些方式非常详细，会对每个停顿的时间进行测量，并对每个"嗯"和"呃"进行记录，尽管达到这种细节通常需要录音（Toerien, 2014）。而有些则是对主要事件所进行的非常广泛的总结。我认为，这两种比较极端的方法中间，肯定存在着某种极具成效的方法。比如，应该为每个人设定一个代码，然后用代码去记录下被试之间所说的话，尽可能地简洁。其结果基本就是表 11–1 中所示的样子。

表 11–1　　　　　　　正在策划银行抢劫的小组部分互动记录示例

谁和谁之间	意见	从开始算起的时间
B 对全组说	3 号银行有一个安全出口和主入口，比较容易进入	35 秒
C 对 B 说	这个想法挺不错。我可以从前门进去	42 秒
D 对 C 说	没错，我们可以在消防通道等你放我们进去	56 秒
B 对 D 说	但是我们需要有人在前面看着，以防 C 在外面被发现	1 分 2 秒
E 对 B 说	我来做这个。我站在前面，不让其他人进	1 分 10 秒
D 对 C 说	你有枪或者其他什么武器吗	1 分 15 秒
C 对 D 说	对。直接冲进去大喊："举起手来！"	1 分 19 秒
B 对 C 说	但如果要控制全部人，就会涉及很多人	1 分 23 秒
E 对 B 说	对，至少需要两个人带着枪冲进去	1 分 27 秒

银行抢劫案分析

互动中存在两个特别值得研究者注意的方面：每一句话所代表的角色，以及群体的新兴结构。

277

人们扮演的角色

在表 11–1 的简要摘录中，B 似乎扮演了某种领导角色。她在一些决策中起主导作用，其他人则倾向于向她寻求可能性。相比之下，C 更加积极进取，且热衷于领导行动。D 则更加周全，更能考虑到各种可能性，而 E 则经常赞同 D 的意见。

I. 唐纳德（I. Donald）和 A. 威尔逊（A. Wilson）在为数不多的几项通过访谈探究模拟抢劫团伙成员所扮演的不同角色的研究中提出（2000），任何团伙都需要一套极具辨识度的角色配置。他们建议这些角色应如下。

- **领导者 / 策划者**。此人对活动进行把控，通常会负责小组成员的筛选，还会就目标、犯罪方式以及赃物的分配做出关键的决定（如表 11–1 中的 B 率先指出 3 号银行的关键特征）。这些人通常会因不诚实或诓骗被定罪，有时也会因暴力行为被定罪。

   在一项更大规模的研究中，路易丝·E. 波特和劳伦斯·A. 艾利森（Laurence A. Alison）已经可以做到对抢劫团伙中领导角色的等级进行判定（2006b）。他们证明了团队中各个不同的人都可能会进行决策、执行行动或下达命令，但通常被公认为团队领导者的人则倾向于将上述三件事揽于一身。这与那些虚构的聪明策划者大相径庭，虚构的聪明策划者不会弄脏自己的手，也不会有被发现的风险。

- **"壮汉"**。这名团队成员经常担任望风站岗的工作，威胁任何可能试图干扰正在进行的行动的人。他们也可能会帮忙搜刮贵重物品。这些人通常有暴力犯罪前科（如表 11–1 中所示的 E 准备做的工作）。

- **司机**。该角色通常会开着一辆车等在一旁，准备快速逃离。不出所料，他们通常因偷车以及其他与驾驶相关的违法行为而被定罪。

- **学徒或临时工**。该角色有时会出现，为掠劫行动提供某种形式的一般支持。他们可能是有较轻犯罪前科的犯罪者，也可能是希望成为犯罪界中更完整的一员的年轻人。或者，他们可能是领导者的直接助手，而所做的事情实际上也代表着正在接受培训，以便在未来担任这一角色。

这些角色的存在与尼尔·肖弗（Neal Shover）早期的研究（1973）密切相关，他对具有代表性的入室盗窃团伙实例进行了研究。这一点都不令人惊讶。对意图抢劫银行的团伙所肩负的任务进行简单明了的组织分析，便可以认识到组织技能、人身威胁和随时逃跑的必要性。所有这些其实都可以分配给一到两个人去担任，但三人团伙或者更好的四人团伙，更有可能涵盖所需要的所有角色。

不同的犯罪风格

对互动模式的一种可能解释是犯罪实施方式的差异。这些差异可能是群体中依旧存在的个人倾向以及出现的规范的产物。在路易丝·E.波特和劳伦斯·A.艾利森（2006a）对团伙抢劫所进行的研究中，二人在对人格理论的各个方面进行借鉴的基础上，证明了支配、服从、合作和敌意这四种人际互动风格的存在。他们指出，抢劫团伙倾向于按照这四种风格中的一种行事。例如，一个团伙中任何一名成员的敌对行为都不太可能引发另一个成员对受害者采取合作行动。他们认为，团伙行为的一致性可能受到某个关键人物的影响，该观点也引起了人们对这些犯罪集团领导层的一个重要方面的关注。

复杂的有组织犯罪

在对犯罪集团如何运作进行探索的道路上，出现了一个称得上有趣的最新进展，这是由 J. 辛诺特（J. Synnott）、戴维·坎特、唐娜·杨斯和玛丽亚·约安努（2016）对一项有着相当不寻常名称的活动——"老虎绑架"活动所进行的研究。该活动实际上指的是，犯罪者对一名重要人物或物体进行绑架，然后要求犯罪者在释放被绑架者之前必须实施其他犯罪行为。如果目标是一家银行，那么除了被扣为人质的人之外，还需要有人从这家银行抢钱。

就现有证据而言，实施这些罪行的人很少被抓到，这在一定程度上可能是因为实施这些犯罪的团伙一般都有着详细的计划和强大的结构。有证据表明，参与犯罪的一部分人甚至来自准军事化组织，尤其是在爱尔兰。这一方法显然是在叛乱时期发展起来的，当时准军事化组织使用这一策略让人们运送炸弹，而向抢劫银行转变仅仅是迈出了相对较小的一步而已。

因此，当就被试在模拟中所扮演的角色进行考虑时，对他们的背景和经历进行探究将是非常有价值的。但是，这些与他们在模拟中的活动有关吗？

群体结构检验

分析的第二个方面是对群体互动结构的检验。正如我们将看到的，虽然群体互动结构与角色有重叠，但它需要的分析形式与之前截然不同，其中的关键，是对互动的双方进行记录。这些互动的频率可以放入如表 11–2 所示的数据矩阵中。

表 11–2　　　　　　　　　　记录个体间互动的互动矩阵示例

从 \ 至	A	B	C	D	E	总共
A		5	7	2	3	17
B	3		2	8	4	17
C	5	3		2	0	10
D	2	1	3		0	6
E	2	4	3	5		14
总共	12	13	15	17	7	64

表 11–2 中的对角线实际上代表被试在自言自语，这部分想必并不会涉及太多

的条目。需要注意的是，以对角线为分界，表格上半部分的三角形与下半部分的三角形内容并不相同。这是因为该表所记录的是哪些个体之间发生了互动。因此，A 联系 B 的次数很可能比 B 联系 A 的次数多，展现在表格上，就是 A 到 B 单元格中的值将不同于 B 到 A 单元格中的值。

互动矩阵分析

表 11–2 的单元格中放入了一些值，以便对从中得出的各种特征进行考虑。

- **发表和接收**。在样本值中有一个人很突出。D 只对其他人发表了 6 次意见，却接收到了多达 17 次意见。你需要对这些意见的细节进行翻查来确定发生了什么，但看起来，D 和其他人在互动方面存在着很大的不同。更细致的核查表明，她所接收到的意见中，有近一半来自 B。

　　相比之下，其他人和 E 仅仅发生了 7 次互动，却和他人有 14 次接触。这是不是意味着有人试图参与讨论，但却没有被其他人所接受？

- **突生结构**。该分析可以利用简单的连锁分析进一步进行。图 11–2 展示了其中的各个阶段。首先确定最常见的互动，正如前面已经提到的，最常见的是 B 向 D 发送消息，这可以很轻易地表示为图 11–2 所示。

图 11–2 可以通过把所有其他连接线放入，并把线的长度与接触频率设成反比来增强，也就意味着线越短接触越频繁。频率也可以根据互动总数的比例进行调整，以便对正在发生的事情进行更细致的说明。这将使人们在沟通过程中扮演的角色更加清晰。

对发表和接收的互动总数进行回顾可以看出，B 和 D 在网络中是重要的，这种结果意味着 B 和 D 很可能一个是领导角色，另一个是助手角色。因此，对从内容中确定的角色进行回顾有助于对团伙工作方式进行更好的了解。

首先确定最常见的互动，如前所述，是B向D发送消息。这可以很轻易的表示为

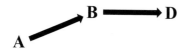

当我们考虑与B的联系时，可以看到最频繁的联系来自A，因此可以表示为

C与A联系最频繁，同时A也与C联系频繁

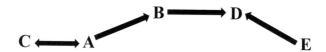

就E的联系而言，主要集中在与D的联系上

有趣的是，这使得B处于网络的中心，而D则成了E的关键连接

图 11-2 简单连锁分析的阶段

减慢交流速度

如前所述，对这一切进行记录是极具挑战性的。在我对"交际游戏"进行描述的"研究 10"中，存在着一种可行性更高的方法。为此，被试仅被允许通过相互发送消息来进行沟通。在互联网通信和社交媒体的时代，这并不像曾经看起来的那样虚假；相反，这样的方式使得对消息内容的检查以及对沟通模式的记录都变得更加容易。

网络分析

当然，前面所提及的简单连锁分析是非常粗糙的。一方面，将所有的互动放到一个图表中存在一定难度。另一方面，还存在一个问题，即如何组织图表，使网络模式更加清晰。当网络中的人数增加时，这一点就变得更加具有挑战性。算法相对简单：两个人只能有两次单向互动，如从 A 到 B 和从 B 到 A；三个人可以有 6 次单向互动；四个人可以有 12 次；或者正如你在表 11–2 中看到的，五个人的互动次数就已经上到了 20 次。

公式其实很简单，对于 N 个参与者而言，单向互动的数量为：

$$N2–N$$

其复杂程度迅速增加。因此，已经开发了许多计算机程序来进行计算，并可以生成最清晰的图表。这些程序通常被称为社会网络分析（social network analysis，SNA）工具，其中许多都是免费的。我就在研究过程中发现 www.socnetv.org 免费提供的社会网络可视化工具 SocNetV 特别容易使用。它根据表 11–2 中的示例矩阵生成了图 11–3。

这就把 A 放在了与 B 联系最紧密的结构的中心，而 E 离 B 最远。这表明 A 在网络中比简单的连锁分析所表明的更重要。但 A 和 B 之间关系的重要性依旧非常明显。

在对网络进行研究时，A 和 B 之间的联系确实指出了进一步分析的可能性。紧密结合的群体可以被视为派系。他们更有可能彼此认同，更不容易被渗透。也有各种各样的措施可以应用于群体中的个体，以确定他们在网络中的中心地位，或者他们是否在不同的子群之间提供了关键的连接。

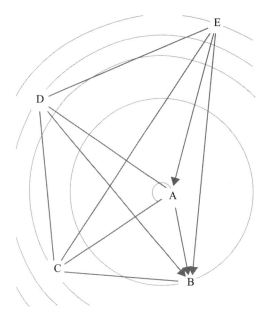

图 11-3　基于表 11-2 中模拟数据进行的社会网络分析

戴维·坎特（2004）对不同类型的犯罪活动如何导致不同类型的网络进行了阐述。贩毒集团被拿来与足球流氓群体和盗窃集团进行对比。并对网络及其组成部分的不同度量进行了讨论。该研究表明，存在着各种不同的结构对群体的活动进行支持。例如，足球流氓的组织结构远不如那些贩毒集团的贩毒者。

随时间变化

领导和其他群体过程的一个重要方面是它们是动态的。一个群体的活动和目标在实现其目标的不同阶段会有所不同。在本章的示例中，选择银行作为目标与决定事后如何处理战利品有着不同的特点。因此，领导和其他角色有可能在不同阶段由不同的人担任。例如，选择一个目标可能需要对银行及其运作方式的了解。相比之下，处理任何被盗资金都需要能够洗钱的联系人，这样就可以将其犯罪所得的属性掩藏起来。

塞缪尔·J.穆林斯（Samuel J. Mullins）对群体结构具有的这些变化方面进行了一个非常有趣的说明（2009），他使用社会网络分析工具对美国"9·11恐怖事件"袭击者之间的互动进行了绘制（如图11-4所示）。

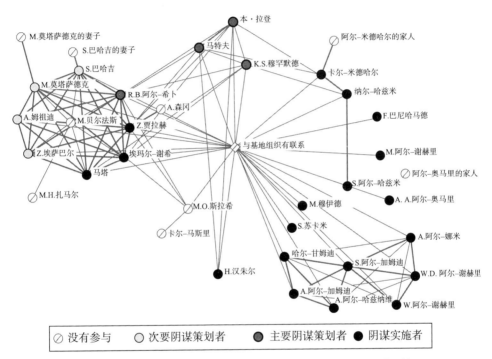

图 11-4　2000 年春季形成的"9·11恐怖事件"参与者关联网络

资料来源：Mullins（2009）。

塞缪尔·J.穆林斯（2009）对2000年春季就已经开始形成的"9·11恐怖事件"恐怖网络的发展进行了深入的描述。网络的关键成员在图11-4中被用节点表示。连接这些关键成员的线象征着成员之间不同类型的各种关系，越粗的线代表着越强的心理和情感纽带。随着个人越来越专注于暴力行动，他们也慢慢地与大多数关联

脱节，六个月后，那些参与实施暴行的人形成了一个紧密的小团体。他们是图 11-5
右下角的团体。

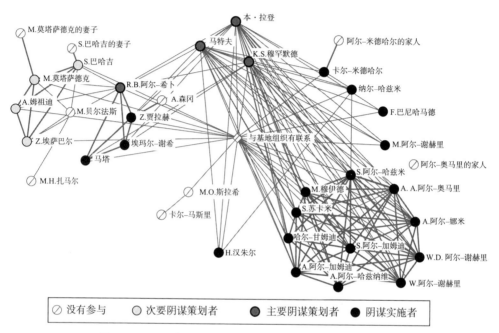

图 11-5　2000 年夏季：实施袭击的团体现在变得更加明显

资料来源：Mullins（2009）。

团伙间对比

在本章的拟议研究中，可能会存在很多不同的团伙。你能通过分析发现它们之
间可能存在的不同领导风格和不同团队运作方式吗？或者可以对不同种类的互动结
构进行识别吗？这些差异又会对群体决策的结果有什么影响呢？或者这些差异是否
与团伙完成模拟或完成决策的各个阶段所需的时间有关呢？

研究过程总结

1. 组建一个四五个人的团伙，并设置一个观察者对团伙进行观察记录。

2. 为被试提供一套银行平面图。

3. 指示被试选择一家银行并计划如何抢劫它。

4. 观察者对被试的讨论内容进行记录。

5. 标注出计划行动的风格。

6. 对记录的概要进行分析以揭示该组的不同被试所扮演的角色。

7. 使用简单连锁分析和 / 或社会网络分析软件去计算互动的结构。

8. 对个人展现出的领导角色和风格（如专制 / 民主）以及这种影响的性质进行
   考量。

可以使用这种研究设计的其他研究

- "研究 10" 提供了模拟的细节，为更详细地探索和体验本章中讨论的许多问题提
  供了机会。这项衍生研究得到了来自许多国家的许多团体（包括学生和专业人
  员）的支持和参与。

- 一系列探索银行抢劫电影中社会动态的研究将是未来研究中一个成果斐然的领
  域。不同的国家和 / 或不同的导演对主要反派之间的互动所采取的处理方式是否
  存在不同？

- 还有很多 "真人秀" 系列节目，在这些节目中，个体被划入团队甚至是加入社区
  去解决各种问题。对其运作方式所进行的观察可以作为研究的基础。但是，与虚

构的陈述类似，这些真人秀中的陈述如何被修改，或是否完全基于脚本去制作令人兴奋的电视节目，是研究者始终需要谨记和去分辨的。

- 为了使角色扮演模拟更加细致，可以找些人扮演银行职员，如出纳员和银行经理等，甚至其他在银行办理业务的顾客。然后人们可以在计划好他们要做的事情后，实施模拟抢劫。这么做当然会使对整个行动的记录变得更加复杂，但也在同时允许研究者对小组如何在模拟的真实事件中实施行为进行更加详细的检查。另外，这样额外的安排也会带来劫匪所需资源的问题。例如，如果他们打算以这种方式控制工作人员，他们从哪里获得枪支？路易丝·E. 波特已经开展了许多此类研究，她提到可为被试提供两种方法，并指导他们选择其中一种，可能会得到有趣的结果：告诉被试他们可以使用任何东西，或者告诉被试只要他们可以在现实生活中获得这些资源，他们就可以对那些自己喜欢的东西进行使用（即，如果他没办法在现实中获取枪支，他们就不能说可以使用枪支）。在这种情况下，听取团伙中每个参与者的汇报，汇报可能包括讨论如何改进行动以及参与者所认为的模拟的真实性等。对汇报讨论中的社会过程进行记录，然后将其与实际角色扮演中发生的事情进行比较，将会非常有趣。

- 如前所述，一些极具探索精神的坚定的研究者已经对公开可用的记录进行了探索，用来创建犯罪团伙、群体和网络之间的社会互动细节。法庭报告、真实犯罪书籍和纪录片都是有用的资源，可以从中导出关联矩阵或一系列类似的矩阵。例如，路易丝·E. 波特和劳伦斯·A. 艾利森（2001）就重复了她对包含轮奸行为的抢劫案中领导角色的研究。

- 社会网络分析软件所带来的现成可用性，意味着研究者可以花大量的时间对这类材料进行分析，并确定分析结果对了解犯罪团伙运作方式的影响。

- 值得强调的是，社会网络分析起源于群体过程中广泛存在的社会心理学，并可以追溯到雅各布·L. 莫雷诺（Jacob L. Moreno）于 1953 年出版的名为《谁能活下来》（*Who shall survive*）一书，这本极具影响力的著作源于他在第二次世界大战期间被困集中营的经历。他对社会过程的分析被称为"社会测量学"，并被应用于人类互动的许多领域，也许在对学龄儿童的研究中最富有成效，另外，它还激发了人们对团体治疗过程的兴趣，尤其是心理剧。

- 存在着许多其他司法领域的群体过程可供模拟，特别是陪审团决策。向一群人展示支持和反对无罪和有罪主张的证据，然后观察他们如何做出决定是一个重要的研究领域（Lieberman & Kraus, 2009）。

思考与讨论

1. 电影制作中的那些抢劫团伙 / 抢劫类型有什么吸引力？这又揭示了对这类犯罪活动所抱持的什么态度？

2. 这里提出的模拟和角色扮演与一伙劫匪的实际经历和活动有什么重要区别？

3. 是否存在不同的领导风格去适配不同类型的团伙活动？

4. 群体特征的一个常见研究方向是对群体士气所进行的研究。也就是说，一个群体的情绪或精神使成员想要成为其中的一分子并实现群体的目标。这对于面临挑战和威胁的群体尤其重要，特别是在军事背景下。这与对犯罪群体的研究有何关系？群体流程的哪些方面可能与他们的士气水平有关？在本章的拟议研究中，你可以对这个问题进行进一步的探究，让小组中的每个成员用 1~10 分对他们所认为的小组有效性进行打分。他们甚至可以匿名评估每个成员对小组目标的贡献。然后，你可以将这些评级与团伙活动的其他分析结果进行比较。

Experiments in
Anti-Social Behaviour

第 12 章

百密一疏：如何利用内部破绽瓦解犯罪团伙

研究 10：犯罪网络的探索性研究。通过了解社会身份和相关的自我分类是如何通过群体互动产生的，以及由此产生的情绪结果，在办案过程中有利于逐个击破团伙犯罪成员，以瓦解和终止犯罪团伙。

摘要

　　尽管很少被研究，但正如我们在关于银行抢劫的"研究 9"中所探究的那样，犯罪活动不可避免地变成了联系网络的一部分，而且犯罪调查工作也需要团队和组织来配合开展。因此，进一步了解团队和网络的运作方式、组成部分及其天生的优势和劣势，与反社会行为研究直接相关。为了进一步探讨这些问题，本章给出了一个比较详细的练习，使被试能够对作为团队决策一部分的沟通过程进行体验和研究。

　　这种练习可以被视为一种游戏或"情景模拟"，它为培训和研究提供了大量这种形式的研究活动的例子，这在商业研究和其他领域相当常见。本章所给出的情景模拟已经在世界各地的学生和专业团体使用中经过了多年的发展与迭代，包含许多复杂的层次，足以用来揭示那些经常被忽视或误解的群体特征和网络过程特征。

研究成果和方向的一般要求

　　本章的拟议项目比本书中的其他项目规模都要更大一些，所以它需要一个小的管理团队来进行管理。概括而言，以下是所需内容和主要阶段的总结。

1. 需要为每个团队的每名被试准备一个信封，其中包含（如本章后面所述）：

   - 每个团队每名成员的说明；
   - 每个团队每名成员留言用的信息条。

2. 向所有被试宣读一般说明。

3. 需要召集愿意放弃几个小时的被试（从 10:00 到 14:00，刚好是午餐休息 时间）。午餐前进行游戏，午餐后汇报。

4. 游戏在两队之间进行，每队由五人组成。另外至少需要一个人作为"编码员"，一个人作为"信息传递者"。至少有两个团队参与，也就是说一场游戏至少有十几名被试。本情景模拟内容涉及五个团队，两个编码员和两个信使，至少 27 人。当然，我在更庞大的群体中也做过同样的情景模拟。

5. 为每个团队的编码员提供编码表。

6. 对各团队网络进行说明的演示材料只能在游戏结束后的汇报中使用。

7. 需要一个位置来进行游戏。这需要至少六个彼此分开的座位。可以在单独的房间里，也可以在大厅的不同位置进行。

8. 需要一个地方，可以将被试聚集在一起接受指示，听取汇报。

背　景

对第 11 章的讨论进行总结后会发现，对犯罪团伙、犯罪集团和犯罪网络所进行的研究非常重要，但相关研究很少从社会心理学的角度进行。在"有组织犯罪"这个研究方向上有很多一般性的探索，例如，记者米莎·格兰尼（2009）写了一本关于国际犯罪联系的优秀书籍《黑道无边》（*McMafia: Seriously organised crime*），该书后来被改编成了一部虚构类型的詹姆斯·邦德电影。还有很多关于恐怖分子网络（for example published, curiously, in physics outlets; see Fellman & Wright, 2014）、贩毒集团（e.g. Hesterman, 2013）和贪腐（Dupuy & Neset, 2018）的可用信息，以及处理这些非法的、在大多数社会中如细菌般蔓延滋生的行为的各种策略。但是，对犯罪团伙的实际运作及其网络结构对其运作方式的影响模式的探索依旧不够彻底。

对团队和网络所进行的理解，同时也与所有形式的组织高度相关，这其中甚至包括了调查小组。那些参与管理其他法律组织的人，也可以从本章所述的情景模拟研究提供的研究和经验中学到很多东西。我通常将这种模拟称之为"交际游戏"，虽然这个名字可能会让不了解的被试对这个研究疏于对待，但它意味着有趣和愉快的名字往往可以让人们了解自己以及团队和网络的社会心理。

有趣的是，我开发这个游戏的初衷是为了对确实需要成为团队和组织一部分的建筑师进行培训的。我在《建筑师心理学》（*Psychology for Architects*）一书（Canter, 1975）中首次对此进行了阐述。在这个游戏最初的版本中，每个团队有六名成员，但我发现这会导致游戏时间过长。因此，本章拟议的游戏将团队成员人数框定为五人。

当对组织进行探究时，会出现一个关键点，即组织的本质是沟通交际。如果彼此没有联系，它们就不存在。这意味着这些沟通交际的性质是其脆弱性的核心。这种性质反过来又受到联系模式（网络结构）的影响。这种结构的表现形式多种多样，各有优缺点。一个真正有效的网络是一个足够灵活的网络，可以在其活动的不同阶段改变其结构。

举一个简单的例子，当有必要对行动采取严格的控制时，专制的领导风格，辅以强有力的等级结构和一个明确的、占主导地位的领导者是最好的。但是，当需要头脑风暴和收集信息时，一个更加开放的互动结构，加之一个更加民主的领导风格将会非常有价值。大多数决策都必须具备这两种管理风格，这就意味着，没有一种沟通网络结构是适合组织活动和决策制定的所有阶段的。

社会认同理论

这个练习需要关注的另一个基本方面是它阐释和帮助探索"社会认同理论"的方式，这一理论已经成为社会心理学理论和研究的一个主要领域，该理论源于亨利·塔吉费尔（Henri Tajfel）进行的被称为"最简群体实验"（1978）的有趣研究。在这些研究中，被试会被告知他们会根据一些相同的元素被分配进某个小组，但实际上分组是完全随机的。然后会被要求给自己的小组和另一组分配奖励。研究者获得一个有趣的发现，即被试会试图将自己所在小组和另一组之间的差异最大限度地扩大，而不是简单地分给自己组更多的金额。这些实验，推动了"群体内"和"群体外"观点的发展，一般来说，群体之间会存在群体内的偏袒，也叫作内群体偏好。

这些研究结果背后的思考发展成了一种观点，即人们对自己的看法、对自己身份的看法有一个基本的社会构件存在。我们的自我认知实际上是一系列认知以及个人认知的集合（thoroughly reviewed by Reicher, Spears, & Haslam, 2010）。这是由"自我分类"产生的，自我分类是社会认同理论的一个补充（Postmes, Baray, Haslam, Morton, & Swaab, 2006）。

这一关于社会心理过程的深远视角与拟议的模拟研究之间有着某种特别的相关性，人们会根据自己行为所处的特定情境对自己进行自我分类。不同的群体成员比较会产生不同的自我分类。本章所描述的研究中，不同群体成员的可能性是研究者有意设置的。首先，被试可以把自己想象成某个指定群体的一员，比如，用一个著名的虚构的侦探角色去命名，但与其他成员只能通过发送信息进行交流。其次，又或者他们可以认同其他拥有相同团队成员标识的人。他们和这些人围坐在一张桌子旁，这样就可以产生一种不同的社会认同机制。最后，在第三个层面上，这些人可以形成一种观点，即他们与所有其他参与者都在一个群体中，这可能会将他们的身份与那些模拟练习的管理和组织者区分开来。

除了那些被指定为小组成员的人之外，还存在着其他自我分类可能不那么明确的人，比如编码员和负责传递信息的人。他们通常会被当作组织者予以认同，但各种有趣的过程可能会干扰这一认同结果。例如，根据自我分类理论，如果他们认为自己对群体的理解（他们认为自己是群体的一部分）与群体中某些成员的行为不"相符"，他们将不再愿意对该群体予以认同。如果领导者行为不当，这种情况会尤其明显（Haslam, Postmes, & Ellemers, 2003; Steffens et al., 2014）。群体成员之间的交流发展，甚至协商、规范都是通过群体间的相互作用产生的（Postmes et al., 2006）。他们所处理的问题围绕着群体的性质以及群体应该如何行动展开。在本章的拟议模拟中，这一点格外地清晰，因为被试需要付出大量努力来说明团队的身份以及团队应该如何行动。在开始时给团队加上标签／名字也会影响此过程。

因此，拟议研究揭示了社会身份和相关的自我分类如何通过群体互动产生，以及由此产生的情绪结果的许多重要方面。同时，本章的拟议模拟通过揭示沟通网络结构所蕴含的力量和个人在这些结构中所处位置的影响，将这些过程向前推进了一步。

参与模拟的主要学习目标

本章的拟议项目与本书中的其他研究相比，有着更广泛的目标。特别是对模拟的参与本身就有着直接的学习目标。参与的经验本身就是该项目的"成果"之一。

这既与调查过程有关，也与了解犯罪网络如何运作有关。

对于那些进行调查的人来说，以下几点值得注意：

- 高质量的数据 / 信息是基础；

- 进行推断的前提是需要将所有信息汇集在一起；

- 需要对小组中不同的技能进行利用；

- 信息过载必须进行处理（授权是关键）；

- 过程的不同阶段需要不同的管理策略；

- 沟通路径末端的人需要给予支持。

对犯罪活动进行考量

如前所述，对团队和组织工作方式的固有弱点进行了解，可以帮助研究者洞察其是如何被破坏的。这体现在破坏性组织心理学的观点中（Canter, 2000）。

以下是一些显而易见的漏洞：

- 处于网络边缘的人通常对组织最不忠诚，因此最容易受到警方的影响；

- 沟通歪曲是破坏网络的一种强有力的方式；

- 随着网络的增长，管理将会变得更加困难；

- 一些网络结构比其他结构更容易混淆；
- 永远不要低估非正式假设，流言蜚语、偏见和刻板印象会助长群体进程。

个人经验视角

虽然游戏的任务相对简单，但参与其中往往会带来非常沉浸和投入的感觉，甚至作为编码员和信息传递者也会被游戏的特质所吸引。有些人觉得自己的角色赋予了他们力量，有些人会感到非常沮丧。因此，被试可以通过处理分配给他们的各种不同情况，去了解一些关于他们自己的重要信息。这塑造了他们在群体中的身份以及他们对群体本质的理解。

- 他们如何看待自己对团队进程的贡献？只是被动地传递信息，还是会主动地提供帮助？他们是不假思索地接受自己的角色，还是会想办法对其进行利用？
- 如果他们对团队中其他人的所作所为感到沮丧或恼火，他们会如何应对？是变得极具破坏性，还是试图去理解其他人担忧的原因？

对于新学年或某个漫长课程的开始来说，这个游戏称得上是一个很好的破冰方式。它把人们聚集在一起，并提供了很多可以谈论的话题。参与游戏所带来的情绪结果必须牢记在心并加以处理。如果你将模拟设置成一个充满激烈竞争的模拟，它将放大利害关系和与之相关的感受，而作为模拟组织者的你，则很可能成为流言蜚语或敌意的目标。你必须学会优雅而富有幽默感地处理好这一切。因此，对于组织者和被试来说，该游戏都是有益的。

交际游戏

要让这个情境模拟跑起来，至少需要十几名被试。也就是说，可以按照两个团队、每个团队五人，外加两个人作为编码员和信息传递者，以这样的规格进行配置。但是，如果你想让这个模拟变得更加有趣，那就直接把这个数字翻倍，这样就有四个团队和四个编码员和信息传递者可用。我个人曾经在更多团队数量的情境中成功地跑过这个游戏。也在本章给出了六个不同团队的详细信息，以便你可以就自己所想要使用的网络进行选择。

目标

正如向被试描述的那样，游戏的目标是根据给团队成员的信息来解决问题。团队的每名成员都有特定的信息。如果你想提高被试的兴奋度和投入程度，你可以向其表示，将对第一个解决问题的团队进行奖励。这样做可以对接下来的团队活动起到巨大的推动；但同时也可能会因为要求太高而难以对模拟进行管理！

有趣的是，你可以通过给每个团队起一个极具辨识度的名字来进一步提高人们在游戏中的参与度，起名字这一行为，实际上塑造了他们对群体认同的态度。我在下面的细节中将不同的团队用虚构的侦探名字进行了命名。你也可以给他们各种调查机构的名称，比如联邦调查局或苏格兰场等。但是，通常建议研究者在对这些团队进行称呼时，将他们统一称为团队 1、团队 2 等，以此来削弱但并不完全消除团队之间的竞争。

空间组织

这种模拟有一个很重要的部分，就是虽然每个小组有五个人，且均被标为 A、B、C、D、E，但这五个人并不坐在一起。所有的 A 坐在一起，所有的 B 坐在一起，以此类推。之所以这样分，基于两个关键原因。一个是使个体所在的网络（他们的团队）和他们在桌子周围面对面的人之间的身份和角色问题变得更复杂，这种复杂在模拟的开展过程中将是至关重要的。

团队成员分散、彼此分开坐的第二个原因是，所有的沟通都是书面的，且由信息传递者进行传递。这样的形式实际上得以使编码员可以对沟通进行监测，方便以后的分析，以及检查游戏规则是否被破坏。这提供了针对这种社交场合经历的丰富见解，在随后的汇报中可能会非常有力。

团队结构

每个团队都有不同的沟通模式，这是由他们使用信息条的需求来控制的。信息条仅用来给团队成员与指定的其他成员进行沟通，如下所述。

通过对沟通模式进行限制，可以对团队结构及其结构如何影响团队成员的工作进行比较。最重要的是，这些沟通模式也会影响被试的体验。这种情况经常发生，并且其中所涉及的都是真实的、严肃的情绪。我发现这个模拟的显著之处在于其对被试来说所蕴含的强真实性以及许多结果的可预测性，稍后我将对这些进行总结。

如果你想就这种书面信息沟通方式所带来的结果进行一番探究，那你完全可以组建一个团队，然后围坐在一张桌子旁去解决某个问题。把他们的活动时间和结果与其他组进行比较将无疑是一个非常有趣的方向，但对他们讨论的内容和过程进行监测更具挑战。

沟通监测

为了向被试提供反馈，并使后续分析成为可能，团队成员所发送的每条信息都会首先被传递给编码员。我经常将他们称为"审查者"，给游戏加点料，使其变得更加刺激。

首先，编码员可以对信息条是否被篡改进行检查，特别是与该特定网络不允许的团队成员进行沟通时。这是违反规则的行为，同时也是一些团队成员可能会感到沮丧的一个非常有趣的示例。审查者可以将这些信息条退回给发送者（附带一条神秘信息在内）。

其次，负责沟通监测的人使用下面提供给每个团队的矩阵，记录下信息传达给谁。这使得对每个网络所产生的联系的数量和种类以及每个人在网络中扮演的角色进行有趣的分析成为可能。

最后，负责沟通监测的人可以对团队成员所发送的有趣且丰富的信息进行记录。这些信息揭示了人们正在扮演的角色，以及正在出现的决策过程的种类，甚至是每个团队遇到的挫折、假新闻、流言蜚语和社会支持等。

游戏结束时，负责沟通监测的人所记录的结果将用于汇报会议。

模拟组织者注意事项

为了保持游戏的轻松氛围，我有时会将游戏称之为模拟探索练习：

- 沟通（Communication）；

- 协调（Harmony）；

- 和（And）；

- 其他的（Other）；

- 技能（Skills）。

由以下角色参与：

- "玩家"；

- "联络官"；

- "信息传递者"；

- "审查者"。

联络官是制定整个探索练习的人，对任何决定拥有最终管辖权。他们充当游戏中所谓的"皇家检察院"（Crown Prosecution Service，CPS），确定是否有任何团队已经解决了练习提出的挑战。

在建立团队和为每个角色选择人员层面，存在一个非常重要的注意点，即研究者需要公开表示这些选择都是随机进行的。如果你不这样做，鉴于模拟的性质，被试可能会认为你故意给他们分配了他们认为从属或重要的角色。我通常会为每个角色准备一个信封，在每个人面前将所有信封进行洗牌，然后随机分发。然后，人们会根据信封中的内容确定自己的标签角色。

在进行游戏组织时，你需要至少六张单独的桌子，五名队员每人一张，监测者 / 审查者一张（图 12-1 给出的大厅简易布局）。这些桌子应该离得足够远，这样围坐在桌子周围的人就不会听到隔壁桌的声音。我发现如果他们每个人都可以有一个独立的房间，比如沿着走廊一排，这样的布局是最有效的，但如果将团队成员沿着一个大厅的边缘排列开，监测者在中间，也可以使游戏很好地进行下去。

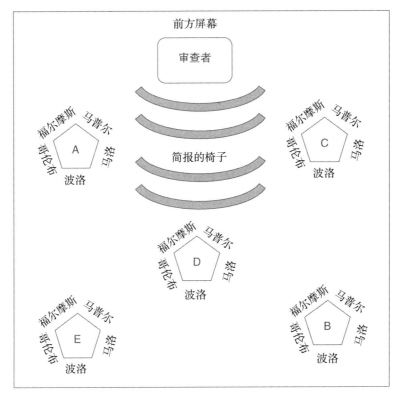

图 12-1 大型空间中模拟的简易布局

对于本示例，指定了由五个团队组成的五个网络。如果你要使用下面列出的团队名称，应该告诉他们是其团队名称为福尔摩斯（Holmes）、马普尔（Marple）、哥伦布（Columbo）、马洛（Marlowe）和波洛（Poirot）。

游戏参与者说明

任务

发现了一具尸体。

每个团队都要尽快解决有关死亡的核心问题，让皇家检察院满意。

1. 所有团队都有名字。我给他们起了一些虚构的侦探的名字，比如福尔摩斯等。五个人分别用字母进行指定（即 A、B、C、D、E）。

2. 团队中的每个成员都有一条被放在封闭信封里的特定信息，这条信息有助于核心问题的回答。在你入座之前，不要打开信封。只有对这些信息进行分享，才能找到答案。

3. 相同字母的人坐一张桌子（即所有的 A 在一起，所有的 B 在一起，以此类推）。

4. 因此，每个团队的成员仅能使用为其团队成员提供的特殊纸条，以书面形式与团队其他成员沟通。

5. 信息条会指明每个团队成员可以与谁沟通。他们需要圈出一个指定的收件人，以表明该人是信息应该送达的目标。例如，FBI 团队中的 A 将通过在他们的信息条上圈出 B 来向该团队中的 B 发送信息。

6. 团队中会有一名成员被指定为允许联系皇家检察院的人，会有专门的联系方式。

7. 这些信息由不断来回走动的信息传递者收集起来，然后传递给指定的接收者。被试需要使用其所在位置提供的名牌，以便通过信息传递可以轻松地找到参与者。

8. 但是，信息传递者会首先把信息带给"审查者"，他们会对信息进行编码并记录下任何感兴趣的东西。

9. 当一个正确的解决方案被送达皇家检察院，或者到了吃午饭的时间，游戏就结束了。

这项活动的组织者应该意识到，任何团队实际上都很难找到所谓正确的解决方案。如果团队陷入混乱的循环，沟通监测也将特别明显地展现出来，为了每个参与者的理智，停止游戏是最优选择。

根据我的经验，模拟往往需要一个上午才能得出结论或陷入僵局，然后午饭后（午餐通常会非常的热闹），被试还要花几个小时来听取汇报。其实在一天结束时，举行一个简单的聚会来放松一下，缓解一下紧张的气氛是相当不错的选择。

提供给每个团队成员的信息

有几次我在实施模拟的时候，给每个团队成员加了一个头衔，比如法庭植物学家或高级调查官等。这些标签实际上对解决团队的任务集来说没有任何作用，但却对塑造个人诠释其角色的方式影响非常大。当然也有可能是破坏性的，尤其是当角色与该人在沟通网络中的位置不一致时。例如，一个人认为他应该是负责人，但他处于沟通链的末端，这种情况在试图收集信息时就可能会造成很大的混乱。处于网络中心的人更有能力做到这一点。

只使用字母 A、B 等，就可以避免角色标签可能带来的混淆。下面的卡片示例中给出了角色标签，以备使用。

实际上，有两条"法庭植物学家"的信息必须提供给不同的团队。也许一条信息给一个团队，然后另外一条发给所有其他团队。图 12–3 和图 12–4 就给出了不同的信息，但当然，在团队信息中，绝对不要展现出信息的不同。

将准备的信息放在密封的信封中提供给参与者

以下是需要复现的基本材料，以便在练习开始前以包裹的形式提供给每位被试。每个团队都需要制作一份单独的副本。

此外，每个人都应该有 10 张特定的、与其团队位置的信息条，如提供网络时所示。这里有一个有意思的问题，如果一个团队成员用完了所有信息条，他会怎么做？这其实为研究者提供了一个关于个体如何应对不可预见情况的一个非常有用的例子。我建议把信息条做得相对小一些，这样可以避免被试可能给出非常长的消息，长信息会给编码员带来额外的压力。

我还注意到一个问题，就是被试很少会记得最初向他们宣读的说明。这也从一个侧面向被试们提供了一个有用的例子，告诉他们如何为他们当时可能没有完全理解的事情做准备。

请注意，在本章给出的例子中，两个不同团队所拿到的尸体位置是不同的，这两个不同的尸体位置信息由两个不同的"法庭植物学家"所掌握的信息得来。当然，这件事不应该告诉任何人。这么做也是为了让被试在汇报中认识到，看上去是同一个的犯罪现场，实际上是两个。

除了在密封的信封中提供给被试的说明和材料之外，不应告诉他们任何其他的信息。并且应该叮嘱被试，在他们坐好之前不要打开这些信封。这使得人们不太可能知道，至少在最初不太可能知道与他们进行沟通的人是谁。这给沟通过程带来了更多的模糊性。

应该写在每个团队成员卡片上的资料

如果可以将资料汇聚成一张比你现有的信封略小的卡片，那处理的难度将会降低很多。

团队成员 A 获得的信息如图 12–2 所示。

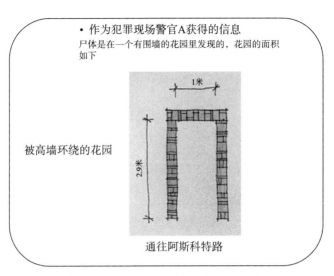

图 12-2　犯罪现场警官 A 获得的信息

情况说明提醒：这是一条视觉信息，其中的细节对破案至关重要。但是被试必须通过信息条进行沟通，或者团队需要意识到将信息带给此人可能会有帮助。但是，这一角色在网络中的头衔和地位可能会使个体不太能意识到其需要找到一种方法来分享这一信息并将其与其他信息进行合并。

团队成员 B 获得的信息如图 12-3 或图 12-4 所示。

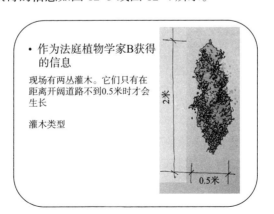

图 12-3　法庭植物学家 B 获得的信息（1）

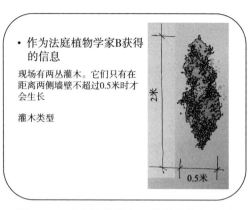

图 12-4　法庭植物学家 B 获得的信息（2）

需要明确的是，在任何一个团队中，B 只能获得其中一个信息。

情况说明提醒："法庭植物学家"这个标签（尽管这是对当今所有不同法庭科学家的讽刺）获得的信息被故意进行了隐藏。因此，团队成员之间存在一个问题，即这个角色可能是什么，以及它的贡献是什么。但是，当你知道解决方案时就会明白，这个标签所拿到的信息对完成挑战至关重要。该信息也是需要与 A 所拥有的信息相结合的视觉材料，但这可能看起来更难以传达，因为它是一个复杂的形状，尽管实际上只有尺寸是相关的。

高级调查员 C：

我们需要知道，这是谋杀还是自杀。

情况说明提醒：C 这个人一开始没什么可说的，但这个头衔可能会让该被试认为他必须负责所有的决策，但事实上，将所有的信息进行整合才是至关重要的。如果 C 决定在只有有限信息的情况下单干，比如他认为他需要做出各种各样的推论，那么他将会非常失败。

侧写师 D：

自杀一般不会选择在公众的视野之内进行。

情况说明提醒：这是故意设置的具有歧义、明显与上下文无关的信息，很容易被团队的其他成员忽略。例如，C 可能就会认为这是无意义的，只是为了混淆视听。但是，就像团队中每个成员所拥有的信息一样，它对于找到解决方案至关重要。

病理学家 E：

- 尸体属于标准的年轻男性；
- 尸体被发现时呈伸展状，没有碰到任何灌木丛。

情况说明提醒：这些信息完全是口头的，但需要与视觉形式的其他可用信息结合在一起才能被理解。就其本身而言，这可能是充满了误导性的，让人们对谋杀或自杀后尸体的状态做出各种各样猜测的依据。

解决方案

从上述细节可以明显看出，在死亡是谋杀还是自杀的问题上，实际上存在着两种不同的解决方案（见图 12–5 和图 12–6）。

解决方案 1：自杀是看不到的，因此是藏在路边的灌木丛中。

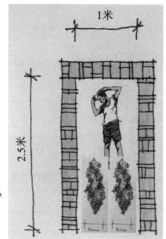

图 12–5　解决方案 1：自杀是看不到的，因此是藏在路边的灌木丛中

解决方案 2：因为自杀不会出现在路上可以直接看到的地方，所以这种组合意味着谋杀。

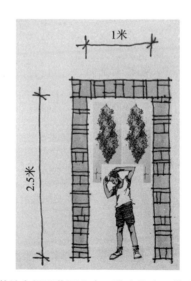

图 12–6　解决方案 2：谋杀在视野范围之内，灌木丛在尸体后方

团队及其网络

该信息要到游戏结束后才可用。但它又确实影响着信息卡的书写方式，比如谁可以与谁进行沟通的指示，以及记录沟通方式的网络图等。

图 12-7 所示的福尔摩斯团队网络是一个典型的独裁式网络，有一个中心人物，每个人都与他联系，但彼此不能联系。还要注意的是，被指定为高级调查员的 C 并不在这个网络的中心。另外，必须将他们的解决方案告知皇家检察院的人所扮演的关键角色也不是中心角色，那么他们是如何应对的呢？因此，尽管这个网络的某些方面可能相当有效，但它存在许多潜在的问题。尤其是 B 身上的压力，以及如果没有参与决策过程，其他成员会感受到的那种疏远。

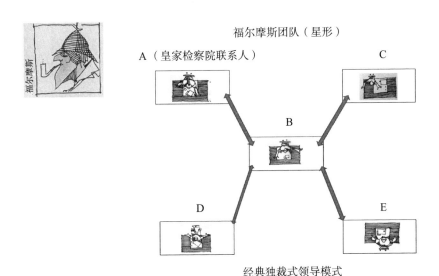

图 12-7　福尔摩斯团队的星形网络

图 12-8、图 12-11、图 12-14、图 12-17 和图 12-20 显示了每个团队的沟通联系人记录矩阵。记录矩阵包含了网络中可用的联系人。举例来说，福尔摩斯团队的

B 可以联系 A、C、D 和 E，但其他人只能联系 B。其想法是，每当信息从团队的一个成员传到另一个成员时，编码员就在每个框中放入一个"/"。这些可以在游戏结束时进行添加，并计算好总数。然后，对于游戏如何开展的一些有趣的见解就会被呈现出来（见图 12-9）。团队成员之间的联系频率和每个角色收到和发送的信息总数直接与被试对游戏的体验相关，这极大地影响了他们享受游戏的程度以及他们认为自己角色重要性的程度。

福尔摩斯
皇家检察院联系人

从 　　至	A*	B	C	D	E	共计
A*						
B						
C						
D						
E						
总计						

图 12-8　福尔摩斯团队的编码矩阵

团队	福尔摩斯					
从A	至	B	皇家检察院			
信息：						

团队	福尔摩斯					
从B	至（圈出一个）	A	C	D	E	
信息：						

团队	福尔摩斯					
从C	至	B				
信息：						

图 12–9　福尔摩斯团队的信息条

团队	福尔摩斯		
从D	至	B	
信息：			

团队	福尔摩斯		
从E	至	B	
信息：			

图 12-9　福尔摩斯团队的信息条（续）

图 12-10 所示的马普尔网络呈现了一个开放、民主的过程，在这个过程中，每个人都可以联系其他人。这意味着想法和信息可以随时共享。但是，这会使管理难度上升，并且可能导致试图控制的个人或子群体之间的相互冲突。流言蜚语会很快四下传播，影响和破坏团队的工作。

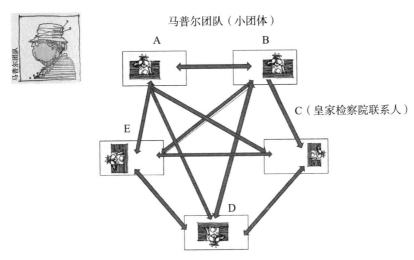

图 12–10　小团体网络

马普尔团队联系人的编码矩阵是完全开放的（见图 12–11）。

马普尔

皇家检察院联系人

至 从	A	B	C*	D	E	总计
A						
B						
C*						
D						
E						
总计						

图 12–11　马普尔团队的编码矩阵

马普尔团队的信息条见图 12–12。

团队	马普尔					
从 A	至（圈出一个）	B	C	D	E	
信息：						

团队	马普尔					
从 B	至（圈出一个）	A	C	D	E	
信息：						

团队	马普尔					
	皇家检察院					
从 C	至（圈出一个）	A	B	D	E	
信息：						

图 12–12　马普尔团队的信息条

团队	马普尔				
从 D	至（圈出一个）	A	B	C	E
信息：					

团队	马普尔				
从 E	至（圈出一个）	A	B	C	D
信息：					

图 12–12 马普尔团队的信息条（续）

图 12–13 所示的哥伦布网络是一个比福尔摩斯网络更严格的层次结构，C 和 E 位于沟通链的末端，A 处于重要的位置，而 B 和 D 则是 A 实际上与 C 和 E 沟通所依赖的副手。因此，在这个网络中，信息混淆和出错的空间相当大。尽管 A 可能不像福尔摩斯星形网络中的对手 B 那样承受那么大的压力，但 B 仍然有疏远 C 和 E 的风险，C 和 E 可能根本没有参与到交流中来。就破坏性组织心理学而言，由于远离"中心"，C 和 E 最有可能渗透到网络中或被警方变成线人或告发者。

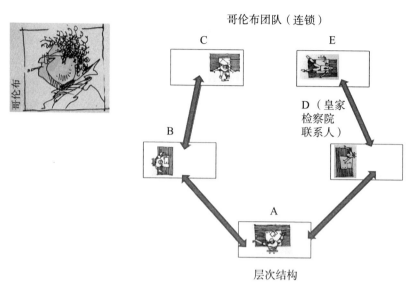

图 12–13　连锁网络

哥伦布团队的编码矩阵见图 12–14。

哥伦布
皇家检察院联系人

从＼至	A	B	C	D*	E	总计
A						
B						
C						
D*						
E						
总计						

图 12–14　哥伦布团队的编码矩阵

318

哥伦布团队的信息条见图 12–15。

团队	哥伦布		
从 A	至（圈出一个）	B	D
信息：			

团队	哥伦布		
从 B	至（圈出一个）	A	C
信息：			

团队	哥伦布	
从 C	至（圈出一个）	B
信息：		

图 12–15　哥伦布团队的信息条

团队	哥伦布	A	E	皇家检察院
从 D	至（圈出一个）			

信息：

团队	哥伦布		
从 E	至（圈出一个）	D	

信息：

图 12-15　哥伦布团队的信息条（续）

　　图 12-16 中的马洛网络是一个复杂的层次结构。B 可以联系三个人，但是 A、C、E 只能联系一个。由于与 E 的联系，D 可能处于次要位置，但是这可能是一个非常重要的角色，因为 E 具有非常重要的皇家检察院联系能力。如果不知道这个网络的结构，它会变得非常混乱。这让我想起，在大学里，教授助理可以扮演非常重要的角色（尽管他们的重要性可能会被大大低估），就好比 D，因为他们可以同时与学生和教授进行联系。

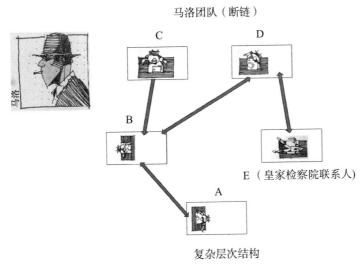

图 12-16　断链网络

马洛团队的编码矩阵见图 12-17。

马洛
皇家检察院联系人

从＼至	A	B	C	D	E*	总计
A			▨	▨		
B					▨	
C	▨			▨		
D	▨		▨			
E*	▨	▨	▨			
总计						

图 12-17　马洛团队的编码矩阵

马洛团队的信息条见图 12–18。

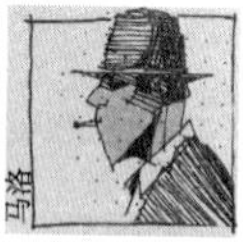

图 12–18 马洛团队的信息条

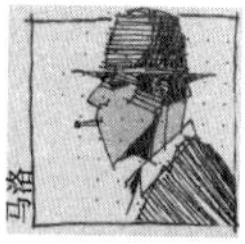

团队	马洛

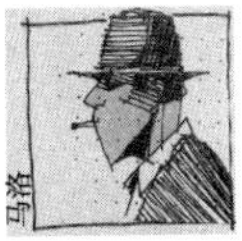

从 C	至（圈出一个）	A	D	E
信息：				

团队	马洛

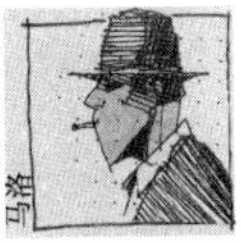

从 D	至（圈出一个）	A	C
信息：			

图 12–18　马洛团队的信息条（续）

波洛网络则呈现出一幅非常混乱的画面（见图 12–19）。信息在这个网络中真的可以绕圈传递，而且没有明显的中心或层次。相互联系的不同子集可能形成试图控制网络的子群。除了即时可用的信息，流言和非可靠假设出现的可能性非常高。

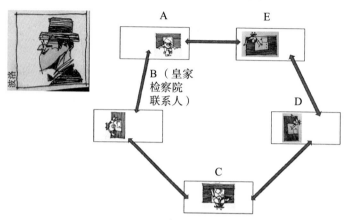

波洛团队（圆形）

不清晰、典型的非正式网络

没有清晰的结构

图 12-19　圆形网络

波洛团队的编码矩阵见图 12-20。

波洛

皇家检察院联系人

至 从	A	B*	C	D	E	总计
A						
B*						
C						
D						
E						
总计						

图 12-20　波洛团队的编码矩阵

波洛团队的信息条见图 12–21。

团队	波洛		
从 A	至（圈出一个）	B	E
信息：			

团队	波洛		皇家检察院
从 B	至（圈出一个）	A	C
信息：			

图 12–21　波洛团队的信息条

团队	波洛		
从 C	至（圈出一个）	B	D
信息：			

团队	波洛		
从 D	至（圈出一个）	C	E
信息：			

团队	波洛		
从 E	至（圈出一个）	A	D
信息：			

图 12–21　波洛团队的信息条（续）

分　析

谁赢了

有团队找到解决方案了吗？有人意识到有两种不同的解决方案吗？如果他们没有找到解决方案，问题在哪里 / 是什么？在汇报中，请务必将解决方案告知每位被试！

1. 如果有解决方案，是哪个团队提出的？是什么让他们的沟通网络能够将所有的事实进行整合，从而进一步制定出解决方案？是否存在某个特别的领导者可以把团队组织得很好？

2. 有一个需要注意的关键点，即团队需要经历以下一些不同的阶段。

（1）团队需要将五条信息整合在一起，这项工作可以由一个人完成，也可以由几人一起完成，且需要一个或多个个体的某种指导。有人需要说，"把所有的信息传递给 A"，或者至少，"我们需要把所有的事实收集起来"这样的指导性表达可以被视为受益于明确的"中央"方向的独裁主义阶段。福尔摩斯团队的星形网络应该是最擅长上述指导性表达的，除非担任角色 B 的个体不承担这项任务，例如，不停地寻找"谁是华生"。

其实就算团队中只有一个成员对网络结构有所了解，也都会对整个过程有所帮助，但很少有人去了解这个；相反，第一条信息通常是"你是谁"或者"你的角色是什么"，这些问题实际上与解决谜题无关，但却明确了一点，即被试通常会认为，他们所拿到的角色是根据他们的身份进行指定的。

通常，被试会对所发生的事情进行大量的猜测，从而给被试之间的讨论带来误导性的信息，或者试图在没有汇总所有事实的情况下给出结论（这是犯罪调查中常见的错误）。

（2）有了所有可用的信息，就需要对其进行解释，并找到其中所可能暗藏的答案。如果每个团队成员都有机会去仔细阅读所有信息，整个过程将轻松很多。这种分享在马普尔网络中可能是最易实现的，因为在这样的网络中，每个人都可以和其他人进行沟通。

3. 团队内部可能会形成一个解决方案，但由于没有留意注意事项，他们不记得该解决方案必须提交给皇家检察院，也不知道小组中谁能够联系到皇家检察院，抑或他们发现很难与皇家检察院的联络人进行沟通来传递信息。上述情况说明了以下事项的重要性：

（1）保持整个团队的参与；

（2）要意识到一点，即那些与外部机构有联系的人很可能被视为初级人员，但却发挥着至关重要的作用。接待员和信息传递者就是典型的例子。

对网络结构和皇家检察院联系人多一些了解，会非常有帮助。

以上这三个阶段值得关注的部分在于，它们都需要不同的管理风格，并受益于不同的网络结构。人们一开始很难意识到这一点。在这种情况下，将团队成员分开，与在不同团队中与他们身份极其相似的人安排一起围坐在若干不同的桌子旁，将会是一个非常有趣的规划。你可能已经注意到了，我并没有说不同团队的人不能相互沟通。这取决于被试的竞争程度以及在规则介绍中对竞争方面的强调程度，而这两项，在很大程度上，将影响被试是否会在坐在同一桌时做出相互的沟通行为。在少数成功找到答案的情况下，不同团队相似身份的被试所进行的同桌相互沟通都起到了关键的作用。这使得不同通信网络所具备的优势被利用了起来，也有助于被试认识到实际上游戏存在两种不同的解决方案。

将独立的团队转化为组织

当被试围着桌子一起沟通并交换意见时，就把独立的团队变成了一个互动的组织。其寓意当然是合作总比无知的竞争好。这种凝聚的倾向往往会把信息传递者也拉入其中，他们经常会被哄骗诱导以提供进一步的信息或向不被允许的角色发送不合规信息。这样的组织会对组织者和"审查者"进行攻击，并坚定地认为，他们在某种程度上受到了欺骗。从社会认同的角度来看，被试不再认同自己的团队，而是转向认同其他所有团队。这就把他们全部都变成了"内群体"，而希望看到此结果的游戏组织者则变成了"外群体"。

接触频率

进一步的详细分析揭示了不同团队的不同工作模式，以及他们的结构、沟通和管理风格的重要性。这直接影响了团队成员对游戏的感受以及他们在游戏中的角色。

第一阶段是使用编码矩阵来计算进行联系的总次数，包括：

- 每个人发出的；
- 每个人收到的；
- 每个团队的沟通总次数。

如果有可能将这些值写在网络的投影图上，将对汇报过程产生非常大的帮助（见图 12–22）。这种标注向听取汇报的被试清晰地展现出了团队在整体活动方面的差异，以及他们生成消息并因此相互互动的程度。研究者的期望是，在开放的网络中，像马普尔这样的团队可以产生最大数量的信息，但这些方面的任何不平衡都将表明，网络内部已经形成了亚集团或派系。对这些亚集团的身份以及形成原因进行讨论将极具启发意义。他们是否有具体的信息，或者，是他们的角色标签导致他们认为他们应该紧密的合作吗？

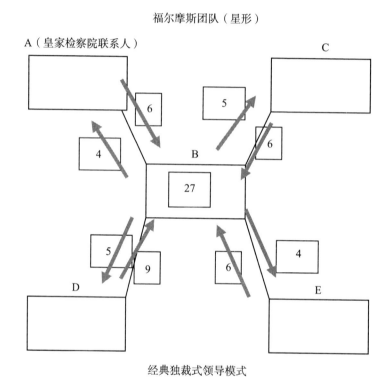

图 12–22　星形网络中的信息频率示例

图 12–22 显示了"星形"福尔摩斯团队中每个人收发的信息数量。当就频率进行考虑时，图 12–22 展现了一副非常典型的层次星形配置。可以非常清楚地看到，处于网络中心的 B 被信息淹没，在本章的示例中，B 一个人接收了 27 条信息。通常情况下，处于该位置的人都很难去控制信息的过载。值得关注的一点是，坐同一张桌子的其他 B，由于他们在各自网络中的位置，并没有收到太多的信息，在这种

情况下，这些 B 很可能会主动提供帮助，并成为福尔摩斯团队 B 的副手。这种合作可以打破游戏的僵局，甚至可能直接找到答案。

B 所承受的不平衡压力还可能会带来负面的影响，除非 B 是一个非常有思想的管理者，否则团队的其他成员可能会因此变得疏离。他们所发出的信息无一例外，都比接收到的信息多。例如，图 12-22 中的频率表明，D 可能相当沮丧甚至生气，他发送了九条信息，但只收到了五条。A 处的关键皇家检察院联系人实际上可能会直接放弃（我就遇到过有人罢工，甚至直接回家），这可能意味着当需要 A 将结果发送给皇家检察院时，这个角色早就不参与游戏了。

每个团队都会出现上述提及的这些沟通模式的各个方面。所以，在汇报中，需要提及以下问题：

- 谁因频繁收到信息而承受巨大压力？

- 谁可能会因为收到的信息很少和 / 或信息没有得到回复而感到被剥夺了权力？

- 由两到三个人组成的高接触亚群体，"派系"是从哪里出现的？是什么样的情况导致了这一切？

- 信息传递者对流程有什么看法？他们承受着什么样的压力，为什么？

- 有什么途径可以造成混乱？又是如何产生的？

- 角色标签（如果你使用的话）会带来什么不同吗？

模拟说明了什么，被试学到了什么

从参与这项工作的经验中总结出的主要问题如下。

- **自我生成但不存在的规则**。人们倾向于依赖他们所经历过的刻板印象。在这个练习中，让来自不同团队的人围坐在一张桌子旁时，通常会产生一种假设，即他们不应该相互沟通，在大多数涉及考试的情况或许多竞争性游戏中皆是如此，但这从来都不是游戏规则。

在警方调查中，调查人员通常会认为个体的行为方式是惯常的。举个例子，警方会寻找个体之间可能存在的性接触，并以此来确定个体关系的重要程度。但是，即便是在没有任何性接触的情况下，人们也可以对彼此非常忠诚，或者互相嫉妒。

- **误导性信念是如何产生的。**过程中存在的模糊性或歧义，尤其是处于沟通渠道的末端，可能会引发对实际情况的各种假设。例如，没有收到回复信息的人有时会对当下的情况产生误导性的信念。会觉得他们没有收到回复，可能是因为收件人太忙而没有时间回复，或者认为这些回复不重要。甚至，他们可能会开始认为信息传递者或比赛组织者故意不传递信息等。

这对于破坏性组织心理学的意义在于，在基于强制和信任产生的组织中，任何对沟通系统的干扰都会导致组织的崩溃。

- **身体接触的重要性。**当人们能够彼此直接交谈时，可能会出现各种各样的表达形式，而这些表达形式在远距离的书面交流中是不可用的，或者不可避免地非常粗糙。在游戏中，信息传递者可以自由地与团队成员沟通。这使得他们与团队成员的互动在本质上与团队成员之间通过书写进行的互动截然不同。同样，坐在桌子对面的人可能会展开超出游戏内容本身的讨论。

但是，当我们用游戏中的思维模式去考虑犯罪活动时，你可能会惊讶地发现，警方通常很少考虑犯罪者是否可能彼此靠近、共同居住，或有更远的联系。那些能花很多时间在一起的人比那些偶尔见面或只通过互联网联系的人更有可能分享目标和价值观。

- **为所有类型的互动保持牢固且相似的沟通结构。**这个游戏展示了获取不同类型信息时，对不同沟通形式进行利用的必要性。如果不能一起看大楼的平面图，也不能用地图讨论可能的逃跑路线，就很难计划如何对银行实施抢劫。随着视频和地图的共享，互联网确实将更多的类似视觉接触变为可能，但这些也更容易受到监控，而且也更容易造假。比如，恋童癖者被抓是因为他们认为他们接触的是一个孩子，而实际上是一名警察。

- **不同的小组结构适用于不同阶段和不同类型的问题解决及活动。** 通过将毒品网络与盗窃集团和流氓团伙进行比较，我发现它们往往具有不同的组织结构（Canter,
  2004）。了解这一点有助于更清楚地认识到如何使这些群体丧失能力。

还有一个相关的问题，即任何行动的不同阶段都需要不同的结构。当一个计划处于酝酿阶段时，需要对想法和信息进行汇总。而当计划被执行时，清晰的指令则是必要的，每个人都应该知道他们要做什么以及何时去做。

- **忽视沟通的情感意义。** 通过与人沟通来让他们参与进来，对他们的自我认知有着很大的影响。在这个练习中，我数次发现其具有情感意义。你可能认为某人很高兴完成你给他安排的任务，但是如果没有接触，他会觉得自己没有被认真对待。
- **对与组织外有联系的个体的低估。** 通常是组织中最低级别的人与组织外的人进行接触，但这种联系通常对组织的生存至关重要。

可以使用这种研究设计的其他研究

正如我一直在努力强调的，这项研究的一个重要方面是它在被试中所激起的情绪。他们的反应与他们在游戏中的角色直接相关，这反过来又极大地影响了他们所在的网络以及他们在网络中的位置。以上这些皆可以通过在游戏结束时要求人们完成一份简单的问卷来进行直接的探究（见表 12-1）。

表 12-1	游戏结束需完成简单的问卷		
你在游戏中的角色是什么		团队：	位置：
1 表示完全不喜欢，10 表示非常喜欢，你在游戏 中的参与程度如何			
1 表示完全不重要，10 表示非常重要，你认为你 的角色有多重要			

这些分数可以与所揭示的结果一起放在每个网络的图表上。

当然，还可以利用同样的游戏组织方式来创建许多其他的挑战。我在《建筑师心理学》（Canter, 1975）一书中提到的一个想法是设计一个禅宗岩石花园。也可以把其他更简单的任务放在一起，比如猜字谜或填字游戏。

一些被试向我建议，让同样的人再玩一次这个游戏会更加有趣，看看他们是否能更有效地解决问题。我从来没有机会这样做，但这将是一个很好的指标，可以让研究者去评估被试到底从第一轮参与中学到了多少东西。

附　录

附录1　心理学研究伦理指南

在线指导

在研究中，要获得被试同意而使用的表格模板有很多。世界卫生组织在其网址提供了范围特别广泛的模板。

每个专业机构和大学都有与心理学研究相关的在线指导，可以访问以下的官方网站：

- 美国心理学会（American Psychological Association，APA）的《研究伦理的五项原则》（*Five Principles for Research Ethics*）；

- 英国心理学会（British Psychology Society，BPS）的《人类研究道德规范》（*Code of Human Research Ethics*）；

- 伦敦城市大学（City University of London）在网站上有非常详细的伦理应用指南和资源；

- 纽约城市大学（City University of New York）有一个在线协作机构培训计划研究合规培训课程。你可以注册成为一名独立学习者，选修一门或多门课程。

被试须知

以下标题涵盖了应向被试提供的主要信息。

参与邀请函

研究的性质

为什么我被邀请参与？

[在此描述如何选择被试]

这项研究的目的是什么？

谁在组织这项研究？

我会被要求做什么？

如果我想在决定参加之前了解更多信息，该怎么办？

[此处提供联系人的详细信息 / 通过访问网站了解有关研究的更多详细信息]

我如何参与研究？

关于该研究的更多信息

我会被要求做什么？

收集到的信息会怎么处理？

我们从你那里收集的信息是保密的。也就是说，你的姓名不会出现在你提供的任何信息中。我们会给你分配一个研究编号。研究团队以外的任何人都无法识别你提供的信息，所有可识别的信息（如姓名）将被分配的研究编号所取代。

参加有什么可能的好处?

感谢你抽出宝贵时间。

知情同意书

与本书中描述的各种研究相关的典型形式如下。

此处为研究项目的标题

请在方框内勾选。

☐ 我已阅读并理解信息表。

☐ 我享有提问的机会。

☐ 我所有的问题都得到了满意的回答。

☐ 我知道我的参与是自愿的,我可以随时自由退出研究,我的医疗或法律权
   利不受影响。

☐ 我同意对采访进行录音[如果合适]。

☐ 我已年满 18 岁,同意参加[此处为项目名称]。

☐ 我收到了一份免费咨询服务清单[如果适用]。

☐ 我明白,如果我有任何进一步的意见或问题,我可以联系[在此插入适当
   的联系方式]。

| 姓名 | 签名 | 日期 |

| 研究者 | 签名 | 日期 |

伦理委员会批准表格示例

（本科生、硕士生和其他研究生的伦理批准表）

第一部分　向伦理委员会声明

姓名：

拟议研究的简要概述：

我确认我已经阅读了有关研究伦理原则的英国心理学会行为准则（可从学校网页和学生手册中获得）。

签名（研究的提议者）：

日期：

第二部分　伦理清单

1. 谁是这项研究的被试？

有什么特殊的伦理条件适用于这个群体吗？□有　□没有（请酌情删除）

如果有，请在下面简要说明，并概述处理特殊情况的步骤：

_____

2. 如何挑选被试？

是否有任何特殊的伦理考虑？□有　□没有（请酌情删除）

如果有，请在下面简要说明，并概述处理特殊情况的步骤：

_____

3. 对被试有什么要求？

是否有任何特殊的伦理要求？□有　□没有（请酌情删除）

如果有，请在下面简要说明，并概述处理特殊情况的步骤：

_____

4. 这项研究有什么特别的危险吗？□有　□没有

如果有，请在下面简要说明，并概述处理他们认为必要的特殊情况的步骤：

_____

5. 保密问题是否得到了解决？□是　□否

更多详情［例如，将通过在收集数据后立即匿名并将其存储在独立的笔记本电脑中来保护机密性，不会与研究团队以外的任何人共享数据］：

6. 数据保护问题是否已得到解决？□是　□否

更多详情：_____

7. 是否还有其他需要注意的伦理问题（如欺骗）？□是　□否

更多详情［例如，将向被试解释研究的目的和方法］：

_____

8. 被试是否会获得知情同意书（或同等文件）？□是　□否

附上被试同意书的副本。

9. 是否向被试提供信息表？□是　□否

附上被试信息表的副本。

10. 研究将在哪里进行？包括全部的详细信息。

11. 必要时，是否已获得相关外部组织的许可？

附上相关信件的副本。

12. 这项工作是否需要外部组织的正式伦理批准？□是　□否

更多详情：_____

请提供批准函。

第三部分　主管部门的建议

在考虑了提案和学生的伦理清单后，我对伦理审批的建议如下［请选择最合适的选项]：

请咨询学校伦理委员会；

请咨询外部伦理委员会；

提案经由主管部门批准。

任何其他意见：_____

如果你认为外部伦理委员会的建议是合适的，请确认已经提交了此类建议书，注明是哪个委员会，并提供联系人姓名和地址。

项目主管签字：

附录 2 用于研究 B 的知情同意书

作为对亲人失踪或被杀害受害者亲属电视呼吁或采访研究的一部分，我将向你展示四段源自真实电视呼吁的示例视频片段。示例视频中发出呼吁的亲属中，有些参与了犯罪，另一些则没有。看完视频后，我希望你分别就每个示例视频回答一些相关的问题，回答时间不会超过 30 分钟。

答案并没有对错之分，主要是对个人意见的收集。

整个研究皆为匿名，所以我们不需要知道你的姓名，你的回答也会对研究团队保密。

有些人可能会觉得这些示例视频让人揪心。如果在任何时候或出于任何原因，你想停止参与只需要示意，我们便会停止实验，你可以离开而不用承担任何后果。你可以随时退出实验，但是一旦提交了问卷，其内容就会被分析，而你的名字会被一个代码所代替，所以我们可以保证一切都是匿名的。如果你觉得你受到了围绕这个实验所产生的任何问题的影响，你可以向撒马利亚热线电话（The Samaritans）寻求情感上的支持；或者，你可以获得由关怀热线和受害者支持（Careline and Victim Support）提供的咨询服务。我的名字是玛格达琳·黄。我由戴维·坎特教授和唐娜·杨斯（Donna Youngs）博士指导。如果你想了解有关本研究的更多信息，请通过 d.youngs@hud.ac.uk 与杨斯博士联系。

如果你确实希望继续实验，请在下面的同意书上签名。

感谢你抽出时间同意参与本次研究。

签名：

日期：

附录 3   用于研究 B 的问卷

这是一项关于亲人失踪或被杀受害者亲属进行电视呼吁的研究。

有四段非常短的示例视频，每段都是不同的人在电视上发出的真实呼吁。

我们希望你针对每段视频回答几个相关的问题，并希望你能提供一些关于自己的详细信息。整个研究皆为匿名，所以不需要知道你的姓名，你的回答也会对研究团队保密。

答案并没有对错之分，主要是对个人意见的收集。

有些人可能会觉得这些示例视频让人揪心。如果在任何时候或出于任何原因，你想停止参与都是允许的。

在每段示例视频全部播放完毕后再回答问题。同样重要的是，漏答都会使你的回答无效。

首先［此处需要用一些标识符来对正在呈现的材料进行识别］视频 / 音频。

关键问题：

你认为呼吁者是无罪的吗？　　□是　□否　□不确定

你认为呼吁者有罪吗？　　　　□是　□否　□不确定

请指出你在多大程度上同意或不同意以下关于示例视频的陈述，从 1 到 5 中选择一个数字：1 表示"非常不同意"；2 表示"不同意"；3 表示"未决定"；4 表示"同意"；5 表示"非常同意"。

A."我同情呼吁者"；

B."呼吁者很有吸引力"；

C."呼吁者的陈述讲得通"；

D. "呼吁者似乎很悲伤"。

你对你刚才看到的案件或呼吁者有了解吗？□有　　□没有

如果有，判断结果如何？□他是无辜　　□他是有罪的

［这组问题需要再重复三次，在播放剩下的每一段示例视频后重复一次。］

最后，请回答以下关于你自己的问题：

你的性别；

你的年龄；

你的职业。

问卷调查到此结束。感谢你的参与。

附录 4 报告格式

　　非常感谢你抽出时间来完成这个实验。本实验的目的是从信息接收者的视角对特别是虚假呼吁情境下的说谎和说真话行为进行调查。虚假呼吁是指失踪、受伤或被谋杀的人的家庭成员或伴侣在新闻发布会上或接受记者采访时公开呼吁希望公众提供有关犯罪的信息，但实际上，此人要么参与了导致亲人失踪的行为，要么是犯罪行为的同谋，只是假装对此一无所知，欺骗调查警官，并试图将此欺骗行为扩大到公众层面的行为。为了对虚假呼吁进行研究，我找了一些虚假呼吁的案例，并将它们与真实呼吁相匹配，让被试观看或收听它们，看看被试是否能够判断每个案例中的呼吁者是在说谎还是在说真话。另外，我还根据年龄和吸引力等其他变量以及陈述内容和角色等来对这些呼吁进行了匹配。

　　该研究旨在探索人们通常是否会察觉到真假呼吁中的某些特征，以及这些特征是否会影响他们对真实性的判断。如果你不能正确判断他们是在说谎还是在说真话，也不必担心。众所周知，对他人的谎言进行识别是一项艰巨且困难的任务，这就是为什么心理学和其他学科几十年来一直在努力探索谎言识别的方法，并对可能指向谎言的语言和非言语行为进行识别的原因。

　　如果你想了解更多关于本实验所涉及的任何问题或整个实验的信息，你可以联系我的主管［此处为主管姓名］。或者，你也可以通过［研究者电子邮件地址］联系我。如果你觉得你受到了任何围绕这个实验所产生的问题的影响，你可以打电话给撒马利亚热线电话（The Samaritans）寻求情感支持，电话号码是［此处为电话号码］。或者，可以拨打关怀热线中心的电话［电话号码］或受害者支持中心的电话［电话号码］。

附录5　连环杀手行为与特征示例

四组行为

第1组

对男人和男孩实施强奸、谋杀和肢解。许多案件都涉及恋尸癖、食人和受害者身体部分（通常是全部或部分骨骼）的永久保存。在一次谋杀中，他用一个4.5千克重的哑铃重击受害者，在受害者失去知觉后，用哑铃棒将其勒死，然后脱掉受害者衣物，站在尸体上方手淫。隔天，他在地下室进行了分尸；随后他将尸体埋在后院的一个不太深的坑中；几周后，他挖出尸体，从骨头上将还没有腐烂的肉剥下，用酸性溶液将肉溶解，然后冲进马桶；用一把大锤把骨头砸碎，然后分别洒在住处后院外的森林各处。

第2组

对许多十几岁的男孩和年轻男性实施强奸、折磨和谋杀。他的第一个受害者是被刺死的，其他人都是闷死（窒息）或用临时的绞索勒死。他将大多数受害者埋在住处的某狭小空间中，其他三名受害者则被埋葬在住处的其他位置，最后四名已知受害者的尸体则被抛尸在当地的河中。

第3组

杀害数十人。他给警方和报纸寄送充满嘲讽意味的信件，并在信中对自己的犯罪细节进行了描述。在长达10年的销声匿迹之后，他又重新开始寄信，这直接导致了他的被捕和认罪。他通常会将受害者勒死或闷死（窒息），仅一起案件中的受害者是被刺死的，还有一起案件中，他将受害者吊在排水管上吊死。他将一个家庭灭门，包括年龄分别为 38 岁和 33 岁的父母，以及年龄分别为 9 岁和 11 岁的两个孩子。他还被控谋杀了一名 53 岁的女性，并将其抛尸在一条水沟里。他的受害者经常被发现被胶带或绳子捆绑。他刺伤并勒死了一名年轻的大学生，并枪杀了她的兄弟。还有一名受害者被他先奸后杀，窒息而亡。

第 4 组

该犯罪者绑架、强奸并谋杀了许多年轻女性和女孩。他通常会在公共场所接近受害者，假装受伤或残疾，或冒充权威人物，然后在隐蔽的地方制服、强奸并杀害她们。他有时会再次回到第二犯罪现场，整理尸体并与腐烂的尸体进行性行为，直到尸体腐烂，或野生动物将尸体啃食到无法与之进行性行为为止。他砍下了许多受害者的头，并将一些被砍下的头作为纪念品保存在他的公寓里。有几次，他在晚上闯入住宅，在受害者睡觉时用棍棒对她们进行殴打。

四组特征

特征 A

从年轻时起，他就经常出现充满奴役与酷刑的虐待狂型性幻想，并经常伴有如折磨、杀害和绞死小动物等虐待动物的行为，还展现出对自淫性窒息和变装的恋物癖的偏好，他经常穿着女装偷窥女性邻居，并用绳子套在脖子上手淫。他在空军服役四年。退役后在一家超市的肉品部工作，他的母亲是超市的会计。他已婚并育有两个孩子。他有电子电路的从业资格和司法管理学士学位。他做过安装安全警报器的工作，在全国人口普查之前，曾担任人口普查现场作业主管，后来还做过捕狗员和法规遵守情况监督员。在这个职位上，邻居们回忆说他有时过于热情，而且极其严格。一位邻居抱怨他无缘无故杀了她的狗。他还是基督路德教会的成员，并被选为教会理事会主席。

特征 B

他曾被描述为一个充满活力和快乐的孩子，直到 4 岁时，双疝气纠正手术似乎对他造成了很深的影响。随着弟弟的出生和频繁的搬家，他变得越来越孤僻。十几岁时，孤僻、紧张的他基本上没有朋友。20 岁出头时，他已经染上了酗酒的毛病。他上了半学期大学就退了学，随后再次组建家庭的父亲坚持要他参军，他应征入伍，并被派往德国。但是伴随着他一直没有变化的酗酒问题，军队不得不要求他退伍。退伍后，他因行为不检被捕，随后遭到两个男孩指责他在他们面前手淫，而又一次因猥亵暴露被捕。尽管他被诊断为边缘型人格障碍、分裂型人格障碍和精神病，但在审判中他被认定为精神正常。

特征 C

小时候，他超重，不爱运动。他与他的两个姐姐和母亲关系密切，但却忍受着与父亲的艰难关系，父亲是一个酗酒者，会对妻子和孩子实施肢体暴力虐待。在他的整个童年里，他都努力地让他严厉的父亲为他感到骄傲，但却很少得到他的认可。当他 7 岁时，父亲被告知，他和另一个男孩被抓到对一个年轻女孩实施性触碰并对其进行性抚摸，他的父亲用磨刀皮带抽打他作为惩罚。同年，他被其父母的一位朋友猥亵。18 岁时，他给当地一位政治家当助手，同年，他成为民主党候选人。他离家三个月，在救护车服务部门工作过，并随后被调到太平间工作。回家后，他开始读书，并从一所商学院毕业，先后担任管理培训生和销售人员，最后被提升为经理，并娶了一名同事，他的岳父随后买下了他管理的三家快餐店。他在当地的慈善组织中非常活跃。他在慈善服务、筹款活动、游行和儿童聚会上装扮成小丑。

特征 D

高中毕业后，他在一所大学待了一年，然后转到另一所大学学习中文。在他从大学辍学并从事一系列最低工资的工作之前，他与一名年轻女子有过一段恋情。他曾短暂地为一位竞选副州长的政客当过司机和保镖。他后来被录取为心理学专业的学生，并成为一名优等生，随后他在自杀热线工作，在那里他被描述为善良、关心他人和有同情心的人。后来他去了法学院进修，但并没有完成学业。他和一些女性有过非常紧密的轰轰烈烈的关系，但经常以他毫无征兆的突然结束收尾。

关联

A 是丹尼斯·雷德（Dennis Rader），3 是他的罪行。

B 是杰夫瑞·达莫（Jeffrey Dahmer），1 是他的罪行。

C 是约翰·韦恩·盖西（John Wayne Gacy），2 是他的罪行。

D 是泰德·邦迪（Ted Bundy），4 是他的罪行。

附录6　数据与计算

表 F6–1 列出了两个不同样本（一个是城市，另一个是农村）的 10 个系列犯罪中每个系列的入室盗窃犯罪地点和犯罪者住所所在地的地理坐标。坐标是抽象几何中的 X 值（水平）和 Y 值（垂直），尽管它们是以千米为单位的实际距离。它们取自实际的地图位置，但是为了保持隐私和机密性，地图细节被转换成与特定地图没有直接关系的值。当然，在以这种方式提供数据时，许多对调查有用的信息（如道路的位置、开阔地带等）都是不可用的。但是，对于这项研究来说，有趣的一点是，即使是如此有限的材料，分析也能如此成功。

侵略性闯入者住处的实际位置如图 F6–1 所示。

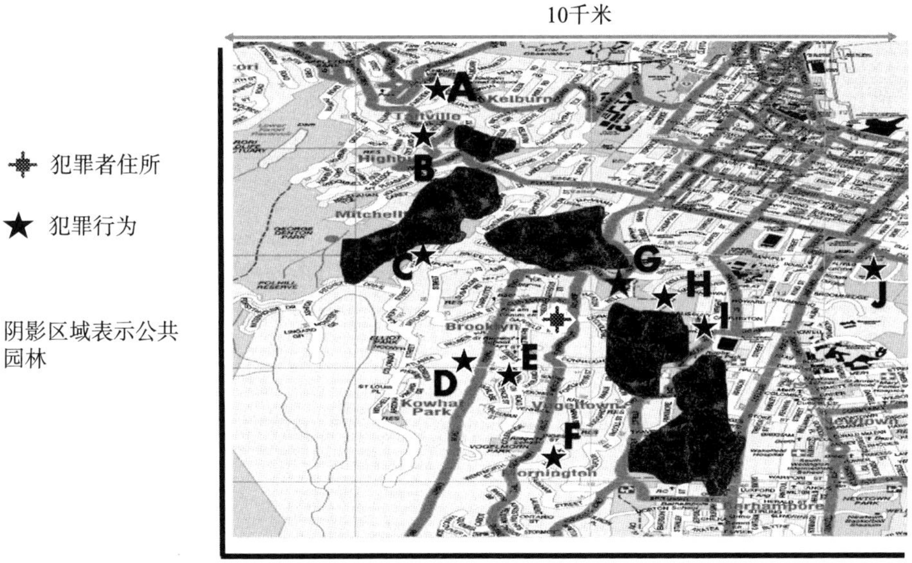

图 F6–1　侵略性闯入者被发现的位置，预示着他住在哪里

为了说明坐标是如何计算的，表 F6–1 提供了犯罪和犯罪者住处的位置，以及图 F6–1 中侵略性闯入者的位置。

表 F6–1　　　　　图 F6–1 中 10 个犯罪地点和住处的坐标以及计算的重心

犯罪行为	横轴	纵轴
A	3.0	6.5
B	2.9	6.0
C	2.9	4.3
D	3.3	2.9
E	4.0	2.8
F	4.6	1.5
G	5.6	4.0
H	6.6	3.8
I	6.8	3.5
J	9.5	4.1
住处	4.9	3.2
重心	4.7	3.9
圆心	6.0	4.2

计算多个位置的重心（几何中心）

根据表 F6–1 计算横轴和纵轴的平均坐标。

在本例中，横轴的平均值为 4.7。纵轴的重心位置是 3.9（如图 F6–2 所示）。

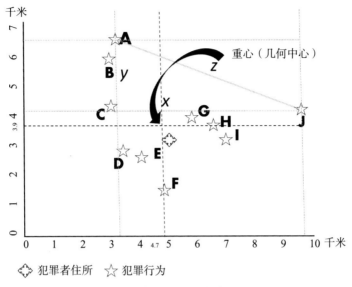

图 F6–2　计算位置间距离的几何图形

计算两点之间的距离

要计算任意两点之间的距离，利用高中的毕达哥拉斯定理就可以了，屡试不爽的公式是 $x^2+y^2=z^2$。图 F6–2 以 A 到 j 的距离为例，举例对这一点进行了说明。首先需要计算出三角形垂直边的距离 y。这是 6.8–4.1=2.7 千米。x 是 9.8–3.1=6.7。将 2.7 和 6.7 的值应用到公式中得到 7.29+44.89=52.18。52.18 的平方根 =7.2 千米，这就是 A 和 j 之间的距离 y。

只要稍微进行一下巧妙的加工，这个公式就可以放入电子表格中，比如 Excel，这样所有相关的距离都可以自动计算出来。

图 F6–2 给出了另一个例子，计算重心和原点位置之间的距离。

从表 F6–1 可以看出，犯罪者住处的水平位置与重心位置之间的距离为 4.9–

4.7=0.2。对于垂直位置来说，之间的距离为 3.9–3.2=0.7。将这些值带入毕达哥拉斯定理得出 0.73 千米。

通过对示例数据中的所有系列犯罪进行以上计算，可以为每个数据集创建条形图。这使得比较城市和农村盗窃案中从重心到实际住处的距离的频率分布成为可能。

犯罪者圆圈的计算

图 F6–3 显示了一个包含犯罪区域的圆圈。有趣的是，有些犯罪是在这个圈子之外的，当然这仅仅说明这个图有点粗糙而已。这个圆圈是通过确定两个相距最远的犯罪来画的，基于此，有很多可能的配对可供选择，我在这里展示的图为了清晰放弃了一定的精确性。我们可以在这项任务上利用更复杂的数学运算公式进行计算。然而，从 C 到 J 的线代表的是一个合理的近似值。选择这条线后，可以在它周

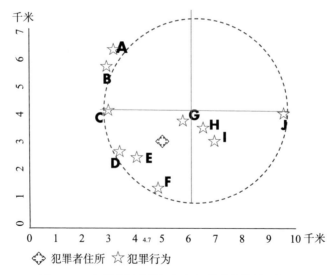

图 F6–3　应用于侵略性闯入者犯罪地点的圆心假设

围画一个圆作为直径。这样就可以放置垂直的正交线，给出圆心的位置。在这种情况下，该中心的坐标是 6.0 和 4.2。

犯罪地点数据

为便于比较，提供了两组数据。一个来自我称之为 m 的大都市地区，另一个来自我称之为 r 的农村地区，每个地区有 10 个系列犯罪（详见表 F6–2）。

表 F6–2		犯罪地点数据集组织
9		这是犯罪地点的数量
1.28	1.04	这些是犯罪地点的坐标，横向（x）纵向（y）
2.85	1.29	为千米
1.80	1.83	
2.16	2.40	
2.26	1.66	
1.23	2.44	
2.09	1.68	
2.15	1.08	
1.23	2.44	
住处		
2.05	1.73	这些是住处所在地的坐标

示例数据集

大都市数据集

大都市数据集详见表 F6–3。

表 F6–3	大都市数据集
10	
10.517	11.454
10.551	11.433
10.348	11.547
10.632	11.332
10.24	10
10.853	10.348
10.312	10.596
11.22	10.589
11.209	10.347
10	11.293
住处	
10.97	10.294

10	
10.517	11.454
10.551	11.433
10.348	11.547
10.632	11.332
10.24	10
10.853	10.348
10.312	10.596
11.22	10.589
11.209	10.347
10	11.293
住处	
8.439	11.815

续前表

10	
10.517	11.454
10.551	11.433
10.348	11.547
10.632	11.332
10.24	10
10.853	10.348
10.312	10.596
11.22	10.589
11.209	10.347
10	11.293
住处	
8.439	11.815

7	
12.94	12.052
15.264	10.94
11.926	10
13.907	13.531
13.922	13.658
10	12.298
11.265	10.284
住处	
13.708	13.875

11	
11.848	13.07

续前表

10.581	11.78
11.684	11.401
11.684	11.401
11.484	11.683
11.296	10
11.187	10.714
11.49	10.579
11.367	10.758
10	10.617
10.078	10.65
住处	
11.473	10.931

11	
12.057	10
11.823	10.219
12.601	10.331
12.362	11.085
12.029	10.707
13.102	10.887
13.649	10.443
12.672	12.246
12.559	12.135
9.082	8.712
10	7.935
住处	
8.966	7.706

续前表

14	
11.014	363.419
11.006	363.411
12.889	365.294
12.378	364.783
12.815	365.22
12.858	365.263
12.882	365.287
12.268	364.673
12.784	365.189
9.814	362.219
9.679	362.084
10	362.405
11.981	364.386
11.996	364.401
住处	
13.454	12.688

9	
10	10.193
10.881	10
10.863	10.195
11.636	10.898
11.742	11.128
11.723	10.278
11.056	10.219
11.473	10.655

续前表

10.356	8.842
住处	
11.246	10.974

9	
10.186	11.761
10.106	11.894
10.769	11.144
10	11.687
10	11.687
10	11.687
10.076	11.911
10.179	10
10.179	10
住处	
8.558	11.092

7	
10.293	10.677
10.849	10.811
10.293	10.677
10.283	10
10.186	10.289
10.137	10.438
10	10.446
住处	
10.49	10.086

乡村地区数据集

乡村地区数据集表 F6–4（出于实际原因，这里只记录了入室盗窃系列中的前五起犯罪）。

表 F6–4	乡村地区数据集
5	
11.884	6.205
14.628	4.553
1.835	4.933
0.375	6.041
0.224	5.790
住处	
10.279	5.230

5	
11.081	9.873
11.301	6.181
9.321	9.052
0.07	4.064
0.691	9.520
住处	
0.70	8.803

5	
2.151	2.392
2.159	1.272
2.457	1.312
2.732	1.108

续前表

2.203	1.898
住处	
2.395	1.638

5	
10.80	19.81
11.92	13.81
12.20	3.54
12.17	3.66
11.94	6.03
住处	
13.05	6.98

5	
9.31	5.94
10.40	10.45
8.93	5.50
9.70	6.24
8.73	5.63
住处	
8.82	613

5	
40.958	29.821
40.764	29.566
41.272	30.726
41.746	30.957

续前表

40.084	30.463
住处	
5.98	26.070

5	
37.40	26.37
41.35	22.71
33.85	20.71
27.73	26.47
29.92	13.74
住处	
33.32	9.72

5	
44.11	19.49
5.05	17.80
8.50	17.99
2.79	16.88
8.12	18.36
住处	
25.56	18.53

5	
13.81	2.67
13.00	8.17
11.80	13.81
12.89	7.97

续前表

12.72	8.46
住处	
14.59	21.07

5	
47.92	12.22
51.94	17.80
42.43	6.94
51.25	19.80
54.44	16.65
住处	
4.53	45.55

附录 7　示例研究中使用的调查问卷

这是一项匿名调查，旨在调查人们对不同种类的犯罪严重程度的看法。

你只需要指出以下列出的每项罪行的严重程度。

给出一个介于 1 ~ 100 之间的数字：1 表示一点也不严重；100 代表非常严重。

需要的是你诚实的意见。答案没有对错之分。严重的含义也取决于你自己。

在右边的一栏中填入 1 ~ 10 之间的数字，表示你认为每项犯罪的严重程度

协助自杀 1

勒索 2

在公共场所携带攻击性武器 3

危险驾驶导致死亡 4

在公共场所造成暴力滋扰 5

收集恐怖主义信息 6

故意纵火致人死亡 7

散发宣扬种族仇恨的文件 8

陌生强奸 9

诈骗牟利超过 1 万英镑 10

通过不断给人打电话和发短信来骚扰他们 11

故意出售赃物 12

跑单 13

对儿童进行性挑逗 14

谋杀 15

有计划的商业抢劫 16

持有海洛因 17

续前表

在右边的一栏中填入 1 ~ 10 之间的数字，表示你认为每项犯罪的严重程度
无证行医 18
入店行窃价值超过 20 英镑 19
引诱男性从事性工作 20
威胁杀害 21
扔垃圾 22
采取暴力并从陌生人处获得 200 英镑赃款 23
污染河流 24

如果你现在回答以下问题，将会非常有帮助。

你的性别是：男性 / 女性 / 其他？

你的年龄是？

附录8　在线调查使用问卷

这份问卷所询问的是你做错事的经历。这些错事可能是非法的，或者是许多人无法接受的。可能是从商店里偷东西、打人，或者是我们时不时会做的一系列其他不端行为。

我们想知道你当时的感受。这项调查是完全匿名的，只有一名研究人员会看到结果。任何总结报告都不会提到任何个人。因此，请诚实地对待下面的每一句陈述。

请简要描述一下你清晰记得的事情。这是匿名的，且没有足够的细节来进行个体识别，所以请将描述告知于我们。

现在，针对下面的每一项陈述，请从"完全没有"到"非常"的相应按钮中进行选择，指出它与你实施该行为的体验有多大关联。

1. 我就像一个专业人士
○完全没有　　　○一点点　　　○一些　　　○很多　　　○非常

2. 这是对的
○完全没有　　　○一点点　　　○一些　　　○很多　　　○非常

3. 这很有趣
○完全没有　　　○一点点　　　○一些　　　○很多　　　○非常

4. 这是例行公事
○完全没有　　　○一点点　　　○一些　　　○很多　　　○非常

5. 我在工作
○完全没有　　　○一点点　　　○一些　　　○很多　　　○非常

6. 我正拿回我自己拥有的

○完全没有　　　　○一点点　　　　○一些　　　　○很多　　　　○非常

7. 这是一项任务

○完全没有　　　　○一点点　　　　○一些　　　　○很多　　　　○非常

8. 我很无助

○完全没有　　　　○一点点　　　　○一些　　　　○很多　　　　○非常

9. 我是受害者

○完全没有　　　　○一点点　　　　○一些　　　　○很多　　　　○非常

10. 我只想快点结束

○完全没有　　　　○一点点　　　　○一些　　　　○很多　　　　○非常

11. 我想报仇

○完全没有　　　　○一点点　　　　○一些　　　　○很多　　　　○非常

12. 我觉得自己像个英雄

○完全没有　　　　○一点点　　　　○一些　　　　○很多　　　　○非常

如果有任何补充，请写在这里

你的性别是

○男性　　　　　　女性　　　　　　其他

你的年龄是

附录9　最小间距分析的简要介绍

应该注意最小间距分析的两个方面。

多维标度

最小间距分析是将关系表示为概念空间中的距离的大量统计过程的一部分。这些程序一般被称为多维标度程序（multidimensional scaling，MDS）。

线上知识百科对多维标度的描述是适当的，但太过专业。所有这些陈述都将度量和非度量多维标度程度做了区分。最小间距分析是非度量最小间距分析的一种形式，如下所述。英韦尔·博格（Ingwer Borg）和詹姆斯·林格斯（1987）对其运作方式进行了全面的研究。然后，詹姆斯·林格斯和路易斯·古特曼一起开发了这个软件，最初的软件包因此被称为G-L软件包。当英韦尔·博格和詹姆斯·林格斯发表他们的研究报告时，他们对最小间距分析的性质表述进行了选择，并表示其代表相似结构分析，该表述直接反映了最小间距分析在层面理论中所起到的作用。

层面理论

最小间距分析是在层面理论的背景下发展起来的，这是一种由路易斯·古特曼（1959）开发的研究方法，随后由哈亚·格拉奇（Haya Gratch）进行了详尽的阐述（1973）。他的长期合作者什洛米特·利维（Shlomit Levy）将层面理论总结如下（2014）：

协调理论和研究的系统方法将科学活动的组成部分整合在一起，以层面理论的形式对研究问题的正式定义（层面理论是对研究问题进行分类的集合），并构建假设，将定义框架与由层面理论定义的经验观察的结构方面联系起来。因此，层面理论允许以累积的方式促进科学概括的系统发展。

最小间距分析与层面理论的重要关系是，最小间距分析统计过程被视为层面理论框架的代表，因此最小间距分析的区域指明了经验观察中结构的各个方面。这种结构被认为是由一组相关的方面组成的，它们形成了指定研究问题的定义系统。

值得所有研究者注意的是，当这种方法被用于正在进行的研究环境中时，定义系统可以是定义正在被研究的领域的假设起始集，然后在最小间距分析中对其进行测试，以确定这些区域是否反映了这些假设。"研究 6"已对此进行了说明，其中图 8–3 就是对表 8–2 中总结的假设所进行的检验。

映射语句

路易斯·古特曼提供了一个指定定义系统的过程，建立在集合论的思想上，他称之为映射语句，由英韦尔·博格和塞缪尔·谢（Samuel Shye）对此进行了详细的描述（1995）。

表 8–1 的映射语句描述如下。

支配力 亲密度	高	低
高	复仇者（探索）	受害者（反讽）
低	专业人士（冒险）	英雄（悲剧）

个体 p 在多大程度上对他们在犯罪期间的经历进行了描述。

亲密度　　　　　　　　支配　　　　　　　　　　　　　　　　　［一点也不］
［高］　　　　　　　　　［高］　　　　　　　　　　　　　　　　［一点点］
　　　　　　　和　　　　　　　　　　　　⟶　　　　　　　　　［有一些］
［低］　　　　　　　　　［低］　　　　　　　　　　　　　　　　［很多］
　　　　　　　　　　　　　　　　　　　　　　　　　　　　　　　［非常多］

其中，个体 p 是从记得他们所犯下的罪行的人群 P 中抽取的。

这给出了两种亲密度元素和两种支配力元素的四种组合。在实际的调查问卷中，为这四种组合中的每一种都设计了三个问题。这种问卷框架在很大程度上归功于实验的析因设计（Fisher, 1935）。

最小间距分析计算的本质

1. 创建所有变量之间关系的关联矩阵。对于问卷来说，将是每个问题如何与其他问题相关的关联矩阵。以"研究 6"的 12 个问题为例，相关矩阵如图 F9–1 所示。

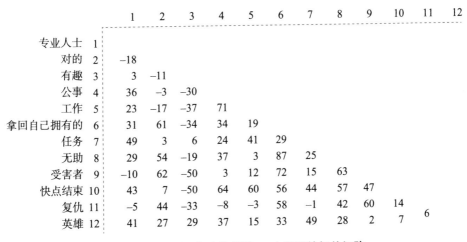

		1	2	3	4	5	6	7	8	9	10	11	12
专业人士	1												
对的	2	−18											
有趣	3	3	−11										
公事	4	36	−3	−30									
工作	5	23	−17	−37	71								
拿回自己拥有的	6	31	61	−34	34	19							
任务	7	49	3	6	24	41	29						
无助	8	29	54	−19	37	3	87	25					
受害者	9	−10	62	−50	3	12	72	15	63				
快点结束	10	43	7	−50	64	60	56	44	57	47			
复仇	11	−5	44	−33	−8	−3	58	−1	42	60	14		
英雄	12	41	27	29	37	15	33	49	28	2	7	6	

图 F9–1 "研究 6"中使用的 12 个问题的相关矩阵

2. 这些相关性是按等级顺序排列的（这就是该过程被定义为"非度量"的原因）。

3. 将这些相关性表示为概念多维空间中的距离的方法是通过在该空间中为每个变量放置一个点来实现的，这个设计相当聪明。然后，将这些点之间距离的等级顺序与相关性的等级进行比较，就此对这些点进行调整，直到可以实现最佳匹配。这被称为距离等级和相关性等级之间的"拟合"。这种契合度的大小可以通过"压力"或异化系数来衡量，在 0 和 1.00 之间变化。过程如图 F9–2 所示。

软件可用性

在"研究 9"中，我们提出了一种使用简单连锁分析形式建立关系的比较粗糙的方法。为了执行最小间距分析，这里提供一个比较完善的软件包——希伯来大学数据分析软件包（the Hebrew University Data Analysis Package，HUDAP）。

塞缪尔·谢（2014）还开发了一个他称之为层面理论最小间距分析的版本。另外在社会科学统计软件包等标准统计软件包中也有一些可用的版本。

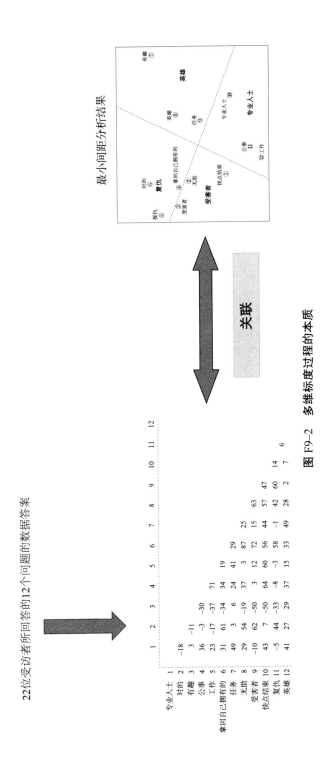

图 F9-2　多维标度过程的本质

附录 10   对所展示的骗局及其运作方式的简要说明

请注意，所有这些骗局都包含收件人的电子邮件地址，但很少在实际发送的电子邮件中使用。这可能是因为这些欺诈信息都是基于被盗或非法购买的电子邮件列表大量自动生成的。

网络钓鱼诈骗

术语"网络钓鱼"是指获取有关访问电子邮件账户或网站的关键细节，就像窃取保险箱的钥匙，然后窃取保险箱里面的内容一样。网络钓鱼一般通过说服收件人点击一个看似普通的链接来实施。这个链接可能会在收件人的电脑里植入病毒，使犯罪者能够在其中收集关键信息。或者，它可能会转到一个看似真实的网站，说服受害者填写登录信息和密码，然后犯罪者就可以使用这些信息进行牟利。

勒索骗局

这些人声称掌握了收件人的信息，如果公开的话会很尴尬。电子邮件的内容一般都会涉及第 12 章截图中提到的我不使用的社交媒体或者我从来没有做过的行为，但如果某个人确实做过，那肯定会觉得特别尴尬。一般这种电子邮件中所声称的技术手段，也会远远超出当下的计算机技术手段。

预付款欺诈

如果接受者接受了邮件中提及的巨额财富的邀约，那么他会被要求支付一小笔钱用于行贿、开设银行账户，或其他一些看上去无害的目的，这就是"预付款"。随后，受害者会被说服支付更多的金额。当犯罪者得手时，他们一般可以从受害者那里赚取数千英镑。有证据表明，一些受害者在试图直接对付诈骗者时被杀害。这个类型的欺诈也被称为"419欺诈"，因为这是尼日利亚的法律条文，该条文明显将其定为非法。它也被称为"尼日利亚欺诈"，因为许多早期的例子都起源于那里。

在网上可以找到预付款欺诈的更多细节。

附录 II 丹尼尔·詹姆斯·怀特案件中的第 54 号证物

今天是 1978 年 11 月 27 日，星期一。现在时间 12：05。我们在司法厅重案组 454 室。在场的有爱德华·艾德拉茨（Edward Erdelatz）探长、弗兰克·法尔松探长，以下将全部记录在案，先生，你的全名是？

答：丹尼尔·詹姆斯·怀特。

问：现在，丹尼尔，在我继续之前，我必须向你告知你所享有的米兰达权利。第一，你有权保持沉默。第二，你所说的一切将会成为呈堂证供。第三，你有权与律师交谈，并在接受讯问时让他在场。第四，如果你请不起律师，且你愿意的话，我们会在讯问开始前指派一名律师代表你。你明白我向你解释的每一项权利吗？

答：我明白。

问：在你知悉并牢记这些权利的前提下，你是否愿意……告诉我们这次涉及乔治·莫斯康市长和哈维·米尔克监督员的事件？

答：我愿意。

问：你会经常处在向现在这样的情境中，嗯……我们进行提问的情境中吗？因为我知道，你之前是一名警察，还做过旧金山的消防员。所以我更希望，让你以叙述的形式讲述今天早上发生的事情，如果你能引出枪击事件，我们就可以对发生这些事件的原因进行一个回溯。

答：啊，好吧，我想可能是因为我最近压力太大，因为我的工作，承受着经济压力，还有家庭压力，因为啊……无法与家人共度时光。我的想法很简单，想尽全力为旧金山人民服务，我做到了。然后，压力变得越来越大，大到无法处理，于是我决定离开。我离开后，我的家人和朋友都对我的事业表示支持，并表示无论如何都要让我重新回到工作岗位中——他们愿意为此付出努力。由于我肩负着选民选择我的那份责任，我去找了莫斯康市长，告诉他，由于家人和朋友的支持，我的情况发生了变化，我想保留我的席位，然后接受任命。起初，市长告诉我，他觉得我是第八区的民选代表，而且工作出色，我的存在是第八区人民的幸运，如果法律允许，他肯定会重新任命我，因为我值得。我听了市长的话之后，就开始试着安排好我的个人事务，准备迎接任命。但我后来发现，监督员米尔克和其他一些人对我有很大的意见，并且想阻止我重回委员会。我是在市检察官办公室得知此事的，当时米尔克监督员打电话来，其实讲的就是这个意思。他当然没有直接跟我说，他跟市检察官说了，但我刚好在办公室，就听到了对话，他说他会阻止我重新获得任命。我回去见了市长，市长和我说，确实有人和他提了些意见，他觉得第八区有些人不希望我回去为人民服务，我告诉市长，这些人在选举中反对我，且两次在地方检察官办公室以虚假的罪名指控我，伤害了我的家人，给我和我的家人造成了很大的压力。

问：丹尼尔，你能谈谈你此时所承受的这些压力吗？你能向艾德拉茨探长和我解释一下吗？

答：嗯，就是有些人指控我从大公司拿了钱却没有记录下来，但我从来没有这样做过。我从没收过任何人的钱，但报纸就这么刊登了出来，我的选民还信了，他们全部过来向我询问这件事。提出这些指控的人，丝毫没有责任感。两个月后，地方检察官说这些指控是没有根据的，但是已经没有人关心其是否虚假了。唯独我的家人和我，我们会不断地接到电话，依旧为此痛苦。

问：你和市长的这些会面是在上周，还是在上周末？

答：没有，我从上周六开始就没和市长说过话了。大概一周前的星期六，他告诉我，如果我想重新被委任，我必须展现出一些来自第八区民众的支持。我明白他们正在耍的把戏，他们想把我当作替罪羊，我是否是一名优秀的监督员已经不重要了。这是一个政治机会，他们会贬低我和我的家庭，贬低我努力从事的工作，并且或多或少会把我晾在一边。这一周以来，我发现了越来越多的证据，特别是当报纸报道说……另一个人将被重新委任时。我打不通市长的电话，市长也从来没有给我打过电话，尽管他告诉我他会在做任何决定之前打电话给我，但他从来没有这样做过。我今天是主动找他谈的。我很烦恼，压力主要来自我的家庭、我本人、在外需要保姆带的儿子、每周工作长达五六十个小时的妻子，我基本上见不到我的家人。

问：丹尼尔，你能告诉我和艾德拉茨探长，你今天早上的计划是什么吗？你又在想什么呢？

答：我没有任何设计好的计划或任何设计好的事情，就是，我正要离开家去找市长沟通，然后我下楼打电话，我把我的枪放在那里。

问：丹尼尔，你说的是你的警用左轮手枪吗？

答：是我当警察时的配枪，它一直放在我的房间里……我不知道，我只是把它带上了。我，我不知道我为什么要带上它，只是……

问：这把枪现在在哪里，丹尼尔？

答：我把它交给了警察啊……我在北站自首时遇到的保罗·奇格内尔（Paul Chignell）。我，我……

问：你自首了，我先前并不知道这点。

答：我在北站向保罗·奇格内尔警官自首，他是我可以信任的人，我知道他会把事情做好。然后，然后我，我去了，去了市长办公室……不，不，是在我去后面的房间之前，然后他可以明显看到，看到我明显心烦意乱、心烦意乱，然后他说，让我们去后面的房间，喝一杯，我，我就不是喝酒的人，你知道我不喝酒，偶尔喝，但我真不是喝酒的人。我只是在后面跌跌撞撞地走着，走着，走着，走进后面的房间，他坐下来，他一直在说话，但我什么也听不懂。那些话就像在我耳边咆哮，然后……我突然想到，你知道，他。

问：你听不到他在说什么吗，丹尼尔？

答：只是闲聊，你知道就那种不重要的闲聊。我当时要做什么，你知道，这将如何影响我的家人，你知道，只是，只是你一直明白他会出去，然后对着媒体撒谎，告诉他们，你知道，我，我不是一个好的监督员，人们不需要我，接着所有人就相信了。然后我，我就开枪打了他，就这样，结束了……